Die rumänische D

Europäische Hochschulschriften

European University Studies
Publications Universitaires Européennes

Reihe XXXI **Politikwissenschaft**

Series XXXI Political Science

Série XXXI Sciences politiques

Band/Volume **692**

Janka Vogel

Die rumänische Diaspora in Berlin

Ein Beispiel für neue Formen migrantischen Lebens

PETER LANG

Bibliografische Information der Deutschen Nationalbibliothek
Die Deutsche Nationalbibliothek verzeichnet diese Publikation in der Deutschen
Nationalbibliografie; detaillierte bibliografische Daten sind im Internet über
http://dnb.d-nb.de abrufbar.

Gedruckt auf alterungsbeständigem, säurefreiem Papier.
Druck und Bindung: CPI books GmbH, Leck

ISSN 0721-3654
ISBN 978-3-631-73447-6 (Print)
E-ISBN 978-3-631-73448-3 (E-Book)
E-ISBN 978-3-631-73449-0 (EPUB)
E-ISBN 978-3-631-73450-6 (MOBI)
DOI 10.3726/b11771

Vorwort

Der mit dem Fall des Sozialismus 1989/90 verbundene Paradigmenwechsel hat in vielen ost- und südosteuropäischen Ländern große Verwerfungen mit sich gebracht. Dies hatte Auswirkungen, die kurz zuvor noch niemand für möglich gehalten hatte. Hierzu gehört nicht zuletzt auch das Phänomen der Migration, das gerade für ein Land wie Rumänien von großer Bedeutung ist, da hier in den letzten Jahren des Ceauşescu-Regimes ein Autarkismus der besonderen Art gepflegt wurde, wie er ansonsten nur noch in Albanien eine Parallele hatte. Mit den Veränderungen, die in den Weihnachtstagen 1989 ihren Beginn nahmen, platzen im übertragenen Sinn die Ventile, die Grenzen öffnen sich, die Bewohner können (oder müssen sogar aus wirtschaftlichen Gründen) das Land verlassen, immer mehr Menschen aus Rumänien leben auf Dauer oder temporär im Ausland. War es vor 1989 im westlichen Ausland schwierig, Rumänen zu treffen, so hört man seitdem in allen Großstädten Mitteleuropas rumänisch sprechende Leute. Und in Rumänien selbst hat man das Problem erkannt – der Begriff der „Diaspora", der früher – außer im kirchlichen Kontext – selten bzw. nie gebraucht wurde, ist dort inzwischen ein vertrauter Terminus geworden, der auch bei offiziellen Anlässen (etwa bei Einladungen der Rumänischen Botschaft anlässlich von Besuchen des rumänischen Staatspräsidenten oder Ministerpräsidenten) verwendet wird, und es gibt inzwischen sogar einen eigenen Minister für die im Ausland lebenden Landsleute.

Der massive Exodus von Rumänen nach Mittel- und Westeuropa zeigt ganz unterschiedliche Folgen: War er in Rumänien (vor allem am Anfang) eine durchaus willkommene Entlastung des Wirtschafts- und Sozialsystems, so ist er inzwischen eine hochgradige Gefährdung eben dieses Systems geworden, da vor allem gut ausgebildete Menschen im erwerbsfähigen Alter das Land verlassen, was etwa beim Rentensystem, aber z.B. auch bei der medizinischen Versorgung der Bevölkerung zu größeren Problemen führt. Zu Recht konstatiert Janka Vogel deshalb im ersten Teil ihrer Studie eine zunehmende Beschäftigung der rumänischen Politik mit diesem Phänomen, die sie sodann sorgfältig untersucht.

Die hier präsentierte Studie bietet in ihrem Hauptteil eine ungewöhnlich materialreiche und sehr reflektierte Darstellung der rumänischen Diaspora in Berlin. Hierfür hat die Verfasserin eine große Menge an Informationen gesammelt und – vor allem – eine arbeitsintensive Enquête unter rumänischen Migrantinnen und Migranten in der deutschen Hauptstadt durchgeführt. Dabei wird zunächst ein kurzer Rückblick auf die Geschichte der rumänischen Diaspora in Berlin gegeben. Dadurch wird deutlich, dass Berlin – ebenso wie Wien oder Paris – für Rumänen schon seit mehr als einem Jahrhundert eine große Anziehungskraft hatte, man denke nur daran, dass einige der bedeutendsten Literaten wie Mihai Eminescu oder Ion Luca Caragiale am Ende des 19. bzw. zu Beginn des 20. Jahrhunderts längere Zeit hier lebten. Allerdings waren es anfangs natürlich immer nur sehr wenige Personen, die man zudem zur geistigen und/oder wirtschaftlichen Elite des Landes zählen kann.

Nach einer Vorstellung von Orten der rumänischen Diaspora in Berlin, die von der Rumänischen Botschaft bis zur Präsentation von Restaurants und rumänischen Läden reicht und bei der man eine ganze Reihe nützlicher Informationen bekommt, folgt die Interpretation der Daten, die Janka Vogel bei ihrer Enquête in Berlin gewonnen hat. An dieser Befragung nahmen immerhin 125 Personen mit rumänischer Staatsbürgerschaft teil, womit bei einer Gesamtzahl von knapp 20.000 in Berlin lebenden Rumänen zwar kein Anspruch auf Repräsentativität erhoben werden kann, aber natürlich deutliche Tendenzen sichtbar werden. Insgesamt kann Janka Vogel damit eine ganze Reihe von Erkenntnissen zur Sozialstruktur dieser Gruppe deutlich machen, die zusammen genommen ein buntes Mosaik von Informationen zu so wichtigen Aspekten wie Integration in die deutsche Gesellschaft, Gründe für die Migration, Pläne für die Zukunft, Kontakte in die Heimat, Rückkehrabsichten usw. vermitteln. Eine Analyse der Ereignisse im Zusammenhang mit der rumänischen Präsidentenwahl im November 2014, die nicht zuletzt durch die massive Unterstützung für Klaus Iohannis durch die Diaspora weltweit und besonders auch in Deutschland, wo der neue Staatspräsident rund zehnmal so viele Stimmen bekam wie sein Gegenkandidat Victor Ponta, entschieden wurde, rundet den Textteil der Arbeit ab, dem dann noch ein Anhang folgt, der die Ergebnisse insgesamt klar dokumentiert.

So bietet die vorliegende Studie eine große Fülle interessanten und gut dokumentierten Materials und kommt zu für die Migrationsproblematik allgemein relevanten Erkenntnissen, deren Publikation nicht nur in den einschlägigen Wissenschaftsdisziplinen Interesse finden wird, sondern darüber hinaus auch den verantwortlichen Politikern wichtige Hinweise liefern kann.

Wolfgang Dahmen

Für Zsanett und Rahel,
die in so verschiedenen Welten aufwachsen

Inhaltsverzeichnis

I   Einleitung 17

  1   Rumänische MigrantInnen als rumänische Diaspora 20

    1.1   Der Begriff Diaspora 21

    1.2   Merkmale von Diaspora 23

    1.3   Die rumänische Diaspora 26

  2   Zum Stand der Forschung 29

    2.1   Forschung zur rumänischen Migration und Diaspora 30

    2.2   Forschung zu Diaspora-Gruppen in Deutschland 32

    2.3   Aktuelle Veröffentlichungen zu Migration aus
        Rumänien nach Berlin 34

  3   Methodik 36

II Rumänien und seine Diaspora 41

  4   Gesetzliche Grundlagen 42

    4.1   Verfassung 42

    4.2   Diaspora-Gesetz 45

  5   Institutionen für die Diaspora 49

    5.1   Das Departement für politische Beziehungen zu den
        Rumänen außerhalb des Landes (DPRRP) 49

    5.2   Die Kommission für rumänische Gemeinschaften
        außerhalb der Landesgrenzen (Abgeordnetenhaus) 53

    5.3   Die Kommission der Rumänen von überall (Senat) 55

    5.4   Der Diaspora-Rat 55

    5.5   Das Eudoxiu-Hurmuzachi-Institut (IEH) 56

  6   Die rumänische Diaspora-Politik 58

III Die Diaspora in Berlin 65

7   Die Geschichte der rumänischen Diaspora in Berlin 66
    7.1   Das 19. Jahrhundert 67
    7.2   Das frühe 20. Jahrhundert 70
    7.3   Die Zeit nach der Kriegswende 1944 77
    7.4   Die Nach-Wende-Zeit 84

8   Orte der rumänischen Diaspora in Berlin 94
    8.1   Die rumänische Botschaft 96
    8.2   Das Rumänische Kulturinstitut (RKI) 98
    8.3   Religiöse Orte der rumänischen Diaspora in Berlin 101
    8.4   Rumänische Gastronomie in Berlin 109
    8.5   Rumänische Geschäfte in Berlin 113
    8.6   Soziale Netzwerke als virtuelle Orte der Diaspora 114

9   Das Leben der Diaspora in Berlin 120
    9.1   Sozialstatistische Daten zur Diaspora 121
          9.1.1   Herkunftsregion 121
          9.1.2   Familie 123
          9.1.3   Sprache 126
          9.1.4   Bildung 127
          9.1.5   Arbeit 129
    9.2   Die Beziehung der Diaspora zu Berlin 131
          9.2.1   Gründe für die Migration nach Berlin 132
          9.2.2   Startsituation in Berlin 133
          9.2.3   Die Diaspora in den einzelnen Berliner Bezirken.... 135
          9.2.4   Persönliche Netzwerke der Diaspora-
                  Angehörigen 137
    9.3   Die Beziehung der Diaspora zu Rumänien 138
          9.3.1   Angehörige in Rumänien 138
          9.3.2   Kontakt nach Rumänien 139
          9.3.3   Einschätzungen der Diaspora zur Lage
                  Rumäniens 140
          9.3.4   Rückkehrabsichten der Diaspora 143

10 Die Präsidentschaftswahl 2014 148
  10.1 Erfahrungen der rumänischen Diaspora in Berlin 150
  10.2 Die Wahl als vielfältiges Mobilisierungsereignis................ 152
  10.3 Wie die Diaspora gewählt hat....................................... 154

IV Fazit...163

Anhang...I

Tabellenverzeichnis... LV

Abbildungsverzeichnis.. LV

Literaturverzeichnis LVII

Index LXXIX

Ist's denn nicht besser,
dass du in deinem Land bleibst,
wo du geboren bist,
das dir kostenlose Ausbildung gegeben,
das dich gekleidet und einen Menschen aus dir gemacht hat?
Was fehlt euch denn, Mann?

Mircea Cărtărescu[1]

---

1   Mircea Cărtărescu: Die Flügel: Roman, Wien: Zsolnay, Paul, 2014, S. 282.

I Einleitung

In einem Beitrag über den EU-Neuling Rumänien resümieren Olaf Ihlau und Walter Mayr:

> Auf den abgelebten Fassaden der Häuser [in Constanţa, JV] prangen nun, wie im Großteil Europas, die unvermeidlichen UniCredit-Vodafone-Carrefour-Western-Union-Werbeschilder wie Make-up auf dem Gesicht einer müden Hure.[2]

Tatsächlich: mit dem EU-Beitritt hat sich Rumänien den westlichen Partnern angenähert. Mit der Europäisierung haben komplexe Bewegungen in verschiedene Richtungen eingesetzt. Waren, Werte, Dienstleistungen, Medien und Menschen aus Rumänien sind Teil des globalen Austauschprozesses geworden.

Die Europäisierung spielt dabei für das südosteuropäische Land eine ambivalente Rolle. Bei allen ökonomischen, politischen und gesellschaftlichen Chancen, die sie bietet, wirft sie auch neue Fragen auf. Immer mehr Menschen von dort entschließen sich, für kurz oder lang ihre Heimat[3] zu verlassen. Rumänische MigrantInnen[4] gehören mittlerweile zu den mobilsten EuropäerInnen.[5] Die meisten von ihnen gehen nach Italien und Spanien. Seitdem die Finanzkrise die Volkswirtschaften dieser Länder stark

---

2 Olaf Ihlau/Walter Mayr: Minenfeld Balkan. Der unruhige Hinterhof Europas, Siedler Verlag, 2009, S. 265.

3 Heimat ist im Rahmen dieser Arbeit als der geographische Ort und das soziale Gefüge zu verstehen, wo jemand herkommt.

4 Ich verwende in diesem Text das Binnen-I, um Männer und Frauen sichtbar zu machen. Personen, die sich keinem der beiden Geschlechter zuordnen, sind ausdrücklich mit gemeint. Bei zusammengesetzten Worten wird der Lesbarkeit halber auf das Gendern verzichtet. In Zitaten und übersetzten Passagen übernehme ich die ursprüngliche - ggf. ungegenderte - Form.

5 Sie sind nach den PolInnen die größte Migrantengruppe in der EU; vgl. u.a. Sabina Stan/Roland Erne: Explaining Romanian Labor Migration: From Development Gaps to Development Trajectories, in: Labor History 55.1 (2014), S. 21–46, hier S. 3 und Statistisches Jahrbuch Deutschland 2015, 1. Auflage, Wiesbaden 2015, URL: https://www.destatis.de/DE/Publikationen/StatistischesJahrbuch/StatistischesJahrbuch2015.pdf?\textunderscore\textunderscoreblob=publication File (besucht am 17.02.2016), S. 47.

angegriffen hat, wandern sie von dort auch weiter in west- und nordeuropäische Staaten.[6]

2014 stellten rumänische MigrantInnen erstmals die größte Gruppe Neuzugewanderter in Deutschland dar;[7] 2015 waren sie nach syrischen Geflüchteten die zweitgrößte Gruppe.[8] Rund 700.000 Menschen aus Rumänien leben mittlerweile in der Bundesrepublik.[9]

---

6 Vgl. u.a. Remus Gabriel ANGHEL: Romanians in Western Europe: Migration, status dilemmas, and transnational connections, Plymouth: Lexington Books, 2013, S. 9.

7 BUNDESAMT FÜR MIGRATION UND FLÜCHTLINGE: Das Bundesamt in Zahlen 2014: Asyl, Migration und Integration, 2015, URL: http://www.bamf.de/SharedDocs/ Anlagen/DE/Publikationen/Broschueren/bundesamt-in-zahlen-2014.pdf?\ textunderscore\textunderscoreblob=publicationFile (besucht am 18.02.2016), S. 73.

8 Vgl. DASS.: Das Bundesamt in Zahlen 2015: Asyl, Migration und Integration, 2016, URL: http://www.bamf.de/SharedDocs/Anlagen/DE/Publikationen/ Broschueren/bundesamt-in-zahlen-2014.pdf?\textunderscore\textunderscorebl ob=publicationFile (besucht am 09.06.2017), S. 74.

9 Der Mikrozensus 2015 führt eine Zahl von 657.000 an, von denen 547.000 eine eigene Migrationserfahrung haben; vgl. STATISTISCHES BUNDESAMT: Bevölkerung und Erwerbstätigkeit: Bevölkerung mit Migrationshintergrund - Ergebnisse des Mikrozensus: 2015, Wiesbaden, 21.03.2017, URL: https //www. destatis.de/DE/Publikationen/Thematisch/Bevoelkerung/Migrationintegration/ Migrationshintergrund2010220157004.pdf?\textunderscore\textunderscoreb lob=publicationFile (besucht am 09.06.2017), S. 62.
Im Zensus des Vorjahres waren 593.000 rumänische MigrantInnen aufgeführt, worunter 297.000 rumänische Staatsangehörige, 209.000 deutsche SpätaussiedlerInnen und 87.000 eingebürgerte Rumäninnen waren; vgl. DASS.: Bevölkerung und Erwerbstätigkeit: Bevölkerung mit Migrationshintergrund - Ergebnisse des Mikrozensus: 2014, Wiesbaden, 3.08.2015, URL: https://www. destatis.de/DE/Publikationen/Thematisch/Bevoelkerung/Migrationintegration/ Migrationshintergrund2010220147004.pdf?\textunderscore\textunderscorebl ob=publicationFile (besucht am 22.12.2015), S. 82 und 88. Diese Aufschlüsselung ist im aktuellen Zensus nicht mehr vorgenommen worden, da sie wahrscheinlich kaum noch Relevanz besitzt.

Ungefähr 25.000 rumänische Staatsangehörige leben in Berlin[10] und prägen das Bild dieser Stadt mit.[11] Nur ein Teil von ihnen ist überhaupt sichtbar und dies häufig in Berichterstattungen über „Schrottimmobilien", Arbeitsausbeutung, Bettelei oder Kriminalität. Manchen in der Bevölkerung fallen zum Thema rumänischer MigrantInnen kaum mehr als Bilder bettelnder Menschen „ohne Arme und Beine" ein, wie es ein Berliner formulierte. Die Realität ist jedoch eine andere.

Sie ist vielfältiger. Die Bandbreite der Lebenssituationen rumänischer MigrantInnen in Berlin ist enorm. Sie kommen zu unterschiedlichen Zeitpunkten in die deutsche Hauptstadt, gehören allen Generationen an, ihre Motive und Interessen sind sehr verschieden, ebenso ihre Erfahrungen und Pläne hier und ihre Beziehung zu ihrem Herkunftsland Rumänien. Ihre Heterogenität ist die Besonderheit dieser Diaspora.

Dieser Arbeit liegt eine quantitative Umfrage zugrunde, in der sich auch dieser Aspekt widerspiegelt. Zwischen September und Dezember 2015 wurden 125 Personen im Alter von 19 bis 85 Jahren zu ihrem Leben in Berlin befragt. Sie haben oder hatten die rumänische Staatsangehörigkeit und kamen zwischen 1944 und 2015 nach Deutschland. Sie stammen aus allen Teilen Rumäniens, gehören verschiedenen Ethnien und sozialen Schichten an und verfolgen mit ihrer Migration unterschiedliche Ziele.

---

10 Aus methodischen Gründen wird in dieser Studie kein Unterschied zwischen Stadt und Land Berlin gemacht.

11 Das ist eine großzügige Schätzung, bei der aktuelle Zahlen über polizeilich gemeldete AusländerInnen aus Rumänien (ca. 19.000) und Deutsche mit rumänischem Migrationshintergrund (ca. 4.500) zugrundegelegt sind sowie für weitere nicht polizeilich gemeldete Personen aus Rumänien eine Zahl von 1.500 angenommen wird; vgl. AMT FÜR STATISTIK BERLIN-BRANDENBURG: Statistischer Bericht: Einwohnerinnen und Einwohner im Land Berlin am 31. Dezember 2016, hrsg. v. AMT FÜR STATISTIK BERLIN-BRANDENBURG, Potsdam, 2017, URL: https:// www.statistik-berlin-brandenburg.de/publikationen/stat\textunderscoreberichte/ 2017/SB\textunderscoreA01-05-00\textunderscore2016h02\textunderscoreBE. pdf (besucht am 09.06.2017), S. 14 und 16.
Zur Ungenauigkeit der Einwohnermeldedaten vgl. auch Agnes KAPLON u. a.: Teil II - Expertise zur Arbeitsmarktintegration, in: Christian PFEFFER-HOFFMANN (Hrsg.): Fachkräftesicherung durch Integration zuwandernder Fachkräfte aus dem EU-Binnenmarkt, Berlin: Mensch und Buch Verlag, 2016, S. 95–334, hier S. 109.

Es soll der Frage nachgegangen werden, wie Geschichte, Gestalt und Absichten die rumänische Diaspora in Berlin prägen. Was unterscheidet sie von ihren historischen Vorgängern und macht sie deshalb zu einer neuen Form migrantischen Lebens? Damit sind folgende Thesen verbunden:

• Die neue rumänische Diaspora verdankt ihre Entstehung dem europäischen Integrationsprozess, der Verfügbarkeit günstiger Verkehrsmittel und modernen Kommunikationstechnologien, besonders dem Internet, und sie wird wesentlich von diesen Faktoren geprägt.

• Die neue rumänische Diaspora ist die sichtbare Gruppe rumänischer MigrantInnen, die nicht mehr stumme DienstleisterInnen westlicher Marktwirtschaften, sondern zunehmend politische Subjekte sind, die ihre demokratischen Grundrechte auch jenseits der rumänischen Landesgrenzen in Anspruch nehmen (wollen).

• Der Begriff der Arbeitsmigration reicht nicht mehr aus, um das Phänomen der neuen rumänischen Diaspora hinlänglich zu beschreiben. Es hat eine Pluralisierung der Migrationsbiographien und -motive stattgefunden, die mit dem Begriff der pluralisierten Diaspora besser beschrieben werden können.

Die vorliegende Arbeit ist in mehrere Kapitel untergliedert, anhand derer jeweilige Aspekte der rumänischen Diaspora in Berlin genauer untersucht werden. Aus Gründen der Übersichtlichkeit werden die Politik des Herkunftslandes Rumänien und die Situation im Zuwanderungsland Deutschland - hier am Beispiel Berlin - unterschieden.

1 Rumänische MigrantInnen als rumänische Diaspora

Für rumänische MigrantInnen in den Ländern Europas existieren verschiedene Bezeichnungen. Der Begriff der „rumänischen Diaspora" ist politisch. Aus mehr oder weniger zufällig in den gleichen Zielländern lebenden und arbeitenden MigrantInnen, die zwar die Herkunft aus einem geografischen Raum gemein hatten, aber die ihre Wanderung nicht als politisches Projekt verstanden, ist eine Diaspora geworden.

Menschen aus Rumänien, die in Berlin leben, versuchen sich loszusagen vom Migrantenstatus. Sie eröffnen Geschäfte und Restaurants, vernetzen sich in Online-Foren, sind Botschafter Rumäniens im Alltag, indem sie selbstbewusst ihre rumänische Identität zeigen, und werden politisch aktiv. Im Zwiespalt zwischen Assimilationsbestrebungen des Ziellandes Deutschland und nationalen Loyalitätsansprüchen Rumäniens sind die nach Berlin gezogenen rumänischen Staatsangehörigen dabei, ein eigenes politisches Gebilde zu werden. Diese komplexe Emanzipationsbewegung soll mit dem evokativen Diaspora-Begriff gefasst werden.

Die rumänische Diaspora lässt sich aus verschiedenen Perspektiven betrachten. Sie ist erstens die Gruppe der aus Rumänien ausgewanderten MigrantInnen, sie ist zweitens eine von vielen Zuwanderergruppen in Berlin und Deutschland und sie ist drittens auch Teil einer weltweiten diasporischen Bewegung (ehemaliger) rumänischer Staatsangehöriger, die ihre Migration zunehmend als politisches Projekt begreifen wollen.

1.1 Der Begriff Diaspora

„Diaspora" ist ein Begriff mit einer Geschichte von mehreren tausend Jahren. Er geht auf das altgriechische Wort διασπορά[12] zurück, womit zunächst der Prozess der Verbannung der Juden nach Babylonien (6. Jahrhundert v. Chr.) und deren Lebenssituation[13] dort beschrieben wurden. Später war mit ihm die Lage aller Juden außerhalb Israels gemeint.[14]

Im ausgehenden 19. Jahrhundert setzte sich langsam der Begriff „Diaspora" für religiöse Gruppen außerhalb ihrer Heimatkirche und für ethnische Gruppen außerhalb ihres Heimatlandes durch. Die aufkommenden Nationalstaaten hatten zahlreiche Gruppen heimatlos gemacht. Mit dem Begriff Diaspora wurde versucht, ihre Situation zu beschreiben.

Seit der zweiten Hälfte des 20. Jahrhunderts nun dient diese Bezeichnung zunehmend als „Sammelbegriff für verschiedenste Migrationsphänomene, -praktiken und -formen",[15] wie Kuhlmann schreibt, und findet in frühen

---

12 Dt.: zerstreuen, ausstreuen.
13 Diese Semantik findet sich erstmals in der Septuaginta, der griechischen Übersetzung des Altes Testaments (ca. 250 v. Chr. - 100 n. Chr. entstanden); vgl. Ruth MAYER: Diaspora: Eine kritische Begriffsbestimmung, Bd. 14 (Cultural studies), Bielefeld: transcript, 2005, S. 9.
14 Vgl. Jenny KUHLMANN: Exil, Diaspora, Transmigration, in: Aus Politik und Zeitgeschichte 64.42 (2014), S. 9–15, hier S. 11.
15 KUHLMANN: Exil, Diaspora, Transmigration (wie Anm. 14), S. 13.

Diasporastudien ab den 1970er und 1980er Jahren Anwendung. Die Hoch-
konjunktur schließlich setzt in den 1990er Jahren ein.[16]

Dreierlei Bedeutungen kann der Begriff haben. So wird „Diaspora" in
einem lokalen Sinne zur Bezeichnung des Ortes oder der Region verwendet,
wo die aus einem gemeinsamen Herkunftsland Ausgewanderten leben. Mit
dem Begriff wird aber auch die Gesamtheit der in der Fremde Lebenden,
also eine imaginierte Gruppe, bezeichnet. Damit einhergehend wird „Diaspora" im Sinne Rainer Bauböcks schließlich als evokativer und performa-
tiver Begriff verwendet, der ein politisches Projekt[17] beschreibt.[18]

Mit dem inflationären Gebrauch des Begriffes geht auch eine Verviel-
fachung dessen, was mit ihm gemeint ist, einher. Die Anwendung von
„Diaspora" auf immer mehr Phänomene hängt sowohl mit der Zunahme
weltweiter Migrationsbewegungen an sich als auch mit den immer kom-
plexer werdenden Lebens- und Arbeitswirklichkeiten der Menschen zusammen. In Ermangelung präziserer Termini greift die Forschung auf den
Diaspora-Begriff zurück.

Im Rahmen dieser Untersuchung soll er in Anlehnung an Isolde Charim
gerade wegen seiner „produktiven Uneindeutigkeit"[19] verwendet werden.
Obgleich Diaspora ein Hilfsbegriff ist, der eines Ersatzes bedarf, kann mit
ihm signalisiert werden, dass die zu beschreibenden Phänomene etwas Neues
darstellen - das aber antike, beziehungsweise historische Vorläufer hat. Die
Fragen, die der Begriff aufwirft, sind gerade eine Chance, ihn vor dem Hintergrund schon bekannter Phänomene neu zu interpretieren. Alois Moosmüller empfiehlt in Anlehnung an James Clifford, den Diaspora-Begriff als

---

16 Vgl. Rainer BAUBÖCK: Diaspora und transnationale Demokratie, in: Isolde
CHARIM (Hrsg.): Lebensmodell Diaspora (Kultur und soziale Praxis), Bielefeld:
transcript, 2011, S. 19–34, hier S. 20.

17 Kokot sagt, dass sich der Begriff vorwiegend dort in der Selbstbeschreibung von
Diaspora-Gruppen finde, wo diese Einfluss auf ihr Herkunftsland und auf andere Diaspora-Gruppen weltweit anstrebten; vgl. Waltraud KOKOT: Diaspora -
Ethnologische Forschungsansätze, in: Alois MOOSMÜLLER (Hrsg.): Interkulturelle Kommunikation in der Diaspora, Bd. 13 (Münchener Beiträge zur interkulturellen Kommunikation), Münster und New York: Waxmann, 2002,
S. 29–39, hier S. 31.

18 Vgl. BAUBÖCK: Diaspora und transnationale Demokratie (wie Anm. 16), S. 20.

19 Isolde CHARIM (Hrsg.): Lebensmodell Diaspora: Über moderne Nomaden, 1.
Aufl (Kultur und soziale Praxis), Bielefeld: transcript, 2011, S. 12.

„„nicht-normativen Ausgangspunkt' für weiterführende Diskussionen zu ben[u]tzen".[20]

1.2 Merkmale von Diaspora

Was macht nun eine Diaspora aus? Was eint die Menschen, die in der oder als Diaspora leben? Die Definitionen in der einschlägigen Literatur beziehen sich überwiegend auf Diaspora als Gruppe und differenzieren unterschiedlich stark. In diesem Buch wird Diaspora vorwiegend als soziale Gruppe oder als Gesamtheit verschiedener Gruppen gleicher Herkunft gedacht. Entsprechend spielen soziale und politische Merkmale eine zentrale Rolle.

In Anlehnung an Bauböck[21] konstatiere ich vier grundlegende Merkmale von Diaspora:

- die erlebte Zerstreuung aus einem gemeinsamen Herkunftsland in verschiedene Zielgebiete
- die kollektive Identität, die über Generationen hinweg mehr oder weniger stark reproduziert und tradiert wird
- die Verbindung und Solidarität zwischen den verstreuten Gruppen

---

20 Alois MOOSMÜLLER (Hrsg.): Interkulturelle Kommunikation in der Diaspora: Die kulturelle Gestaltung von Lebens- und Arbeitswelten in der Fremde, Bd. 13 (Münchener Beiträge zur interkulturellen Kommunikation), Münster und New York: Waxmann, 2002.
Eine Schwierigkeit für deutsche Texte zu Diaspora liegt in der Unmöglichkeit, einen Plural oder ein Adjektiv des Begriffes zu bilden (im Englischen ist beides möglich: Nom. sg.: diaspora, Nom. pl.: diasporas, Adj.: diasporic). Auch existiert für den in der Diaspora oder die als Diaspora lebenden Menschen keine Bezeichnung außer den allgemeiner und mehr die Bewegung oder ihre Richtung fokussierenden Wendungen „MigrantIn" oder „Wandernde". In der Botanik werden Pflanzenteile, die sich zur Vermehrung von der Pflanze trennen, als Diaspore (pl. Diasporen) bezeichnet. Die englische Sprache hält das Wort diasporan (pl. diasporans) bereit. Im Rahmen dieser Arbeit wird hilfsweise von „Diaspora-Gruppe", „Diaspora-Gemeinde" und von „Diaspora-Angehörigen" gesprochen.
21 Vgl. BAUBÖCK: Diaspora und transnationale Demokratie (wie Anm. 16), S. 19. Auch die Arbeitsdefinition von Kokot enthält bis auf den Bezug zum Heimatland alle genannten Punkte; vgl. KOKOT: Diaspora - Ethnologische Forschungsansätze (wie Anm. 17), S. 35.

- eine Beziehung zum Heimatland, das man „entwickeln" und wohin man vielleicht zurückkehren möchte

Damit einher gehen aber weitere Erfahrungen, die Diaspora-Angehörige teilen und die sie von der sie umgebenden Mehrheitsgesellschaft[22] unterscheiden. Zu diesen weichen Kriterien zähle ich in Anlehnung an Moosmüller:

- das Gefühl des Verlustes der Heimat
- Werte, Normen und Praktiken, die sie von der Mehrheitsgesellschaft unterscheiden
- die Idealisierung oder Mystifizierung des Heimatlandes
- das Dilemma, gegenüber dem Ziel- und dem Herkunftsland loyal sein zu müssen
- der Wunsch, sich für die Belange des Heimatlandes einzusetzen
- das Erfordernis, sich solidarisch mit der eigenen Diaspora-Gruppe vor Ort und mit jener weltweit zu zeigen
- das Gefühl, im Residenzland marginalisiert zu sein[23]

Grundsätzlich betrachte ich Diaspora gemäß Waltraud Kokot[24] in Relation zu drei Faktoren, die die Loyalität der Diaspora einfordern und umgekehrt auch von dieser geprägt werden: das Residenzland, das Herkunftsland und die weltweite Diaspora-Gemeinde.

---

22 Als Mehrheitsgesellschaft verstehe ich Menschen aller ethnischen, nationalen, kulturellen und sprachlichen Prägung, die mit Angehörigen der rumänischen Diaspora den gleichen sozialen Raum (hier Berlin) teilen. Der Begriff wird als Gegenbegriff zu Diaspora verwendet.

23 Vgl. Alois MOOSMÜLLER: Diaspora - zwischen Reproduktion von „Heimat", Assimilation und transnationaler Identität, in: DERS. (Hrsg.): Interkulturelle Kommunikation in der Diaspora, Bd. 13 (Münchener Beiträge zur interkulturellen Kommunikation), Münster und New York: Waxmann, 2002, S. 11–28, hier S. 15.

Auch Kuhlmann hebt in ihrer Aufzählung von Merkmalen die Fremdheits- und Verlustgefühle der Diaspora-Angehörigen hervor; vgl. KUHLMANN: Exil, Diaspora, Transmigaration (wie Anm. 14), S. 10.

24 Vgl. KOKOT: Diaspora - Ethnologische Forschungsansätze (wie Anm. 17), S. 32f.

Abbildung 1: Die drei konstitutiven Faktoren der hier untersuchten rumänischen
Diaspora: Zielland Deutschland (hier speziell Berlin), Herkunftsland
Rumänien und die weltweite Diaspora. Die Pfeile verdeutlichen
jeweils in entgegengesetzte Richtungen stattfindende
Einflussnahmen.[25]

„Diaspora" könne jederzeit neu konstruiert werden, meint Bauböck.[26] Auch
im Rahmen dieser Arbeit werden die etablierten Definitionen von Diaspora
zur Debatte gestellt und anhand der zu zeigenden Wirklichkeit der rumänischen Diaspora in Berlin überprüft.

---

25 Karten nicht maßstabsgetreu.
    Bildquellen: Wikimedia: Germany Outline, url: https://upload.wikimedia.
    org/wikipedia/commons/thumb/f/f2/Germany-Outline.svg/2000px-Germany-
    Outline.svg.png (besucht am 10.02.2016), I.istockimg: stock illustration
    Romania, url: http://i.istockimg.com/file%7B/_%7Dthumbview%7B/_%7D
    approve/61785316/1/stock-illustration-61785316-Romania.jpg (besucht am
    10.02.2016) und Mrmondialisation: Diaspora, url: https://mrmondialisation.
    org/wp-content/uploads/2013/09/ Diaspora-Having-Grown-to-Thousands-of-
    Users-Is-Being-Abandoned-by-Its-Founders-2.png (besucht am 10.02.2016).
26 Vgl. Bauböck: Diaspora und transnationale Demokratie (wie Anm. 16), S. 20.

1.3 Die rumänische Diaspora

Die Rede von der rumänischen Diaspora ist eine Erscheinung der letzten ungefähr zehn Jahre. 2006 sprach der damalige rumänische Staatspräsident Traian Băsescu von den „români din diaspora"[27] und schätzte ihre Zahl auf etwa acht Millionen Menschen.[28] Ein rumänisch-sprachiger Wikipedia-Artikel mit dem Titel „Diaspora română"[29] ist erstmals für das Jahr 2011 nachzuweisen;[30] dort wird aktuell die Zahl von 4 bis 12 Millionen Diaspora-Angehörigen genannt.[31] Ruxandra Trandafoiu gibt 2013 an, dass „the Romanian diaspora" bis zu zehn Millionen Angehörige habe.[32] Der Schriftsteller Mircea Cărtărescu schließlich schreibt in einem Artikel zur Präsidentschaftswahl 2014 von der „drei Millionen Menschen umfassende[n] rumänische[n] Diaspora".[33] Hier zeigt sich gleichsam die Unmöglichkeit, für die in der weltweiten Diaspora Lebenden genaue Zahlen zu nennen.

Die Selbstverständlichkeit, mit der der Begriff heute im gesellschaftlichen Diskurs Rumäniens und darüber hinaus verwendet wird, mag über seine Unschärfe hinwegtäuschen. Die variierenden Zahlenangaben deuten es jedoch an: eine allgemeingültige Definition dessen, wer zu dieser Diaspora zu rechnen ist, gibt es nicht. Sowohl die jeweiligen Migrationsmotive und -erfahrungen, als auch das Zugehörigkeitsgefühl zu einer bestimmten Diasporagruppe und der Grad der Beteiligung an deren Aktivitäten variieren sehr stark.

---

27 Dt.: Rumänen aus der Diaspora.
28 Vgl. Traian Băsescu: Comunicat de Presă [Pressemitteilung], București, 26.01.2006, URL: http://www.presidency.ro/pdf/date/7048\textunderscorero. pdf (besucht am 14.11.2015).
29 Dt.: Die rumänische Diaspora.
30 Vgl. Internet Archive WayBack Machine: Suchbegriff: https://ro.wikipedia. org/, URL: https://archive.org/web/web.php (besucht am 10.06.2017).
31 Vgl. Wikipedia: Diaspora română [Rumänische Diaspora], URL: https:// ro.wikipedia.org/wiki/Diaspora\textunderscorerom\%C3\%A2n\%C4\%83 (besucht am 10.06.2017). Dabei wird auf die Flexibilität des Begriffes „RumänIn" hingewiesen.
32 Vgl. Ruxandra Trandafoiu: Diaspora online: Identity politics and Romanian migrants, New York und Oxford: Berghahn Books, 2013, S. 7.
33 Mircea Cărtărescu: Rumäniens deutscher Traum: Für die Rumänen ist Deutschland das große Vorbild. Euroskepsis ist ein Luxus, den sie sich nicht erlauben, in: Die Zeit 30.12.2014, URL: http://www.zeit.de/2015/01/rumaenien-deutschland-vorbild-praesidentschaftswahl/komplettansicht (besucht am 18.12.2015).

Für die Ziele dieser Studie werden in Anlehnung an Trandafoiu[34] all jene als rumänische Diaspora gefasst, die aufgrund von Auswanderung außerhalb ihres Heimatlandes Rumänien oder Moldova leben.[35] Dabei sind Dauerhaftigkeit und Gründe ihrer Migration nicht von Belang. Die rumänische Diaspora ist die rumänienstämmige Diaspora. Wie auch Paul Baiersdorf, Ingrid Băltăgescu und Richard Wagner in ihrer Broschüre nicht von „Rumänen in Berlin", sondern von „Menschen aus Rumänien in Berlin"[36] sprechen, soll hier die gemeinsame Herkunft und nicht die gemeinsame Volkszugehörigkeit das entscheidende Kriterium darstellen. Nicht einmal hundert Jahre ist es nämlich her, dass aus einem ethnisch relativ homogenen Königreich Rumänien ein multiethnischer Nationalstaat wurde. In der rumänischen Geschichtsschreibung und Gegenwartsdeutung wird die Frage der ethnischen Verfasstheit des rumänischen Staates meist zugunsten derer beantwortet, die sich als ethnische RumänInnen verstehen.[37] Entgegen dieser Tendenzen soll im Rahmen dieser Arbeit der ethnischen Vielfalt, die sich auch bei den Ausgewanderten findet, Rechnung getragen werden: es werden alle Menschen, die einen rumänischen Pass haben oder hatten, die

---

34 Vgl. TRANDAFOIU: Diaspora online: Identity politics and Romanian migrants (wie Anm. 32), S. 7f.

35 Die rumänische Minderheit in den benachbarten Staaten, aus der durch Grenzverschiebungen Diaspora-Gruppen wurden, zählt nicht dazu.

36 Vgl. Paul BAIERSDORF/Ingrid BĂLTĂGESCU/Richard WAGNER: Wege zwischen Rumänien und Berlin, Berlin: Der Beauftragte des Senats von Berlin für Integration und Migration, 2004, S. 7.

37 Beispielsweise heißt es in der rumänischen Verfassung: „Der Staat hat als Fundament die Einheit des rumänischen Volkes"; RUMÄNISCHES ABGEORDNETENHAUS: Constituţia României [Verfassung Rumäniens], 2003, URL: http://www.cdep.ro/pls/dic/site.page?id=339 (besucht am 20.03.2015), Art. 4, Abs. 1. Der Begriff „Volk" wird nicht näher definiert, ein Verständnis im Sinne von „ethnos" liegt aber nahe. Damit würden Angehörige nationaler Minderheiten nicht als staatstragende Elemente angesehen.
Auch Lucian Boia beobachtet das: „auch heute wird [...] der Minderheitenangehörige von den die Mehrheit darstellenden Rumänen noch nicht wirklich als Rumäne wahrgenommen"; Lucian BOIA: România, ţara de frontieră a Europei: [Rumänien, Grenzland Europas], 4., Bucureşti: Humanitas, 2012, S. 213, Übersetzung: JV.

selbst oder deren Vorfahren in Rumänien oder Moldova geboren sind und die aktuell in Berlin leben, als rumänische Diaspora in Berlin gefasst.[38]
   Weitere Kriterien zur Definition der rumänischen Diaspora sind die Selbst- und die Fremdsicht. Kokot meint, eine zerstreute Gruppe sei nur dann eine Diaspora, wenn sie sich selbst so verstehe.[39]
   Woher wissen wir jedoch, wer der Ausgewanderten sich selbst als Angehöriger einer „Diaspora" versteht und wer nicht? Dieses Selbstverständnis muss kommuniziert werden. Das findet in den Netzwerken und Medien der Diaspora statt, setzt aber die Bildung solcher Kommunikationsplattformen erst voraus. Hier sollen jedoch auch jene als Diaspora verstanden werden, die sich nicht organisieren oder ihr Selbstverständnis als Diaspora nicht explizieren (können) - da auch sie geographisch und politisch in einem anderen als dem Land ihrer Kindheit oder ihrer Vorfahren leben.
   Die Fremdsicht zeigt sich vor allem in Rumäniens Diskurs über seine EmigrantInnen. Dort hat sich in den letzten Jahren das Bild der Ausgewanderten verändert. Die ehemals als „căpşunari"[40] abgewerteten EmigrantInnen werden mittlerweile von Medien und Politik als „Diaspora"[41] oder als „Românii din Diaspora"[42] bezeichnet.[43] Im öffentlichen Diskurs der Zuwanderungsländer wird die rumänische Diaspora meist nicht als solche

---

38 Zur rumänischen Diaspora gehören deutsche Staatsangehörige mit rumänischem Migrationshintergrund sowie rumänische Staatsangehörige.
39 Vgl. KOKOT: Diaspora – Ethnologische Forschungsansätze (wie Anm. 17), S. 36.
40 Dt.: Erdbeerpflücker.
41 So werden beim Nachrichtenportal *hotnews.ro* etwa die Proteste anlässlich des Brandunglücks von Bukarest in zahlreichen europäischen Städten als Solidaritätsbekundungen der „Diaspora" gedeutet; vgl. HOTNEWS.RO: Diaspora alături de manifestanţii #Colectiv, URL: http://www.hotnews.ro/stiri-esential-20566476-fotogalerie-diaspora-alaturi-manifestantii-colectiv.htm (besucht am 14.11.2015).
42 Dt.: die Rumänen aus der Diaspora.
   Der TV-Sender *Realitatea* etwa benutzt diese Wendung in einem Beitrag auf seiner Homepage; vgl. REALITATEA: Românii din Diaspora se opun impozitului obligatoriu de 792 lei pe care-l vor plăti din 2016, 2015, URL: http://www.realitatea.net/romanii-din-diaspora-se-opun-impozitului-obligatoriu-de-792-lei-pe-care-l-vor-plati-din-2016_1792111.html (besucht am 14.11.2015).
43 Weitere Termini sind „Românii din străinătate" (dt.: Rumänen aus dem Ausland), „Românii de pretutindeni" (dt.: Rumänen von überall) oder „Români de peste hotare" (dt.: Rumänen von jenseits der Grenze).

erwähnt; eher werden Termini wie „rumänische MigrantInnen", „MigrantInnen aus Rumänien" oder „hier lebende RumänInnen" verwendet.[44]

Die Gruppe der rumänischen Staatsangehörigen in Berlin als „Diaspora" zu bezeichnen, ist aus methodischen Gründen erforderlich. Der Begriff soll nicht essenzialisieren, sondern mit ihm soll die Heterogenität der in Berlin lebenden rumänienstämmigen Menschen ausgesagt werden. Es ist nicht die *eine Gruppe* der rumänischen StaatsbürgerInnen in Berlin, sondern Merkmal der hiesigen Diaspora-Population ist gerade ihre Uneinheitlichkeit, ihre ethnische Vielfalt und die Heterogenität der jeweiligen Migrationsmotive und Lebenssituationen. Der Begriff wird insofern als Container-Begriff gebraucht.

2 Zum Stand der Forschung

Migrationsbewegungen seien zu zentralen Themen der modernen Ost- und Südosteuropaforschung geworden, beobachtet Krista Zach schon 2005.[45] Im deutschsprachigen Raum belegen die Aktivitäten von Einrichtungen mit dem Forschungsschwerpunkt Südosteuropa diesen Eindruck.[46]

Ansätze zur Untersuchung von Diaspora-Gruppen aus Südosteuropa sind dennoch rar. Die rumänische Diaspora in Deutschland ist eine bisher in der Forschung kaum beachtete Gruppe - zu Unrecht.

Auch lässt sich nicht umgekehrt für die Migrationsforschung hierzulande von einem zunehmendem Interesse an diesem geographischen Raum sprechen. Deren Schwerpunkt hat sich spätestens seit den aktuellen

---

44 Vgl. u.a. Herbert BRÜCKER: Der Sozialbetrug ist ein Mythos: Migration, in: ZEIT Online 29.08.2014, URL: http://www.zeit.de/wirtschaft/2014-08/migration-armutszuwanderung-bulgarien-rumaenien (besucht am 28.01.2016).

45 Vgl. Krista ZACH: Migrationsbewegungen in Mitteleuropa: Der Donau- und Karpatenraum im 20. Jahrhundert, in: Krista ZACH/Flavius SOLOMON/Cornelius R. ZACH (Hrsg.): Migration im südöstlichen Mitteleuropa, München: IKGS Verlag, 2005, S. 13.

46 So veranstaltete der Wissenschaftliche Beirat der *Südosteuropa-Gesellschaft e.V.* am 13.02.2015 in Jena das Symposion „Gegenwartsbezogene Migrationsforschung zu Südosteuropa".
Das *Institut für Ost- und Südosteuropaforschung* in Regensburg veranstaltete im Dezember 2014 das VII. *Fritz-Exner-Kolloquium* zum Thema „Menschen in Bewegung: Gründe, Muster und Folgen der Migration (19. - 21. Jh.)" und im Juli 2015 trug seine Jahreskonferenz den Titel „Migration in and out of East and Southeast Europe: Values, Networks, Well-Being".

Fluchtbewegungen auf Regionen und Wanderungsbewegungen (von) jenseits des europäischen Kontinents fokussiert.[47]

2.1 Forschung zur rumänischen Migration und Diaspora

Rumänische Diaspora-Gruppen sind das Ergebnis rumänischer Migration. Im Rahmen dieser Arbeit sollen daher Erkenntnisse der rumänischen und rumänienbezogenen Migrationsforschung genutzt werden. Wie in der internationalen Migrationsforschung so ist man auch in der Forschung zur rumänischen Migration in den letzten Jahren und Jahrzehnten zunehmend dem transnationalen Ansatz gefolgt, der Anfang der 1990er Jahre in den USA entwickelt wurde.[48]

Für den deutschen Raum ist vor allem der Geograph Wilfried Heller zu nennen, der sich in seiner Forschung schwerpunktmäßig mit Migration von und nach Rumänien auseinandergesetzt hat Sein Fokus liegt dabei auf dem Zusammenhang von Migration und sozioökonomischer Transformation in Rumänien.[49] Dabei gerät auch das Thema ethnischer Minderheiten in seinen Blick.[50]

---

47 Hierbei ist auch eine politisch vorangetriebene semantische Wandlung des Begriffes „Migration" zu erwähnen. Die Europäische Kommission versteht darunter Wanderungsbewegungen (von) außerhalb der EU; vgl. u.a. EUROPÄISCHE KOMMISSION: A European Agenda on Migration: Communication from the Commission to the European Parliament, the Council, the European Economic and Social Committee and the Committee of the Regions, Brüssel, 2015, URL: http://ec.europa.eu/dgs/home-affairs/what-we-do/policies/european-agenda-migration/background-information/docs/communication\textunderscoreon\textunderscorethe\textunderscoreeuropean\textunderscoreagenda\textunderscoreon\textunderscoremigration\textunderscoreen.pdf (besucht am 26.12.2015). Migrationsbewegungen innerhalb der EU-Grenzen werden als „Mobilität" gefasst.

48 Vgl. dazu v.a. Linda BASCH/Nina GLICK-SCHILLER/Cristina SZANTON BLANC: Nations Unbound: Transnational Projects, Postcolonial Predicaments, and Deterritorialized Nation-States, London: Routledge, 1994 oder Nina GLICK SCHILLER/Linda BASCH/Cristina SZANTON BLANC: From Immigrant to Transmigrant: Theorizing Transnational Migration, in: Ludger PRIES (Hrsg.): Transnationale Migration, Bd. 12 (Soziale Welt), Nomos Verlagsgesellschaft, 1997.

49 Vgl. Wilfried HELLER: Demographie, Migration und räumliche Entwicklung, in: Thede KAHL/Michael METZELTIN/Mihai-Răzvan UNGUREANU (Hrsg.): Rumänien, Bd. Teilband 1, Wien: Lit Verlag GmbH & Co. KG, 2008, S. 39–62.

50 Vgl. DERS.: Ethnizität in der Transformation: Zur Situation nationaler Minderheiten in Rumänien, Bd. 21 (Wiener Osteuropa Studien), Wien: Lit, op. 2006.

Für die rumänische Wissenschaftslandschaft sind drei Autoren hervor-
zuheben, die in den letzten Jahren zahlreiche Arbeiten zur Migrationsforschung beigetragen haben.
Der Bukarester Soziologe Dumitru Sandu ist vielleicht der populärste
unter ihnen. Er hat vor allem im letzten Jahrzehnt verstärkt zu rumänischer
Migration geforscht. Dabei bringt er sowohl eine transnationale als auch
eine regionale Perspektive zur Anwendung.[51] Er veröffentlicht außerdem
soziologische Artikel im Nachrichtenportal *contributors.ro*.[52] Aktuell arbeitet er an einem Atlas zur rumänischen Migration.[53]
Der Klausenburger Soziologe István Horváth, der an einem Forschungsprojekt des deutschen Migrationsforschers Rainer Münz mitgearbeitet hat,
veröffentlicht ebenfalls zu Migration aus Rumänien.[54] Seinen Schwerpunkt
bildet der ethnische Aspekt bei Wanderungsbewegungen.

---

51 Vgl. u.a. Dumitru SANDU u.a.: A Country Report on Romanian Migration Abroad:
Stocks and Flows After 1989, Prague, 2004 und Dumitru SANDU: Romanian mi-
gration as multiregional building of transnational fields, in: EUCROSS (Hrsg.):
The Europeanisation of Everyday Life: Cross-Border Practices and Transnational
Identifications Among EU and Third-Country Citizens, 2014, S. 5–27.

52 Anlässlich der Präsidentschaftswahl 2014 veröffentlichte er beispielsweise einige
Artikel; vgl. dazu z.B. DERS.: Voturile de sărăcie, dezvoltare și experiența de
migrație la prezidențialele din România 2014 [Armutswahlen, Entwicklung und
Migrationserfahrung bei den Präsidentschaftswahlen 2015], in: contributors.
ro - texte cu valoare adaugată 12.11.2014, URL: http://www.contributors.ro/
societatelife/voturile-de-saracie-dezvoltare-\%c8\%99i-experien\%c8\%9ba-
de-migra\%c8\%9bie-la-prezideni\%c8\%9bialele-din-romania-2014/ (besucht
am 22.01.2016).

53 Vgl. DERS.: Open Atlas of Romanian Migration Abroad (Atlasmig): A prelimina-
ry working frame, Bucharest, 2015, URL: https://www.academia.edu/15400149/
OPEN\textunderscoreATLAS\textunderscoreOF\textunderscoreROMANI-
AN\textunderscoreMIGRATION\textunderscoreABROAD\textunderscore-
ATLASMIG\textunderscore.\textunderscoreA\textunderscorepreliminary\
textunderscoreworking\textunderscoreframe (besucht am 10.06.2017).

54 Vgl. etwa István HORVÁTH: Migrația internațională a cetățenilor români după
1989 [Internationale Migration rumänischer Staatsangehöriger nach 1989], in:
Traian ROTARIU/Vergil VOINEAGU (Hrsg.): Inerție și schimbare. Dimensiuni
sociale ale tranziției în România [Trägheit und Veränderung. Soziale Dimensionen des Wandels in Rumänien] (Collegium. Sociologie, antropologie), S. 199–222
oder DERS.: Rumänien, in: HAMBURGISCHES WELTWIRTSCHAFTSINSTITUT
(Hrsg.): Focus Migration, 2007, S. 1–10.

Schließlich ist auch Remus Gabriel Anghel zu nennen, von dem in jüngster Zeit einige Untersuchungen zu rumänischer Migration erschienen sind. Den Klausenburger Soziologen interessieren die transnationale und ethnologische Perspektive auf rumänische Migration.[55] Er veröffentlicht auch gemeinsam mit István Horváth.[56]

Die in Großbritannien lehrende Kommunikationswissenschaftlerin Ruxandra Trandafoiu hat entscheidende Beiträge zur Untersuchung der rumänischen Diaspora und ihrer Online-Aktivitäten geliefert.[57] Dabei ging sie unter anderem der Frage nach Mikropolitiken in Diaspora-Online-Foren nach.

2.2 Forschung zu Diaspora-Gruppen in Deutschland

Am Institut für Ethnologie der Universität Hamburg wurde unter Leitung von Waltraud Kokot seit den 1990er Jahren ein Forschungsschwerpunkt entwickelt, der sich mit der Frage kultureller Identität in der Diaspora beschäftigt.[58] Im Rahmen des 2006 gestarteten Projektes *DiaspoRes* wird Diaspora als Ressource weitergedacht.[59] Es werden aktuelle Diaspora-Gruppen

---

55 Vgl. Remus Gabriel ANGHEL/Irina CULIC: Ethnicity in Migration: Romanian Immigrants at Home and Abroad, in: Studia Universitatis Babeş-Bolyai – Sociologia LVII.2 (2012), S. 3–8 und seine Dissertation: ANGHEL: Romanians in Western Europe: Migration, status dilemmas, and transnational connections (wie Anm. 6).

56 Vgl. István HORVÁTH/Remus Gabriel ANGHEL: Migration and Its Consequences for Romania, in: Südosteuropa 57.4 (2009), S. 386–403 und DIES. (Hrsg.): Sociologia migraţiei. Teorii si studii de caz româneşti: [Migrationssoziologie. Theorien und rumänische Fallstudien], Iaşi: Polirom, 2009.

57 Vgl. u.a. TRANDAFOIU: Diaspora online: Identity politics and Romanian migrants (wie Anm. 32) und DIES.: Diasporic micropolitics: Lessons from the Romanian diaspora in Europe and North America, Budapest, 26.09.2013, URL: https://www. academia.edu/5745658/Diaspora\textunderscoremicropolitics\textunderscore-\ textunderscoreLessons\textunderscorefrom\textunderscorethe\textunderscore- Romanian\textunderscorediaspora\textunderscorein\textunderscoreEurope\ textunderscoreand\textunderscoreNorth\textunderscoreAmerica.

58 Vgl. UNIVERSITÄT HAMBURG: Kulturelle Identität in der Diaspora, URL: https:// www.ethnologie.uni-hamburg.de/forschung/forschungsprojekt-archiv/kulturelle- identitaet-in-der-diaspora.html (besucht am 10.06.2017).

59 Vgl. Waltraud KOKOT: Diaspora as a Resource: Transnational Networks as Cultural Capital - Factors in European Integration?, Diss., Hamburg: Universitäte Hamburg, 2007, URL: https://www.ethnologie.uni-hamburg.de/pdfs/kokot/ textunderscoreprojekt\textunderscorediaspores.pdf (besucht am 04.02.2016).

in Hamburg - die armenische, die ghanaische, die griechische, die jüdische, die polnische und die russische Diaspora - aus vergleichender Perspektive betrachtet. In dieser stadtspezifischen Form ist die Hamburger Forschung einzigartig in Deutschland.

Am Geographischen Institut der Universität Mainz untersucht die *AG Migration und Diaspora* die Wechselwirkungen zwischen Diaspora-Gruppen und modernen Kommunikationstechnologien. Dabei sollen auch Kriterien erarbeitet werden, „die eine Unterscheidung verschiedener Diasporagemeinschaften erlaub[en] und dabei nicht auf den Nationalstaat oder auf Ethnizität als vorgegebene Kategorien zurückgreifen".[60] Die AG konzentriert sich auf Diaspora-Gruppen aus Syrien, Libanon und Israel (mit West Bank und Gaza).

Am Institut für Diaspora- und Genozidforschung in Bochum werden unter Leitung von Mihran Dabag Diaspora-Gruppen untersucht, die gewaltsam aus ihrer Heimat vertrieben worden sind.[61] Die armenische Diaspora steht im Zentrum des Interesses.

Schließlich erstellt auch die *Gesellschaft für Internationale Zusammenarbeit (GIZ)* Studien zu Diasporaaktivitäten. Dabei liegt der Fokus auf den ökonomischen und politischen Potentialen von Diaspora-Gruppen; Diaspora-Forschung ist hier angesiedelt im Bereich *Migration und Entwicklung.* Studien zu Diasporaaktivitäten in Deutschland wurden für die tunesische, ghanaische, äthiopische, kamerunische, philippinische, armenische, senegalesische, marokkanische, vietnamesische, ägyptische, afghanische und serbische Diaspora angefertigt.[62]

---

60 UNIVERSITÄT MAINZ: AG Migration und Diaspora, URL: https://www.blogs. uni-mainz.de/fb09kulturgeographie/ag\textunderscoremigrationdiaspora/ (besucht am 10.06.2016).

61 Vgl. UNIVERSITÄT BOCHUM: Institut für Diaspora- und Genozidforschung, URL: http://www.ruhr-uni-bochum.de/idg/unterseiten/schwerpunktethemen.html (besucht am 10.06.2017).

62 Vgl. DEUTSCHE GESELLSCHAFT FÜR INTERNATIONALE ZUSAMMENARBEIT GMBH: Migration und Entwicklung, URL: https://www.giz.de/fachexpertise/html/9697. html (besucht am 10.06.2017).

2.3 Aktuelle Veröffentlichungen zu Migration aus Rumänien nach Berlin

Migration aus Rumänien nach Berlin ist in den letzten Jahren unter kultureller, wirtschaftlicher und sozialer Perspektive betrachtet worden.

Die bereits erwähnte Broschüre von Baiersdorf et al. beschreibt vor allem kulturelle Aspekte dieser Migration. Sie war vom Berliner Senat in Auftrag gegeben worden und hatte weniger die wissenschaftliche Exploration der in Berlin lebenden rumänischen Diaspora als vielmehr die Darstellung der „wichtigsten Etappen berlinisch-rumänischer geschichtlicher Interferenzen [...] und einige[r] Persönlichkeiten"[63] zum Ziel. Vermutlich gibt es weitere Beschreibungen kultureller Aspekte der rumänischen Diaspora in Berlin.[64]

Die wirtschaftliche ist wesentlich eine arbeitsmarktpolitische und recht neue Perspektive, die beispielsweise in einer Untersuchung des Projektkontors *minor* zum Tragen kommt. Zwischen April und Juni 2015 wurde eine Befragung zur neuen Arbeitskräftemobilität von UnionsbürgerInnen in Berlin durchgeführt. Auch rumänische MigrantInnen gehörten zu den AdressatInnen der vom Berliner Senat geförderten Untersuchung. *minor* hatte dazu 305 längstens seit 2008 dauerhaft in Berlin lebende rumänische Staatsangehörige mittels eines Fragebogens zu ihren Migrationsmotiven, ihrer sozioökonomischen Situation, ihrer Arbeitsmarktintegration, ihren Deutschkenntnissen, ihren Versuchen, ausländische Bildungsabschlüsse hier anerkennen zu lassen und weiteren Aspekten der Integration in Berlin befragt.

Ziel der Studie war es, „erste Erkenntnisse über den Integrations- und Migrationsprozess aus [...] Rumänien nach Berlin zu generieren"[65] und

---

63 BAIERSDORF/BĂLTĂGESCU/WAGNER: Wege zwischen Rumänien und Berlin (wie Anm. 36), S. 8.

64 Eine Gruppe von Studierenden der FU Berlin beispielsweise hat im Jahr 2015 die Identität rumänischer Roma-Musiker in Berlin untersucht. Auch diese Arbeit kann - wenngleich der entsprechende Forschungsbericht nicht veröffentlicht wurde - als Beitrag zur Exploration kultureller Aspekte der rumänischen Diaspora in Berlin gewertet werden; vgl. Johanna BLEES/CONSTANTIN, LAURENTIU, OVERBECK, MARA: Inwiefern dient die Musik der Lautari als Ausdruck ihrer Identität? unveröffentlichter Forschungsbericht, 31.08.2015.

65 KAPLON u. a.: Teil II - Expertise zur Arbeitsmarktintegration (wie Anm. 11), S. 108.

politische Handlungsempfehlungen zu erarbeiten. Diese werden im zweiten Teil zu folgenden Bereichen ausgesprochen: Arbeitsmarktintegration, Spracherwerb, interkulturelle Öffnung der Verwaltung, Nutzung der im Ausland erworbenen Qualifikationen und Umsetzung des Gleichbehandlungsgebotes, bzw. Diskriminierungsverbotes. Die Studie ist zwar nicht repräsentativ, bietet aber einen sehr guten Überblick über die Integration der rumänischen Community in den Berliner Arbeitsmarkt und über damit zusammenhängende Themen.

Sozial- und integrationspolitisch sind vor allem jene Veröffentlichungen inspiriert, die sich der Zuwanderung marginalisierter Gruppen aus Rumänien widmen. Das Neuköllner Bezirksamt gab zwischen 2011 und 2014 etwa jährlich einen sogenannten „Roma-Status-Bericht" heraus. Diese Veröffentlichungen zielten darauf ab, den sich mit der zunehmenden Zuwanderung rumänischer StaatsbürgerInnen nach Neukölln abzeichnenden politischen Handlungsbedarf aufzuzeigen.[66]

Der Berliner Senat förderte in diesem Zusammenhang das Forschungsprojekt *IMA*, in dessen Rahmen der Projektkontor *minor* 2014 die Zuwanderung von RomNja aus Rumänien und Bulgarien nach Berlin untersucht hat. Seit September 2015 liegt der Abschlussbericht vor, in dem ein „Informations- und Integrationsmanagement" für die entsprechende Gruppe rumänischer MigrantInnen vorgestellt wird.[67]

---

66 Vgl. zuletzt Bezirksamt Neukölln von Berlin Abteilung Bildung, Schule, Kultur und Sport: 4. Roma-Statusbericht: Kommunale Handlungsstrategien im Umgang mit den Zuzügen von EU-Unionsbürgern aus Südosteuropa Berlin - Neukölln, hrsg. v. Bezirksamt Neukölln von Berlin Abteilung Bildung, Schule, Kultur und Sport, Berlin, 2014, URL: http://www.berlin.de/imperia/md/content/baneukoelln/bischuku/4.romastatusberichtmai2014.pdf?start\&ts=1428930358\&file=4.romastatusberichtmai2014.pdf (besucht am 10.06.2017).

67 Vgl. Minor - Projektkontor für Bildung und Forschung e.V.: Integrationsunterstützung für neu zugewanderte Roma in Berlin: Informations- und Integrationsmanagement für neu zugewanderte Roma aus Bulgarien und Rumänien in Berlin, Berlin, 30.09.2015, URL: https://www.minor-kontor.de/images/ima\textunderscoregesamttext\textunderscoreneu\textunderscore15-11-25.pdf (besucht am 05.06.2017).

3 Methodik

Migration und Diaspora sind vor allem vor dem Hintergrund von Nationalstaaten darstellbar, was einen gewissen „methodologischen Nationalismus"
mit sich bringt.

Andreas Wimmer und Nina Glick-Schiller zufolge sei methodologischer
Nationalismus die Annahme, dass die Nation / der Staat / die Gesellschaft
die natürliche soziale und politische Form der modernen Welt sei.[68]

Die Praxis von Wanderung und Diaspora, von transnationalen Lebens-
entwürfen und globalisierten Existenzen geht über den nationalstaatlichen
Rahmen hinaus. Der methodologische Nationalismus werde den heutigen
Gegebenheiten nicht mehr gerecht, kritisieren deshalb Wimmer und Glick-
Schiller und schlagen zu seiner Überwindung das Modell „transnationaler
Communities" vor.[69] Auch Anghel positioniert sich so, da Gesellschaften
nicht nur als im „Container" des Nationalstaates befindlich verstanden
werden können.[70]

Eine andere Kritik am methodologischen Nationalismus formulieren
Serhat Karakayali und Vassilis Tsianos: er unterstütze die „gewaltvollen
Territorialisierungsprozesse, mit denen versucht wird, Raum, Gesellschaft
und Kultur symbolisch und juridisch zur Deckung zu bringen".[71]

So geboten also auf den ersten Blick die Überwindung des methodologischen Nationalismus erscheint, so notwendig sind doch die Kategorien
Nationalstaat und Staatsbürgerschaft, um überhaupt von Diaspora sprechen zu können. Es ist das Dilemma, vor dem diese Untersuchung steht. Entgegen Wimmer und Glick-Schiller soll der anzuwendende methodologische
Nationalismus im Folgenden nicht die Annahme einer natürlichen Form

---

68 Vgl. Andreas WIMMER/Nina GLICK-SCHILLER: Methodological nationalism and
    beyond: nation-state building, migration and the social sciences, in: Global
    Networks 2.4 (2002), S. 301–334, hier S. 301.
69 Vgl. ebd.
70 ANGHEL: Romanians in Western Europe: Migration, status dilemmas, and trans-
    national connections (wie Anm. 6), S. 10.
71 Serhat KARAKAYALI/Vassilis TSIANOS: Movements that matter: Eine Einleitung, in:
    TRANSIT MIGRATION FORSCHUNGSGRUPPE (Hrsg.): Turbulente Ränder (Kultur
    und soziale Praxis), Bielefeld: transcript, 2007, S. 7–17, hier S. 9.

von Staat zementieren, sondern als Werkzeug dienen, um gerade auch die Fragen aufzuwerfen, die sich aus der Existenz von Nationalstaaten ergeben. Mit ihrer Praxis antizipieren die Migrierenden eine in der Zukunft liegende Form europäischer Bürgerschaft und Staatlichkeit, für deren Beschreibung die Migrationsforschung neue Konzepte jenseits des methodologischen Nationalismus' entwickeln muss. Ulrich Beck und Edgar Grande fragen, wie Gesellschafts- und Politiktheorie sich theoretisch, methodologisch und empirisch für eine neue, ihre Grundlagen aufhebende Moderne öffnen können und entwickeln das Konzept der „kosmopolitischen Wende".[72] Vielleicht liegt gerade hier auch das Potential des schwammigen, offenen Diaspora-Begriffes: dass der zu vollziehende Paradigmenwechsel in der Migrationsforschung mit ihm ein Stück weit vorangebracht werden kann.

Datenerhebung

Um ein Bild von der rumänischen Community in Berlin zu erhalten, wurde eine quantitative Erhebung unter den in Berlin lebenden rumänischen StaatsbürgerInnen[73] durchgeführt. Die schriftliche Befragung erfolgte von September bis Dezember 2015 mit einem standardisierten Fragebogen, der online und ausgedruckt den potentiellen ProbandInnen zugänglich war. Der Fragebogen gliederte sich in die Themenfelder „Personenbezogene Daten", „Leben in Deutschland" sowie „Herkunftsland Rumänien". Er bestand aus insgesamt 30 Fragen, von denen 7 offene Fragen waren. Dabei wurden Einstellungen, Überzeugungen, Verhalten und sozialstatistische Merkmale[74] erhoben.[75]

Die ProbandInnen wurden einerseits an öffentlichen Plätzen, andererseits an spezifischen Orten, die als virtuelle oder tatsächliche Treffpunkte der

---

72 Vgl. Ulrich BECK/Edgar GRANDE: Jenseits des methodologischen Nationalismus: Außereuropäische und europäische Variationen der Zweiten Moderne, in: Soziale Welt 61 (2010), S. 187–216, hier S. 187.

73 AdressatInnen der Umfrage waren BerlinerInnen, die die rumänische Staatsbürgerschaft aktuell besitzen oder früher besessen haben.

74 Vgl. Andreas DIEKMANN: Empirische Sozialforschung: Grundlagen, Methoden, Anwendungen, Orig.-Ausg., [21.] Aufl., vollst, überarb. u. erw. Neuausg, Bd. 55678 : Rowohlts Enzyklopädie (Rororo), Reinbek bei Hamburg: Rowohlt-Taschenbuch-Verl, 2010, S. 471.

75 Der Fragebogen findet sich im Anhang dieses Buches S. XXI.

rumänischen Community identifiziert worden waren, zur Teilnahme an der Befragung aufgefordert.

An öffentlichen Orten wie etwa S- und U-Bahn-Stationen wurden Plakate mit dem zur Online-Umfrage führenden QR-Code angebracht. Damit sollte einerseits das Anliegen als öffentliches bekannt gemacht werden, andererseits sollten Menschen die Möglichkeit haben, unterwegs - beim Warten auf die Bahn oder beim Sitzen in der Bahn - sich mit ihrem Smartphone an der Umfrage zu beteiligen. Das entsprechende Plakat wurde mit einem Foto der rumänischen Flagge versehen, um durch einen Wiedererkennungseffekt die Bereitschaft zur Teilnahme zu erhöhen.[76]

Die Verbreitung in spezifischen Räumen - virtueller oder realer Natur - hatte verschiedene Formen. An neuralgischen Punkten wie etwa einem rumänischen Restaurant oder einer Beratungsstelle für Zugewanderte aus Südosteuropa wurden Fragebögen ausgelegt oder ein zum Online-Fragebogen führendes Plakat angebracht.

Der Link zur Online-Umfrage wurde in den entsprechenden *Facebook*-Gruppen gepostet. Dies wurde zwischen zwei und sechs Mal in unregelmäßigen Abständen wiederholt, wobei zur Gewinnung weiterer Umfrage-TeilnehmerInnen auch erste Ergebnisse der bisherigen Umfrage präsentiert wurden - etwa ein Trend bei den rumänischen Herkunftsregionen oder Aussagen zu Berlin und Rumänien.[77]

Ferner wurde im Vorfeld der Umfrage durch eine E-Mail im persönlichen Bekanntenkreis in Berlin (Angehörige der Mehrheitsgesellschaft ebenso wie Diaspora-Angehörige) auf die Erhebung hingewiesen und um Hinweise zu möglichen ProbandInnen und später um Verbreitung des Links zur Online-Umfrage gebeten. So war eine Liste mit E-Mail-Adressen von 47 Personen, die aufgrund ihres Amtes oder ihrer Funktion als rumänische StaatsbürgerInnen in Berlin identifiziert werden konnten, erstellt und der Link bei Umfragebeginn an sie geschickt worden.

---

76 Das Plakat findet sich im Anhang S. XX.
77 Am 14.11.2015 etwa wurde in einigen *Facebook*-Gruppen gepostet: „‚Berlin ist meine Heimat‘, spune una. ‚Iubesc Romania‘, spune alta. Ce spui tu? [Dt.: ‚Berlin ist meine Heimat‘, sagt eine. ‚Ich liebe Rumänien‘, sagt eine andere. Was sagst du?] [Umfragelink]“.

Im Online-Reise-Portal *Couchsurfing* wurde der Link zur Umfrage mit einer standardisierten Mitteilung an 77 Personen gesendet, die als Wohnort Berlin und als Herkunftsland Rumänien oder als Sprache Rumänisch angegeben hatten.

Hier wie auch bei den per E-Mail versendeten Nachrichten hatten die Angefragten die Möglichkeit der Kontaktaufnahme, um Fragen zu stellen oder Interesse an den Umfrageergebnissen zu bekunden. 10 der 124 direkt angeschriebenen Personen machten davon Gebrauch.

Im Verlauf der circa dreimonatigen Datenerhebung fand das Schneeballprinzip Anwendung: ProbandInnen oder Angehörige der rumänischen Diaspora fungierten selbst als MultiplikatorInnen.[78] Durch Hinweise von ProbandInnen konnten weitere TeilnehmerInnen gefunden werden.

Datenauswertung

Im Rahmen der „virtuellen Ethnographie" werde das Internet zu einem Werkzeug, „um Menschen einzubeziehen, die die Forschung anders nicht oder nur schwer erreicht, oder um sie auf eine Weise zu befragen, die über das Übliche in Interviews [...] hinausgeht",[79] schreibt Uwe Flick.

Ruxandra Trandafoiu hat 2013 eine Studie zu den Spuren der rumänischen Diaspora im World Wide Web vorgelegt.[80] In Form und Inhalt ist diese Untersuchung eine von bislang wenigen Arbeiten, die das Internet zum Gegenstand einer wissenschaftlichen Analyse der rumänischen Diaspora machen. Gerade aber für die Diasporaforschung verspricht die Auswertung von Online-Aktivitäten der Diaspora-Angehörigen neue Erkenntnisse. Trandafoiu stützt sich in ihrer Arbeit auf Robert Kozinets Methode der „Netnography", einer ethnographischen Forschungsmethode für das World

---

78 So wurde der Link zur Umfrage beispielsweise über den E-Mail-Verteiler des Siebenbürgen-Stammtisches an ca. 120 potentielle TeilnehmerInnen in Berlin gesendet.

79 Uwe FLICK: Qualitative Sozialforschung: Eine Einführung, Vollst. überarb. und erw. Neuausg. 2007, 4. Aufl, Bd. 55694 (Rowohlts Enzyklopädie), Reinbek bei Hamburg: Rowohlt-Taschenbuch-Verl., 2011, S. 344.

80 Vgl. TRANDAFOIU: Diaspora online: Identity politics and Romanian migrants (wie Anm. 32).

Wide Web.[81] Diese sei aber angesichts des reichen Symbolismus der meisten diasporischen Websites nicht mehr ausreichend. Trandafoiu nimmt deshalb eine hybride Medienanalyse vor, die Inhalts- und Diskursanalyse, Semiotik und Ikonographie einschließt.[82] Im Anschluss an ihre Arbeit wurden auch die Aktivitäten der Berliner RumänInnen im Internet untersucht.

An der Umfrage haben 125 Personen teilgenommen. Zu 95 Prozent wurden die Fragebögen online ausgefüllt; nur 5 Prozent wurden handschriftlich ausgefüllt. Bei einer Gesamtzahl von bis zu 20.000 Diaspora-Angehörigen in Berlin[83] wurde im Rahmen der Befragung also weniger als ein Prozent der Diaspora erreicht. Die Umfrage ist daher nicht repräsentativ, sondern hat eher exemplarischen Status.

Dass die meisten Ergebnisse via eines Online-Fragebogens generiert wurden, hat Einfluss auf die Ergebnisse selbst. Die herausgearbeiteten Häufigkeitsverteilungen und signifikanten Werte gelten nicht für die Berliner Diaspora an sich, sondern für die rumänische Diaspora in Berlin, die online aktiv ist. Der Anteil der Internet-NutzerInnen innerhalb der rumänischen Diaspora Berlins ist nicht bekannt.

---

81 „[...] Netnography is participant-observational research based on online field-work [...]"; Robert V. Kozinets: Netnography: Doing ethnographic research online, Los Angeles, Calif. und London: SAGE, 2010, S. 60.

82 Vgl. Trandafoiu: Diaspora online: Identity politics and Romanian migrants (wie Anm. 32), S. 13.

83 Zum Zeitpunkt der Befragung.

II Rumänien und seine Diaspora

Die Frage, wie mit Bevölkerungsteilen außerhalb der Landesgrenzen umzugehen sei, ist mindestens so alt wie der moderne rumänische Nationalstaat selbst. Nach seiner Konstituierung im 19. Jahrhundert galt die rumänische Außenpolitik den rumänischen Minderheiten in den angrenzenden Territorien. Sie waren dorthin nicht ausgewandert, sondern siedelten dort seit Generationen. Heute ist ihre Zahl auf wenige Tausend in Südosteuropa zurückgegangen.[84]

Die Zahl derer, die sich bewusst zum kurz- oder längerfristigen Verlassen ihres Heimatlandes Rumänien entscheiden, steigt dagegen stetig an. Je länger das Phänomen der Auswanderung anhält, desto mehr muss sich der rumänische Staat damit auseinandersetzen. Waren es nach der Wende einige zehntausend MigrantInnen, deren Auswanderung das strauchelnde Wirtschafts- und Sozialsystem entlasteten,[85] stellen die Folgen der Emigration heute eine ernsthafte Gefährdung des rumänischen Gesundheits- und

---

84 Es handelt sich vor allem um die rumänischen Minderheiten in den Nachbarländern Republik Moldau, Ungarn, Ukraine, Bulgarien und Serbien. Außerdem zählen dazu die romanischen Volksgruppen der IstrorumänInnen in Istrien sowie der AromunInnen und der MeglenorumänInnen in Mazedonien und Griechenland. Vgl. Ministerul Afacerilor Externe/Departamentul Politici pentru Relaţia cu Românii de Pretutindeni: Diaspora: Partener pentru Dezvoltarea României, Bucureşti, o. J. URL: http://gov.ro/fisiere/stiri\textunderscorefisiere/ Viziune\textunderscore-\textunderscoreDiaspora\textunderscorepartener\ textunderscorepentru\textunderscoredezvoltarea\textunderscoreRomaniei\ textunderscore29.11.2016.pdf (besucht am 11.06.2017, S.5.

85 Symptomatisch ist in diesem Zusammenhang die Aussage des damaligen rumänischen Staatspräsidenten Traian Băsescu, Migrierte sollten im Ausland bleiben, um das rumänische Sozialsystem nicht zu gefährden; vgl. u.a. Daily Mail Reporter: Romanian president praises contrymen for doing British jobs in attack on, lazy Westerners', in: Mail Online 6.08.2010, URL: http://www. dailymail.co.uk/news/article-1300807/Romanian-president-Traian-Basescu-praises-countrymen-claiming-British-benefits.html (besucht am 17.03.2015) und Andreas Oskar Kempf: Biographien in Bewegung: Transnationale Migrationsverläufe aus dem ländlichen Raum von Ost- nachWesteuropa (SpringerLink : Bücher), Wiesbaden: Springer Fachmedien Wiesbaden und Imprint: Springer VS, 2013, S.39.

Wohlfahrtssystems dar.[86] Die neu entstandene und weiter entstehende Diaspora ist daher heute eines der wichtigsten Anliegen rumänischer Außenpolitik.

Eine Adressatin dieser Politik ist auch die rumänische Diaspora in Berlin. Wer der Migrierten wird angesprochen? Was kann die Diaspora von den politisch Verantwortlichen erwarten? Muss sich das Verhältnis Rumäniens zu seinen ausgewanderten BürgerInnen zukünftig verändern?

4 Gesetzliche Grundlagen

Die Beziehung, die Rumänien zu seinen ausgewanderten Landesleuten pflegen möchte, wird hauptsächlich durch einige Passagen in der Verfassung (2003) und ein explizit der Diaspora gewidmetes Gesetz (2007) geregelt. Die beiden Gesetzestexte geben Hinweise darauf, wie Rumänien seine Ausgewanderten sehen und welche Rechte es ihnen zubilligen möchte. Dabei scheint vor allem die Frage nach den genauen AdressatInnen der rumänischen Diaspora-Politik auf.

4.1 Verfassung

Die aktuell gültige rumänische Verfassung wurde im Jahr 2003 verabschiedet und stellt eine leicht erweiterte und stellenweise revidierte Fassung derjenigen von 1991 dar. In den Regelungen, die die rumänische Diaspora betreffen, sind keine Änderungen vorgenommen worden. Es findet sich jedoch eine relevante Ergänzung, auf die im Anschluss an die Vorstellung der beiden explizit die Diaspora betreffenden Artikel eingegangen wird.

Neben dem Artikel zur Staatsbürgerschaft, der die Bedingungen des Erhaltes, Besitzes und Verlustes derselben regelt und festlegt, dass demjenigen, der die rumänische Staatsbürgerschaft qua Geburt erworben hat, diese nicht

---

86 So spricht die in Deutschland erscheinende Diaspora-Zeitung *Ziarul românesc* vom „Tod des [rumänischen, JV] Rentensystems"(rum.: moartea sistemului de pensii), o. A.: Catastrofa demografică a României [Die demographische Katastrophe Rumäniens], in: Ziarul românesc. Zeitung für Rumänen in Deutschland 3.1 (22.01.2016), S. 19.

entzogen werden kann,[87] sind in Bezug auf die Diaspora Artikel 7 und Artikel 17 relevant.

Artikel 7 ist überschrieben mit „Rumänen aus dem Ausland"[88] und besagt:

> Der Staat unterstützt die Stärkung der Beziehungen mit den Rumänen jenseits der Landesgrenzen und tritt ein für die Beibehaltung, Entwicklung und den Ausdruck ihrer ethnischen, kulturellen, sprachlichen und religiösen Identität unter Beachtung der Gesetzgebung des Landes, dessen Staatsbürger sie sind.[89]

Artikel 17 legt unter dem Titel „Rumänische Staatsbürger im Ausland"[90] fest:

> Rumänische Staatsbürger erfreuen sich im Ausland des Schutzes des rumänischen Staates und müssen ihre Pflichten erfüllen; mit Ausnahme derjenigen, die mit ihrer Abwesenheit aus dem Land nicht vereinbar sind.[91]

Dabei zeigen sich zwei unterschiedliche Adressatenkreise. Artikel 7 sichert eine generelle Unterstützung den RumänInnen im Ausland zu. Dabei geht es um ethnische RumänInnen, die auch andere Staatsbürgerschaften besitzen können. In Artikel 17 hingegen ist die rumänische Staatsbürgerschaft von Belang. Er bezieht sich also auch auf Angehörige nationaler Minderheiten,[92] die einen rumänischen Pass haben und im Ausland leben.

---

87 Vgl. RUMÄNISCHES ABGEORDNETENHAUS: Constituția României [Verfassung Rumäniens] (wie Anm. 37), Art. 5.

88 Im Original: „Românii din străinătate".

89 RUMÄNISCHES ABGEORDNETENHAUS: Constituția României [Verfassung Rumäniens] (wie Anm. 37), Art. 7; Übersetzung: JV.

90 Im Original: „Cetățenii români în străinătate".

91 RUMÄNISCHES ABGEORDNETENHAUS: Constituția României [Verfassung Rumäniens] (wie Anm. 37), Art. 17; Übersetzung: JV.

92 Als nationale Minderheit verstehe ich im Sinne Stanislav Chernichenkos eine Gruppe dauerhaft in einem Staatsgebiet lebender Staatsangehöriger, die sich durch ethnische, sprachliche und kulturelle Merkmale von der übrigen Bevölkerung des Staates unterscheiden, die aber nicht die Aufgabe der Staatsbürgerschaft, sondern die Beibehaltung ihrer kulturellen Identität anstreben; vgl. Stanislav CHERNICHENKO: Definition of Minorities: Second Working Paper, 1997.
In Rumänien gibt es derzeit 20 nationale Minderheiten, die auch im Parlament vertreten sind; vgl. Marian CHIRIAC: Provocările diversității. Politici publice privind minoritățile naționale și religioase în România [Herausforderungen der

Im Rahmen der Verfassung werden die beiden Artikel unterschiedlichen Sachgebieten zugeordnet. So wird Artikel 7 in Abschnitt I „Allgemeine Bestimmungen"[93] eingegliedert, wohingegen sich Artikel 17 in Abschnitt II „Fundamentale Rechte, Freiheiten und Pflichten"[94] findet.

Interessant etwa in Bezug auf die Inanspruchnahme des Wahlrechtes in der Diaspora ist hier der letzte Abschnitt von Artikel 17: welche Pflichten rumänischer StaatsbürgerInnen sind mit ihrer Abwesenheit aus dem Land nicht vereinbar? Und: betrifft das Ausschlusskriterium Abwesenheit aus Rumänien auch ihre Rechte? Diese Fragen beantwortet der Gesetzestext nicht.

In Artikel 25 wird das Recht auf Reisefreiheit verbrieft und jedem Staatsangehörigen die Möglichkeit der freien Wohnsitzwahl innerhalb des Landes, aber auch der Emigration und der Rückkehr zugestanden.[95] Auch dieser Artikel wurde unverändert aus der Verfassung von 1991 übernommen.

Neu eingefügt ist in der aktuell gültigen Verfassung Artikel 33: „Zugang zu Kultur".[96] Er findet sich ebenfalls in Abschnitt II des Dokumentes und enthält neben einer allgemeinen Zusicherung des Zugangs zu Kultur diejenige der Freiheit jeder Person, ihre „Spiritualität" zu entwickeln und zu den „Werten der nationalen Kultur" sowie universellen Werten Zugang zu haben.[97] Im letzten Absatz von Artikel 33 heißt es:

> Der Staat muss die Erhaltung der spirituellen Identität, die Unterstützung der nationalen Kultur, die Förderung der Künste, den Schutz und die Konservierung des kulturellen Erbes, die Entwicklung der zeitgenössischen Kreativität [und, JV] die Verbreitung kultureller und künstlerischer Werte Rumäniens in der Welt sicherstellen.[98]

Vielfalt. Politik für die nationalen und religiösen Minderheiten in Rumänien] (Seria Diversitate etnoculturală în România), Cluj 2005, S. 92.

93 Im Original: „Principii generale".

94 Im Original: „Drepturile, libertăţile şi îndatoririle fundamentale".

95 Vgl. RUMÄNISCHES PARLAMENT: Constituţia României [Verfassung Rumäniens], 1991, URL: http://www.cdep.ro/pls/dic/site.page?id=339 (besucht am 22.01.2016), Art. 25.

96 Im Original: „Accesul la cultura".

97 Vgl. RUMÄNISCHES ABGEORDNETENHAUS: Constituţia României [Verfassung Rumäniens] (wie Anm. 37), Art. 33.

98 RUMÄNISCHES ABGEORDNETENHAUS: Constituţia României [Verfassung Rumäniens] (wie Anm. 37), Art. 33, Übersetzung: JV.

Damit zeigt sich ein ambivalentes Verständnis der GesetzgeberInnen von der nationalen Verfasstheit Rumäniens. Mit Artikel 33 reagieren sie auf den bereits seit Jahrzehnten andauernden Prozess der Internationalisierung, also der Entterritorialisierung Rumäniens,[99] der eine weltweite Förderung rumänischer Kultur überhaupt notwendig macht. Gleichzeitig ist die Förderung der nationalen Kultur erklärtes Ziel, was die Frage aufwirft, ob nationale Identität - auch mit entsprechender Unterstützung - ortsunabhängig generierbar ist.

Insgesamt zielt die Verfassung im Falle der Diaspora auf die Erhaltung rumänischer Identität im Ausland ab. Die dabei notwendigen Definitionen, was etwa die „spirituelle Identität" oder die „nationale Kultur" seien, fehlen. Auch ist der Adressatenkreis tendenziell auf ethnische RumänInnen beschränkt, womit die GesetzgeberInnen der multiethnischen Verfasstheit des rumänischen Staates und dementsprechend seiner Diaspora nicht gerecht werden.

Die Erfahrungen der Diaspora anlässlich der Präsidentschaftswahlen 2014 zeigten auch das Problem, dass ihre Rechte und Pflichten bislang in der Verfassung nicht näher definiert worden sind und gleichzeitig die für alle rumänischen StaatsbürgerInnen geltenden Gesetze jene in der Diaspora nicht oder nur ungenügend berücksichtigen. Manch einer geht deshalb davon aus, dass eine Verfassungsänderung notwendig werden wird.[100]

4.2 Diaspora-Gesetz

In den 1990er Jahren war die Auswanderung aus Rumänien erst wegen der neuen Reisefreiheit, später wegen des massiven Abbaus von Arbeitsplätzen im Land drastisch gestiegen. 1998 hatte das Parlament deshalb bereits ein

---

99 Dies ist im Sinne Petrus Hans gemeint, der sagt, dass durch Migration die Herkunftsstaaten der MigrantInnen sich entterritorialisierten; vgl. Petrus HAN: Theorien zur internationalen Migration: Ausgewählte interdisziplinäre Migrationstheorien und deren zentralen Aussagen, Bd. 2814 (UTB), Stuttgart: Lucius & Lucius, 2006, S. 154.

100 Vgl. Ştefan COSOROABĂ: Wer hat und warum Klaus Johannis gewählt? Eine Wahlanalyse, Bad Kissingen, 24.04.2015.

„Gesetz zur Unterstützung der rumänischen Gemeinden von überall"[101] verabschiedet.[102]

Das 2007 verabschiedete (revidiert 2008 und 2013) neue „Gesetz [...] bezüglich der den Rumänen von überall gewährten Unterstützung" regelt, wer unter welchen Voraussetzungen welche Art von Förderung seitens des rumänischen Staates erwarten kann. Adressiert werden mit dem Gesetz:

> Personen, die sich frei zur rumänischen kulturellen Identität bekennen - Personen rumänischer Herkunft und diejenigen, die dem sprachlichen und kulturellen rumänischen Erbe zugehörig sind [und] außerhalb der Grenzen Rumäniens wohnen.[103]

---

101 Im Original: „Lege privind acordarea de sprijin comunităților românești de pretutindeni".

102 Vgl. RUMÄNISCHES PARLAMENT: LEGE nr. 150/1998 privind acordarea de sprijin comunităților românești de pretutindeni [Gesetz Nr. 150/1998 zur Unterstützung der rumänischen Gemeinschaften von überall], 15.07.1998, URL: http://www.legex.ro/Legea-150-1998-15269.aspx (besucht am 23.06.2017).

103 Vgl. RUMÄNISCHES PARLAMENT: LEGE nr. 299/2007 republicată privind sprijinul acordat românilor de pretutindeni [GESETZ Nr. 299/2007 revidiert bezüglich der den Rumänen von überall gewährten Unterstützung], 22.04.2007, URL: http://legeaz.net/text-integral/legea-299-2007-sprijinul-acordat-romanilor-de-pretutindeni (besucht am 23.06.2017), Art. 1, Abs. 1, a), Übersetzung: JV.
In der ursprünglichen Fassung waren die AdressatInnen des Gesetzes „Personen rumänischer Ethnie" und diejenigen, die dem „rumänischen kulturellen Erbe" (im Original: „filonul cultural românesc") verbunden sind und sich außerhalb der Grenzen Rumäniens befinden; vgl. DASS.: LEGE nr. 299/2007 privind sprijinul acordat românilor de pretutindeni [GESETZ Nr. 299/2007 bezüglich der den Rumänen von überall gewährten Unterstützung], 23.11.2007, URL: http://www.basarabeni.ro/docs/legislație/lege\textunderscoreromanii.pdf (besucht am 11.06.2017), Art. 1.
Mit Gesetz Nr. 176/2013 wurde die Definition der Zielgruppe nochmals ergänzt und präzisiert um die Passage: „[...] egal, wie diese genannt werden (armani, armanji, aromani, basarabeni, bucovineni, cutovlahi, daco-romani, farseroti, herteni, istro-romani, latini dunareni, macedoromani, macedoromani, maramureseni, megleniti, megleno-romani, moldoveni, moldovlahi, rramani, rumni, valahi, vlahi, vlasi, voloni, macedo-armanji sowie auch alle anderen lexikalischen Formen, die mit den obrigen semantisch verwandt sind) [...]", DASS.: LEGE nr. 176/2013 pentru modificarea art. 1 alin. (1) din Legea nr. 299/2007 privind sprijinul acordat românilor de pretutindeni [Gesetz Nr. 176/2013 zur Änderung von Art. 1, Abs. 1 des Gesetzes Nr. 299/2007 zur Unterstützung der Rumänen von überall], URL: http://www.dreptonline.ro/legislatie/lege\textunderscorel76\textunderscore2013\textunderscoremodificare\

Als Diaspora werden dabei die historischen rumänischen Minderheiten in den Nachbarländern und „emigrierte Rumänen" (mit oder ohne rumänischer Staatsbürgerschaft) und deren Nachkommen angesehen. Ausdrücklich als AdressatInnen genannt sind rumänische Staatsangehörige mit Wohnsitz im Ausland, die Gewinn erzielen.[104]

2008 war das Gesetz durch die Eilverordnung Nr. 10 erweitert worden.[105] Gänzlich neu eingefügt wurde dabei Artikel 4, in dem die von der rumänischen Verwaltung zu beachtenden Leitlinien rumänischer Diaspora-Politik festgehalten sind: Maßnahmen zum Erhalt und zur Stärkung der rumänischen kulturellen Identität.

Die „Rumänen von überall"[106] werden auf Grundlage des Diaspora-Gesetzes den rumänischen StaatsbürgerInnen gleichgestellt, wenn sie im Ausland die rumänische Sprache studieren und im Inland Bildungs- und Kulturangebote wahrnehmen wollen (Artikel 5). Hier sind Personen jedweder ethnischer Zugehörigkeit gemeint, was im Umkehrschluss heißt, dass der Terminus „Rumänen von überall" alle Menschen aus dem Herkunftsland Rumänien einschließen kann.

Neu eingefügt wurde in diesem Artikel zu den Rechten der Diaspora-RumänInnen eine Passage, die die Pflichten der rumänischen Verwaltung in Fällen regelt, wenn RumänInnen im Ausland arbeiten.[107] Den rumänischen Behörden kommt demnach eine Aufsichts-, Informations- und Vernetzungspflicht gegenüber der Diaspora zu.

---

textunderscorelege\textunderscore299\textunderscore2007\textunderscoresprijinul\textunderscoreromanilor\textunderscorede\textunderscorepretutindeni. php (besucht am 23.06.2017), Übersetzung: JV, Ethnonyme auf Rumänisch belassen.

104 Im Original: „cetăţenii români cu domiciliul sau reşedinţa în străinătate care prestează în afara teritoriului României activităţi lucrative."; vgl. DASS.: LEGE nr. 299/2007 republicată privind sprijinul acordat românilor de pretutindeni [GESETZ Nr. 299/2007 revidiert bezüglich der den Rumänen von überall gewährten Unterstützung] (wie Anm. 103), Art. 1, Abs. 2.

105 Vgl. RUMÄNISCHE REGIERUNG: Ordonanţa de urgenţă nr. 10/2008 pentru modificarea şi completarea Legii nr. 299/2007 privind sprijinul acordat Românilor de pretutindeni, 2001, URL: http://europeans.info/congresul-romacircnilor-de-pretutindeni.html (besucht am 29.06.2017).

106 Im Original: „Românii de pretutindeni".

107 Im Original: „activităţi lucrative".

Um von der im Gesetz vorgesehenen Unterstützung zu profitieren, wird in Artikel 6 die Zielgruppe anhand zweier Kriterien definiert:

- sich zur rumänischen kulturellen Identität bekennen[108]
- entsprechende Rumänischkenntnisse haben[109]

Die Erklärung zur Zugehörigkeit zur rumänischen Kultur - im Anhang des Gesetzes zu finden - nimmt in Artikel 6 die zentrale Rolle ein.[110]

Der Schaffung einer für die Diaspora zuständigen Behörde[111] ist Artikel 7 gewidmet. Mit der Novellierung von 2008 wurden die Aufgaben der Institution erheblich erweitert.

Das Gesetz sieht außerdem einen jährlichen Diaspora-Kongress[112] vor, bei dem ein Diaspora-Rat zu wählen ist (Artikel 8f), außerdem einen Tag

---

108 Im Original: „declară, [...] că îşi asumă identitatea culturală română [...]“, RUMÄNISCHES PARLAMENT: LEGE nr. 299/2007 republicată privind sprijinul acordat românilor de pretutindeni [GESETZ Nr. 299/2007 revidiert bezüglich der den Rumänen von überall gewährten Unterstützung] (wie Anm. 103), Art. 6, Abs. 1.

109 Im ursprünglichen Gesetzestext war noch ein drittes Kriterium enthalten: die Mitgliedschaft in einer die Diaspora repräsentierenden Organisation; vgl. DASS.: LEGE nr. 299/2007 privind sprijinul acordat românilor de pretutindeni [GESETZ Nr. 299/2007 bezüglich der den Rumänen von überall gewährten Unterstützung] (wie Anm. 103).

110 Sie steht auch auf der Homepage des *DPRRP* zum Download bereit; vgl. DEPARTAMENTUL POLITICI PENTRU RELAŢIA CU ROMÂNII DE PRETUTINDENI: Ministerul pentru Românii de pretutindeni. Homepage [Diaspora-Minister], URL: http://www.dprp.gov.ro/ (besucht am 23.06.2017).

111 Vgl. Kapitel 5.1.

112 Im Original: „Congresul Românilor de pretutindeni“. Obgleich schon im ursprünglichen Gesetz von 2007 verankert, fand der erste Diaspora-Kongress erst im Juni 2016 statt. Im Vorfeld hatte es zahlreiche Kontroversen zur Organisation des Kongresses gegeben. Vgl. u.a. Sinziana IONESCU: Primul Congres al Românilor de Pretutindeni a început cu un scandal. Autorităţile de la Bucureşti le-au cerut delegaţilor, din senin, 500 de semnături [Der erste Kongress der Rumänen von überall begann mit einem Skandal. Die Bukarester Regierenden forderten von den Delegierten ganze 500 Unterschriften], in: adevărul 13.05.2016, URL: http://adevarul. ro/locale/constanta/primul-congres-romanilor-pretutindeni-inceput-scandal-autoritatile-bucuresti-le-au-cerut-delegaţilor-senin-500-semnaturi-1\textunderscore5735883e5ab6550cb8e5675b/index.html (besucht am 23.06.2017) und Sorin CEHAN: Scandal la Congresul Diasporei. După 9 ani de pregatiri,

der Diaspora[113] (Artikel 10), ein Diaspora-Museum (Artikel 11) und das *Eudoxiu-Hurmuzachi-Institut* (Artikel 13).[114]

5 Institutionen für die Diaspora

Bis 1989 war externe Migration aufgrund der geschlossenen Grenzen des Landes so gut wie unmöglich. Seit den 1990er Jahren aber verließen Millionen rumänische Staatsangehörige ihre Heimat. Im Rahmen entsprechender Gesetzgebungsverfahren wurden die staatlichen Strukturen für Angelegenheiten der Diaspora gebildet. Welchen Institutionen und Akteure aus Rumänien sind mit der Diaspora befasst? Wer sind ihre AdressatInnen? Wie sind Ihre Aktivitäten zu bewerten?

5.1 Das Departement für politische Beziehungen zu den Rumänen außerhalb des Landes (DPRRP)

Das rumänische Außenministerium ist zuständig für die rumänischen Staatsangehörigen jenseits der Landesgrenzen. Zur Erfüllung der damit verbundenen Aufgaben wurde das *Departement der Politik für die Beziehungen zu den Rumänen von überall (DPRRP)*[115] gegründet.[116] Die Einrichtung wird

---

organizarea s-a dovedit catastrofală [Skandal beim Diaspora-Kongress. Nach 9 Jahren Vorbereitung zeigte sich eine katastrophale Organisation], in: Ziarul românesc. Zeitung für Rumänen in Deutschland 111.12 (08.07.2016), S. 2–4.

113 Im Original: „Ziua Românilor der pretutindeni".
Mit Gesetz Nr. 101/2015 wurde der Diaspora-Tag vom 30. November, dem Tag des Heiligen Andrei, auf den letzten Sonntag im Mai verlegt; vgl. RUMÄNISCHES PARLAMENT: LEGE nr. 101/2015 pentru modificarea Legii nr. 299/2007 privind sprijinul acordat românilor de pretutindeni [GESETZ Nr. 101/2015 zur Änderung des Gesetzes Nr. 299/2007 bezüglich der den Rumänen von überall gewährten Unterstützung], 23.11.2007, URL: http://legislatie.just.ro/ Public/DetaliiDocument/167815 (besucht am 24.06.2017).

114 Zum *Eudoxiu-Hurmuzachi-Institut* vgl. auch S. 56.

115 Rum.: *Departamentul Politici pentru Relația cu Românii de Pretutindeni (DPRRP)*.

116 Vgl. RUMÄNISCHES PARLAMENT: LEGE nr. 299/2007 republicată privind sprijinul acordat românilor de pretutindeni [GESETZ Nr. 299/2007 revidiert bezüglich der den Rumänen von überall gewährten Unterstützung] (wie Anm. 103), Art. 7.

seit Januar 2017 geführt von der Judaistik-Professorin und Diplomatin Andreea Păstîrnac.

Hauptanliegen des Departements ist die Förderung rumänischer Identität im Ausland. Dabei fungiert das *DPRRP* als Verwalter staatlicher Gelder und als Koordinator von Projekten für die Diaspora. Es gestaltet die rumänische Diaspora-Politik. Den Schwerpunkt bilden Aufgaben im Bereich des Schutzes und der Förderung der rumänischen Minderheiten in anderen Staaten. Sprachschulen, Denkmäler, Kirchen, Kulturerbe sollen geschaffen und erhalten werden; außerdem soll das *DPRRP* Forschung zur Diaspora fördern und mit Diaspora-Organisationen zusammenarbeiten. Im Gesetz ist folgende Aufgabenbeschreibung zu finden:

> [Das *DPRRP*, JV] sichert den Schutz, die Unterstützung und Wiederbelebung lokaler rumänischer Traditionen und Gepflogenheiten in von Rumänen bewohnten Gebieten auf dem Territorium anderer Staaten.[117]

Tabelle 1: Entwicklungsstufen des Departements der Politik für die Beziehungen zu den Rumänen von überall *mit jeweiligen Bezeichnungen und Zuständigkeiten.*[118]

Periode	Titel Institution	verantwortliches Ministerium
1995–1998	Rat für die Probleme der Rumänen von überall	Premierminister
1998–1999	Unterstaatssekretariat für die Rumänen von überall	Premierminister
1999–2001	Departement für die Beziehungen mit den Rumänen von jenseits der Grenze	Premierminister
2001–2003	Departement für die Rumänen von überall	Minister für öffentliche Informationen

---

117　Ebd., Art. 7, Abs. 7, o) Übersetzung: JV.
118　Vgl. MINISTERUL AFACERILOR EXTERNE: Strategia privind Relația cu Românii de Pretutindeni [Strategie zur Beziehung mit den Rumänen von überall]: 2013–2016, hrsg. v. MINISTERUL AFACERILOR EXTERNE, Bucureşti, 2013, URL: http://www.dprp.gov.ro/wp-content/uploads/2014/03/Strategie-2013.pdf (besucht am 16.06.2017), S. 5f; Übersetzung: JV.

Periode	Titel Institution	verantwortliches Ministerium
2004–2005	Departement für die Rumänen von überall	Generalregierungssekretariat Kanzlei des Premierministers
2005–2009	Departement der Rumänen von überall	Außenministerium
2009–2012	Departement für die Rumänen von überall	Premierminister
seit 2013	Departement der Politik für die Beziehungen zu den Rumänen von überall	Außenministerium

Einmal jährlich wird das *Diaspora Estival* [sic] organisiert, zu dem sich Angehörige der weltweiten Diaspora in Rumänien treffen.[119]

Ebenfalls jährlich findet das Sommercamp *ARC* statt. Es richtet sich laut *DPRRP* an „ethnische Rumänen außerhalb der Grenzen".[120] Diese Positionierung des Departements zeigt, dass der Begriff der „Rumänen von überall" auch explizit ethnisch gemeint sein kann.

In Deutschland hat das *DPRRP* im Jahr 2015 ein rumänisches Kultur-Festival, eine rumänische Sprachschule in München, die rumänische Bibliothek in Freiburg und ein rumänisches Presseprojekt mit insgesamt rund 111.360 RON[121] unterstützt.[122]

Über die Ausgewanderten heißt es seitens der Institution:

---

119 Vgl. Departamentul Politici pentru Relaţia cu Românii de Pretutindeni: Acţiuni proprii ale Departamentului Politici pentru Relaţia cu Românii de Pretutindeni [Eigene Projekte des DPRRP], URL: http://www.dprp.gov. ro/proiecte/actiuni-proprii-ale-departamentului-politici-pentru-relatia-cu-Romanii-de-pretutindeni-in-anul-2013/ (besucht am 15.06.2017).

120 Dass.: Programul de tabere „ARC" 2013 [Ferienlager-Programm „ACR" 2013], URL: http://www.dprp.gov.ro/programul-de-tabere-arc-2013-seria-a-xi-a/ (besucht am 15.06.2017).

121 Etwa 24.615 Euro (Kurs vom 31.12.2015).

122 Vgl. Departamentul Politici pentru Relaţia cu Românii de Pretutindeni: Proiecte finanţate de câtre Departamentul Politici pentru Relaţia cu Românii de Pretutindeni în anul 2015 [Vom DPRRP in 2015 geförderte Projekte], Bucureşti, 2016, URL: http://www.dprp.gov.ro/wp-content/uploads/2015/12/Proiecte-DPRRP-2015.pdf (besucht am 15.06.2017), S. 2.

[Der, JV] Rumäne außerhalb der Landesgrenzen ist eine Verbindungsbrücke zwischen der mütterlichen Heimat[123] und dem Residenzland, ein wahrer Botschafter der nationalen Werte und Kultur, tagtäglicher Botschafter Rumäniens in allen Umgebungen und sozialen Bezügen im Residenzland.[124]

Anlässlich des *Tages der nationalen Kultur* am 15. Januar 2016 wandte sich der damalige Diaspora-Minister Stoenescu an die RumänInnen im Ausland. Demnach sei das *DPRRP* Mitbauer eines multikulturellen Europas. Gleichzeitig verpflichtete er die RumänInnen in der Diaspora auf eine Konservierung der nationalen Kultur:

> Die Pflicht jedes Rumänen in Bezug auf die nationale Kultur ist es, die Werte, die an unserem spirituellen Werden Anteil haben, an die kommenden Generationen weiterzugeben und dieses reiche Erbe unserer Vorfahren nicht verlorengehen zu lassen.[125]

Lucian Brujan beobachtet, dass sich die Hauptaktivitäten des *DPRRP* auf nationale, kulturelle und identitätsbildende Maßnahmen für (ethnische) RumänInnen beschränken und kritisiert:

> Bisher hat sich das Amt [...] für die Belange der so genannten „neuen Diaspora" [...] wenig eingesetzt, da seine Aktivitäten vor allem auf den Erhalt der rumänischen (und aromunischen) Sprache und Identität ausgerichtet sind.[126]

Dieser Kritik ist zuzustimmen - gerade angesichts der drängenden politischen Aufgaben, die das Departement zu erfüllen hätte.[127]

---

123   Im Original: „patria mamă".

124   Departamentul Politici pentru Relaţia cu Românii de Pretutindeni: Acţiuni proprii ale Departamentului Politici pentru Relaţia cu Românii de Pretutindeni [Eigene Projekte des DPRRP] (wie Anm. 119); Übersetzung: JV.

125   dass.: Mesajul ministrului delegat pentru relaţiile cu românii de pretutindeni [...] cu ocazia Zilei Culturii Naţionale [Ansprache des Diaspora-Ministers anlässlich des Tages der nationalen Kultur], url: http://www.dprp.gov.ro/mesajul-ministrului-delegat-pentru-relatiile-cu-Romanii-de-pretutindeni-dan-stoenescu-cu-ocazia-zilei-culturii-nationale/ (besucht am 15.06.2017); Übersetzung: JV.

126   Lucian Brujan: Rumänien zwischen Zuhause und Diaspora: Migration und ihre Auswirkungen auf Politik, Wirtschaft und Gesellschaft, in: Südosteuropa Mitteilungen 55.1 (2015), S. 32–49, hier S. 34.

127   Zum Beispiel Eintreten für soziale Rechte rumänischer Staatsangehöriger im Ausland, Unterstützung der Briefwahl-Initiative oder Forschungen zur rumänischen Migration und Diaspora.

Diaspora-Ministerin

Andreea Păstîrnac ist in ihrer Funktion als Leiterin des *DPRRP* gleichzeitig vom Außenministerium eingesetzte „Minister[in] für die Beziehungen mit den Rumänen von überall". Das Departement ist institutioneller Rahmen ihrer Aktivitäten, bei denen sie von zwei Staatssekretären unterstützt wird.

Die von der Diaspora-Ministerin erfüllten Aufgaben sind seit Ende der 1990er Jahre bei unterschiedlichen politischen Ressorts angesiedelt worden. Damit erklärt sich, warum im öffentlichen Diskurs Rumäniens für das Amt verschiedene Bezeichnungen wie etwa „Staatsminister für die Diaspora" oder „delegierter Minister für die Rumänen jenseits der Grenze" existieren.

Neben den zahlreichen Restrukturierungen der Einrichtung,[128] die schon dadurch kaum nachhaltige Ergebnisse zu liefern verspricht, wechselten auch die zuständigen Diaspora-Minister häufig. So ist der Posten innerhalb der letzten drei Jahre von fünf Personen besetzt worden.[129]

Păstîrnac tritt ähnlich wie ihre Vorgänger hauptsächlich als Diplomatin auf, die den (persönlichen) Kontakt zu den internationalen Diaspora-Gemeinschaften sucht und pflegt.

5.2 Die Kommission für rumänische Gemeinschaften außerhalb der Landesgrenzen (Abgeordnetenhaus)

Seit 2010 gibt es im rumänischen Abgeordnetenhaus eine permanente Kommission, die sich um die Belange der rumänischen Diaspora kümmert. Die Zahl ihrer Mitglieder hat sich in der aktuellen Legislaturperiode auf 14

---

128 Vgl. die Übersicht auf S. 50.
129 Bogdan Stanoevici (März bis Dezember 2014), Angel Tîlvar (Dezember 2014 bis November 2015), Dan Stoenescu (November 2015 bis Juli 2016), Maria Ligor (Juli 2016 bis Januar 2017) und Andreea Păstîrnac (seit Januar 2017).

reduziert.[130] Die Kommission trifft ungefähr zwei Mal pro Woche zusammen.[131]

Sie wird seit Dezember 2016 von Constantin Codreanu (PMP) geführt. Der aus der Republik Moldau stammende Politiker gehört den sog. „Unionisten" an, einem nationalistischen politischen Lager, was die Vereinigung der Republik Moldau mit Rumänien anstrebt.

Die *Kommission für rumänische Gemeinschaften außerhalb der Landesgrenzen* erarbeitet Gesetzesentwürfe mit Diaspora-Bezug, empfängt VertreterInnen der rumänischen Community und besucht sie in den jeweiligen Zielländern. Sie versucht dabei, die Anliegen der Diaspora sowohl gegenüber den Zuwanderungsländern als auch gegenüber der rumänischen Regierung zu vertreten.

Ende November 2015 haben Mitglieder der Kommission Berlin besucht und mit VertreterInnen der Bundesregierung unter anderem über Arbeitsmarktintegration und das damals neu einzuführende Briefwahlverfahren gesprochen.[132]

---

130 Vorherige Legislaturperiode: 19 Mitglieder.
    Die Zusammensetzung im Einzelnen: 6 Abgeordnete der sozial-demokratischen Partei (PSD), 3 Abgeordnete der national-liberalen Partei (PNL), je 2 Abgeordnete der Partei Volksbewegung (PM) und der Union Rettet Rumänien (USR) sowie 1 Abgeordneter der liberal-demokratischen Allianz (ALDE); vgl. Rumänisches Abgeordnetenhaus: Comisia pentru comunitățile de români din afară granițelor țării, URL: http://www.cdep.ro/pls/parlam/structura2015. co?idl=l\&idc=32 (besucht am 24.06.2017).

131 Auf ihrer Internetpräsenz werden der Sitzungskalender mit Tagesordnungen und Protokollen veröffentlicht; vgl. bspw. für Monat Juni 2017 dass.: Comisia pentru comunitățile de români din afară granițelor țării. Calendarul ședințelor - iunie 2017 [Kommission für die Gemeinschaften von Rumänen außerhalb der Landesgrenzen. Sitzungskalender Juni 2017], URL: http://www. cdep. ro/co/sedinte2015.calendar?co=32\&idl=l\&an=2017\&lu=06 (besucht am 24.06.2017).

132 Vgl. Ambasada României in Republica Federală Germania: Actualitatea Ambasadei. Vizita delegației Comisiei pentru comunitățile de români din afară granițelor țării, 25–26 noiembrie 2015 [News der Botschaft. Besuch der Delegation der Kommission für die rumänischen Gemeinschaften außerhalb der Grenzen, 25.–26. November 2015], URL: http://berlin.mae.ro/local-news/1104 (besucht am 24.06.2016).

5.3 Die Kommission der Rumänen von überall (Senat)

Der Senat ist die zweite politische Säule des rumänischen Parlamentes. Auch dort gibt es eine dauerhafte Kommission, die sich für die Belange der Diaspora einsetzt.[133] In der aktuellen Legislaturperiode arbeiten in der Kommission elf Parlamentarier unter der Leitung von Viorel-Riceard Badea (PNL).

Die Kommission arbeitet in ihren wöchentlichen Sitzungen an Gesetzen und einer allgemeinen politischen Strategie in Bezug auf die Diaspora. Sie soll außerdem die „sozio-ökonomischen Rechte" von RumänInnen im Ausland schützen und die Bewahrung ihrer „ethnischen, spirituellen, religiösen, kulturellen [...] und linguistischen Identität" sicherstellen.[134]

Die Kommission gibt wöchentlich im Internet einen Newsletter heraus mit Informationen für die RumänInnen außerhalb des Landes. Zentrale Themen sind dabei Politik, Arbeitsmarkt und (rumänische) Kultur.

5.4 Der Diaspora-Rat

Der „Rat der Rumänen von überall" ist in Artikel 9 des Diaspora-Gesetzes festgeschrieben. Er ist auf dem jährlichen Diaspora-Kongress zu wählen.

Er soll ein Organ der Diaspora sein und ihr die Möglichkeit bieten, ihre Interessen zu vertreten. Der zu wählende Diaspora-Rat ist als dauerhaftes, beratendes Gremium von Diaspora-Angehörigen gedacht, die Einfluss auf die rumänischen Diaspora-Politik nehmen können.

Schon der erste Kongress war wegen Interessengegensätzen unter den Delegierten und zwischen ihnen und der rumänischen Regierung immer wieder verschoben worden und fand erst 2016 statt. So hat sich bei

---

133 Vgl. RUMÄNISCHES PARLAMENT - SENAT: Comisia permanentă a românilor de pretutindeni: [Permanente Kommission der Rumänen von überall], Bukarest, 2017, URL: https://www.senat.ro/ComponentaComisii.aspx?Zi=&ComisieID= 063f9e2a-a736-4464-9235-cec94b6163be (besucht am 29.06.2017).

134 RUMÄNISCHES PARLAMENT - SENAT: Comisia permanentă a românilor de pretutindeni: Regulament de organizare și funcționare [Permanente Kommission der Rumänen von überall: Durchführungsverordnung], Bukarest, URL: https:// www.senat.ro/pagini/comisii/Regulamente\textunderscore2014/Regulamet\ textunderscoreComisia\textunderscoreRomanilor\textunderscoreDe\textun-derscorePretutindeni.pdf (besucht am 24.06.2017), Art. 4.

Angehörigen der weltweiten Diaspora eine gewisse Ernüchterung in Bezug auf diese Institution eingestellt.[135]

Eine eigene Web-Präsenz hat der Rat noch nicht, ist aber seit Juni 2016 auf *Facebook* vertreten.[136]

5.5 Das Eudoxiu-Hurmuzachi-Institut (IEH)

Das *Eudoxiu-Hurmuzachi-Institut (IEH)* ist eine über 20 Jahre alte Idee der rumänischen politischen Elite. Im ersten Diaspora-Gesetz von 1998 ist die Einrichtung des Institutes bereits zentrales Anliegen.[137] Auch im Diaspora-Gesetz von 2007 ist ihm ein Artikel gewidmet, ebenso in der revidierten Fassung. Die Arbeit aufgenommen hat es aber erst nach Regierungserlass Nr. 857 im Jahr 2013.[138] Nun ist es anders als geplant nicht in Crevedia

---

135 Vgl. zu den kritischen Stimmen u.a. Gelu IRIMIA: România lucrului prost făcut - Consiliul Românilor de Pretutindeni [Das Rumänien der schlecht gemachten Sache - der Rat der Rumänen von überall], in: Londonezul 11.05.2017, URL: http://londonezul.co.uk/index.php/2017/05/11/romania-lucrului-prost-facut-consiliul-romanilor-de-pretutindeni/ (besucht am 26.06.2017) und Mircea MAER: Consiliul Românilor de Pretutindeni, o nouă instituție coruptă, născută în România: Prioritatea „aleşilor diasporei“: traficul de influență [Der Diaspora-Rat, eine neue, in Rumänien erdachte korrupte Institution. Priorität der „von der Diaspora Gewählten“: Einflussnahme], in: gazeta românească, URL: http://www.gazetaromaneasca.com/focus/diaspora/consiliul-romanilor-de-pretutindeni-o-noua-institutie-corupta-nascuta-in-romania-prioritatea-alesilor-diasporei-traficul-de-influenta/ (besucht am 26.06.2017).

136 Vgl. FACEBOOK: Consiliul Românilor de Pretutindeni, URL: https://www.facebook.com/ConsiliulRomanilor/ (besucht am 24.06.2017).

137 Vgl. RUMÄNISCHES PARLAMENT: LEGE nr. 150/1998 privind acordarea de sprijin comunităților româneşti de pretutindeni [Gesetz Nr. 150/1998 zur Unterstützung der rumänischen Gemeinschaften von überall] (wie Anm. 102), Art. 5–10.

138 Vgl. RUMÄNISCHE REGIERUNG: Hotărâre nr. 857/2013 privind organizarea şi funcţionarea Institutului „Eudoxiu Hurmuzachi“ pentru românii de pretutindeni [Regierungsbeschluss Nr. 857/2013 zur Einrichtung des Eudoxiu-Hurmuzachi-Institutes für die Rumänen von überall], URL: https://www.mae.ro/sites/default/files/file/userfiles/file/pdf/legislatie/hg\textunderscore857\textunderscore\textunderscore2013\textunderscorehurmuzachi.pdf (besucht am 24.06.2017).

(Dâmbovița) eingerichtet worden und auch kein „Zentrum", sondern ein „Institut" geworden.[139]

Seine Tätigkeitsschwerpunkte liegen gemäß Diaspora-Gesetz und Regierungserlass im kulturellen, wissenschaftlichen und pädagogischen Bereich.[140] Bei der Benennung des Zieles des Institutes sind jedoch Unterschiede feststellbar.

So lautet die Aufgabe des *IEH* im Gesetzestext:

> Das Institut führt vorbereitende Programme durch zur Aneignung von Fachterminologie pädagogischer Einrichtungen, deren Angebote jene Personen wahrnehmen, die von ihren Rechten gem. Art. 5, Abs. 1, b) - d) Gebrauch machen. Es führt außerdem Programme zur Verbreitung rumänischer kultureller Werte durch.[141]

Auf der Website des Institutes, die seit 2014 zu existieren scheint,[142] finden sich verschiedene Aufgabenbeschreibungen.

Bei den Informationen zur Organisation des Institutes verzichtet man auf die komplizierte und unklare Formulierung aus dem Gesetzestext und benennt als Rolle des *IEH* schlicht: „die Durchführung von Programmen zur Verbreitung rumänischer kultureller Werte".[143]

---

139 1998 wie auch im Gesetz von 2007 nachdrücklich als „Zentrum" bezeichnet wurde in der revidierten Fassung die Bezeichnung „Institut" gewählt.

140 Vgl. dazu RUMÄNISCHES PARLAMENT: LEGE nr. 299/2007 republicată privind sprijinul acordat românilor de pretutindeni [GESETZ Nr. 299/2007 revidiert bezüglich der den Rumänen von überall gewährten Unterstützung] (wie Anm. 103), Art. 13, Abs. 2.

141 Ebd., Art. 13, Abs. 4, Übersetzung: JV.

142 Vgl. INTERNET ARCHIVE WAYBACK MACHINE: Suchbegriff: http://www.ieh. ro/, URL: https://web.archive.org/web/20141001000000*/http://www.ieh.ro/ (besucht am 24.06.2017).

143 MINISTERUL PENTRU ROMÂNII DE PRETUTINDENI: Institutul Eudoxiu Hurmuzachi pentru românii de pretutindeni: Regulament de organizare și funcționare [Das Eudoxiu-Hurmuzachi-Institut für die Rumänen von überall: Organisation und Funktionieren], URL: http://www.ieh.ro/regulament-de-organizare-si-functionare/ (besucht am 24.06.2017).
Gleichlautend auch die Formulierung im Regierungserlass von 2013; vgl. RUMÄNISCHE REGIERUNG: Hotărâre nr. 857/2013 privind organizarea și funcționarea Institutului „Eudoxiu Hurmuzachi" pentru românii de pretutindeni [Regierungsbeschluss Nr. 857/2013 zur Einrichtung des Eudoxiu-Hurmuzachi-Institutes für die Rumänen von überall] (wie Anm. 138).

Dahingegen findet sich bei Informationen zur Mission des Institutes folgende Zielbeschreibung: „die Unterstützung der Lehre in rumänischer Sprache außerhalb der Landesgrenzen durch Verbreitung der rumänischen Sprache, Kultur und Traditionen".[144] Angehörige der Diaspora erhielten bei der Beibehaltung ihrer kulturellen Identität durch das *IEH* Unterstützung, heißt es dort weiter.

Die unklare Definition des eigenen Auftrages und der Zielgruppe sind sicherlich ungünstige Voraussetzungen für die Arbeit des Institutes. Auch leuchtet nicht ein, weshalb die Aufgaben nicht vom *Departement für die Rumänen von überall* ausgeführt werden können, dessen Ziele mit denen des *IEH* nahezu identisch sind.

6 Die rumänische Diaspora-Politik

Der Nationalstaat könne seine alte Stärke nicht durch eine „Politik des Einigelns" zurückgewinnen, schrieb Jürgen Habermas einmal.[145] Welche Art von Politik betreibt Rumänien in Bezug auf seine Diaspora? Und kann diese als eben jener Versuch der „Einigelung" verstanden werden?

2013 veröffentlichte das *DPRRP* ein Strategiepapier zur Beziehung mit den RumänInnen in der weltweiten Diaspora. Anhand dieses Dokuments lassen sich die wichtigsten Merkmale rumänischer Diaspora-Politik aufzeigen.

Das strategische Ziel der Außenpolitik Rumäniens ist „die Beibehaltung, Entwicklung und Affirmation der ethnischen, linguistischen, kulturellen und religiösen Identität".[146]

---

144 Ministerul pentru Românii de pretutindeni: Institutul Eudoxiu Hurmu-zachi pentru românii de pretutindeni: Misiune și strategie, url: http://www. ieh.ro/misiune-si-strategie/ (besucht am 24.06.2017).

145 Vgl. Jürgen Habermas: Der europäische Nationalstaat unter dem Druck der Globalisierung, in: Blätter für deutsche und internationale Politik (Hrsg.): Der Sound des Sachzwangs, Bonn / Berlin: edition Blätter, 2006, S. 148–159, hier S. 152.

146 Ministerul Afacerilor Externe: Strategia privind Relația cu Românii de Pretutindeni [Strategie zur Beziehung mit den Rumänen von überall]: 2013–2016 (wie Anm. 118), S. 4.

AdressatInnen dieser durch das *DPRRP* umgesetzten Politik sind die „Rumänen aus der Nachbarschaft und aus der Emigration".[147] Die rumänischen Minderheiten in den Nachbarstaaten sind Vorbild für den Umgang mit der EU-weiten Diaspora. So erklärt das *DPRRP* die rumänische Diaspora kurzerhand zur rumänischen Minderheit in den jeweiligen Staaten und beruft sich auf europäische Standards zum Schutz nationaler Minderheiten.[148] Entsprechend heißt es im Strategiepapier:

> Rumänien hat in seiner modernen Geschichte noch nie von einem vorteilhafteren Kontext für die Unterstützung der Rumänen jenseits der Grenzen hinsichtlich der Erhaltung und Bestärkung ihrer ethnischen, linguistischen, kulturellen und religiösen Identität profitiert.[149]

Mit seiner Politik verfolgt Rumänien verschiedene Ziele.[150] Es möchte

- rumänische Kultur im Ausland fördern,
- das Bild Rumäniens in der Welt verbessern,
- die rumänischen Communities in den jeweiligen Zielländern nach innen stärken und nach außen sichtbar machen,
- das Potential der (erfolgreichen[151]) Diaspora-Angehörigen für sich nutzen,
- die Partnerschaften mit den jeweiligen Zuwanderungsländern intensivieren.

Rumäniens Politik der Beziehungen zur Diaspora erstreckt sich dabei über die sechs thematischen Felder Kultur, Bildung, Spiritualität und Tradition, Massenmedien, Zivilgesellschaft und politisch-diplomatische Vorgänge.[152]

---

147 Im Original: „Românii din statele vecine şi emigraţie"; vgl. ebd., S. 4.
148 Vgl. ebd., S. 5.
     Unklar bleibt, worauf Rumänien sein Verhältnis zur transatlantischen oder transpazifischen Diaspora aufbaut, beziehungsweise wie es in diesen Fällen definiert wird.
149 Ebd.
150 In der Reihenfolge ihrer Nennung; vgl. ebd., S. 10–14.
151 D.h. politisch, ökonomisch, sozial und kulturell erfolgreich; vgl. MINISTERUL AFACERILOR EXTERNE: Strategia privind Relaţia cu Românii de Pretutindeni [Strategie zur Beziehung mit den Rumänen von überall]: 2013–2016 (wie Anm. 118), S. 3.
152 Vgl. dazu ausführlicher die Ziele rumänischer Diaspora-Politik im Anhang S. II.

Angesichts des Habermas'schen Gedankens zu Kapitelbeginn kann für die rumänische Diaspora-Politik eben jener Versuch der „Einigelung" konstatiert werden. Es ist ein Versuch nach innen und nach außen.

Die nationalistische „Einigelung" nach innen betrifft das Verhältnis Rumäniens zu seinen nationalen Minderheiten, die laut offizieller Statistik elf Prozent der EinwohnerInnen Rumäniens ausmachen.[153] Deren Belange werden jedoch aus der Strategie zur Förderung der rumänischen Diaspora ausgeklammert. Das entsprechende Papier spricht von „nationalen Werten", den „Werten der rumänischen Spiritualität und Kultur" oder etwa der „freien und bedingungslosen Manifestation der Zugehörigkeit zur Rumänität".[154] Was als „rumänisch" und „national" verstanden wird, bleibt wie auch im Verfassungstext undefiniert.

Nach außen versucht Rumänien beides: einerseits sich als modernen Mitgliedsstaat der Europäischen Union zu verstehen, indem es sich als Träger und Förderer europäischer Werte darstellt, andererseits die Besonderheit rumänischer Kultur, Sprache und Spiritualität herauszustellen.[155] Deutlich wird diese widersprüchliche Haltung beispielsweise bei dem Ziel, das Potential der Diaspora zugunsten Rumäniens und aller RumänInnen zu nutzen. Erläuternd heißt es dazu, es gehe hierbei um die Verbreitung eines Bildes offener Gemeinschaften, die zum interkulturellen Dialog hin orientiert seien.[156] Dies kann sich jedoch gegenseitig ausschließen: entweder geht es um die Schaffung einer offenen Gesellschaft oder um die Verteidigung nationaler Werte unter Ausschluss anderer - nicht-nationaler - Werte.

---

153 Vgl. INSTITUTUL NAȚIONAL DE STATISTICĂ: Rezultate definitive ale Recensământului Populației și al Locuințelor - 2011 (caracteristici demografice ale populației) [Endergebnisse der Bevölkerungs- und Wohnungszählung 2011 (demografische Charakteristiken)], 2011, URL: http://www.recensamantromania.ro/wp-content/uploads/2013/07/REZULTATE-DEFINITIVE-RPL\textunderscore2011.pdf (besucht am 03.10.2015), S. 5.

154 Vgl. MINISTERUL AFACERILOR EXTERNE: Strategia privind Relația cu Românii de Pretutindeni [Strategie zur Beziehung mit den Rumänen von überall]: 2013–2016 (wie Anm. 118), S. 8f.

155 Diese zentralen Begrifflichkeiten bleiben allesamt unerklärt.

156 Vgl. MINISTERUL AFACERILOR EXTERNE: Strategia privind Relația cu Românii de Pretutindeni [Strategie zur Beziehung mit den Rumänen von überall]: 2013–2016 (wie Anm. 118), S. 8.

Zwischenfazit

Brujan meint, der rumänische Staat habe ein „zwiespältiges Verhältnis [...]
zu den eigenen ausgewanderten Bürgern".[157] Die Betrachtung der rumänischen Diaspora-Politik, ihrer administrativen und institutionellen Strukturen, ihrer VertreterInnen und ihrer gesetzlichen Grundlagen bestätigt
diesen Eindruck. Geradezu symptomatisch zeigen die Unschärfen und Wi-
dersprüchlichkeiten seiner Beziehung zur Diaspora die inneren Spannungen
Rumäniens. Die Diaspora-Politik ist ein neues Feld, auf dem alte Konflikte
um Raum, Bevölkerung und Deutungshoheit ausgetragen werden.

Die rumänische Diaspora-Politik verfolgt insgesamt drei Ziele:

• die Identität der außerhalb des Landes lebenden ethnischen RumänInnen,
  die dorthin nicht emigriert sind, sondern seit Generationen als autoch-
  thone Minderheiten dort leben, zu stärken (Kultur, Religion, Sprache)
• die (Wieder-)Vereinigung mit der heutigen Republik Moldau, die als
  „zweiter rumänischer Staat" verstanden wird[158]
• die ausgewanderten und ökonomisch erfolgreichen rumänischen Staatsangehörigen durch entsprechende Angebote (politische Interessenver-
  tretung, Steuervorteile, Netzwerke) zur Rückkehr nach Rumänien zu
  bewegen

Zu würdigen ist, dass die rumänische Politik überhaupt damit begonnen
hat, die Diaspora als solche wahrzunehmen, zu adressieren und eine Beziehung zu ihr aufzubauen. Das entsprechende Diaspora-Gesetz und die
zahlreichen politischen Institutionen zeigen dies. Jedoch droht in zweierlei
Hinsicht eine Überbürokratisierung.

Es stellt sich die Frage, warum die bereits existierenden Konsulate,
Botschaften und Kulturinstitute nicht mit mehr Kompetenzen und Mitteln

---

157 BRUJAN: Rumänien zwischen Zuhause und Diaspora: Migration und ihre
     Auswirkungen auf Politik, Wirtschaft und Gesellschaft (wie Anm. 126), S. 34.
158 Vgl. dazu etwa die Homepage des rumänischen Abgeordneten Constantin
     CODREANU: Luptăm pentru unire. Programul politic „Reunirea - Proiect de
     ţară" [Wir kämpfen für die Vereinigung. Politisches Programm „Wiederver-
     einigung - Landesprojekt"], URL: http://constantincodreanu.ro/ (besucht am
     26.06.2017).

ausgestattet wurden. Warum mussten für die Erfüllung ihrer Aufgaben neue Einrichtungen geschaffen werden?

Auch was das Verhältnis der neu geschaffenen oben beschriebenen Einrichtungen zueinander angeht, stellt sich die Frage, ob dadurch nicht entsprechende Kompetenzgerangel und gegenseitige Lähmung vorprogrammiert sind.

Rumänien generiert sich als Zentrum und Koordinator der Politik(en) bezüglich der Diaspora. Das Sommercamp *ARC*, das *Diaspora Estival*, der Diaspora-Kongress und weitere Veranstaltungen sind Angebote des rumänischen Staates für die Diaspora und nicht Veranstaltungen der Diaspora selbst. Das *Eudoxiu-Hurmuzachi-Institut (IEH)* in Bukarest, das *Departement der Politik für die Beziehungen zu den Rumänen von überall (DPRRP)*, die verschiedenen parlamentarischen Diaspora-Gremien, schließlich auch die bisher unerwähnt gebliebenen Diaspora-Ableger rumänischer Parteien sind allesamt Ausdruck des starken, auch nicht jenseits der Landesgrenzen endenden rumänischen Zentralismus. Es besteht dadurch die Gefahr, dass Eigeninitiativen der Diaspora im Keim erstickt werden.

Ein Grundproblem liegt auch in der Unklarheit, wer AdressatIn dieser Politik ist, mit wem im Ausland also eine Beziehung zu pflegen sei und wie das konkret aussehen kann. In der Tendenz scheinen dies nur ethnische RumänInnen zu sein. Damit steht Rumänien in der Gefahr seinen Ethnonationalismus[159] nicht in europäische Werte zu transformieren, sondern durch Export in die Diaspora zu transnationalisieren.

Benedict Anderson hat 1994 auf das Phänomen eines „long-distance nationalism" hingewiesen.[160] Er meinte damit ein von Diaspora-Angehörigen betriebenes Nation Building in der Heimat. Umgekehrt versucht der rumänische Staat, seine weltweiten Diaspora für das eigene Nation Building-Projekt zu nutzen. Insofern sich rumänisches Nation Building also virtualisiert und damit entterritorialisiert hat, kann rumänische Diaspora-Politik als eine Form von *long-distance nationalism* beschrieben werden.

---

159 Der Begriff meint hier in einem weiteren Sinne das Streben nach Deckungsgleichheit von Staat und ethnischer Nation.

160 Vgl. Benedict ANDERSON: Exodus, in: Critical Inquiry 20.2 (1994), S. 314–327, hier S. 326f.

Es stellt sich die Frage, wie Rumänien den Weg finden will zu einer offenen, europäischen Gesellschaft. Wäre nicht die Diaspora eine gute Partnerin für einen Dialog zur Zukunft der rumänischen Gesellschaft? Die verkrusteten und verbürokratisierten Strukturen sind nicht durch Erstellung einer *Facebook*-Repräsentanz zu beseitigen, sondern nur durch zivilgesellschaftlichen Austausch. Dieser wird erst möglich, wenn sich Rumänien vom Modell des (ethnisch homogenen) Nationalstaates verabschiedet.

Die (Wieder-)Vereinigung mit der Republik Moldau ist ebenfalls ein Ziel rumänischer Diaspora-Politik und damit Beispiel eines überzogenen, ahistorischen Nationalismus. Zwar wird die Union mit der Republik Moldau in offiziellen Dokumenten nicht ausdrücklich als Ziel benannt, jedoch nehmen die RumänInnen in der Moldau im Rahmen der Diaspora-Politik eine Sonderstellung ein.

Obwohl sich nur sieben Prozent der moldauischen Staatsangehörigen zuletzt als „Rumänen" bezeichneten,[161] kommt ihnen seitens der rumänischen Politik enorme Aufmerksamkeit zu. Von den 2015 durch das *DPRRP* geförderten Projekten und Einrichtungen befanden sich fast ein Viertel in der Republik Moldau und fast ein Drittel des Budgets wurde für sie aufgewendet.[162]

Im politischen Diskurs hat der mit der Republik Moldau assoziierte Slogan „Marea Unire"[163] weiterhin Konjunktur. Victor Ponta etwa hatte im Präsidentschaftswahl-kampf 2014 damit geworben.[164]

---

161 Die meisten, nämlich 75%, verstehen sich als „Moldauer"; vgl. Biroul Naţional de Statistică al Republicii Moldova: Recensâmăntul populaţiei şi al locuinţelor 2014. Principalele rezultate als RPL 2014 [Bevölkerungs- und Wohnungszählung 2014. Hauptergebnisse], Chisinau, 2014, url: http://www.statistica.md/public/files/Recensamint/Recensamint\textunderscorepop\textunderscore2014/Rezultate/Nota\textunderscoreinformativa\textunderscoreRPL\textunderscore2014.pdf (besucht am 26.06.2017), S. 2.

162 Vgl. Departamentul Politici pentru Relaţia cu Românii de Pretutindeni: Proiecte finanţate de câtre Departamentul Politici pentru Relaţia cu Românii de Pretutindeni în anul 2015 [Vom DPRRP in 2015 geförderte Projekte] (wie Anm. 122).

163 Dt.: Die große Vereinigung.

164 Vgl. PSD Diaspora: Marea Unire. Vino alături de noi! [Die Große Vereinigung. Komm an unsere Seite!], url: http://psd-diaspora.ro/ (besucht am 26.06.2017).

Der Mythos wird auch in der Rückkehrdebatte aufgegriffen. Anlässlich der Repatriot-Konferenz von München etwa sagte der Mitinitiator Gabriel Isțoc: „Wir wollen im Jahr 2018 eine Feier der Vereinigung Rumäniens, Diaspora mit dem [Heimat-, JV]Land".[165]

„Die politische Bedeutung der rumänischen Diaspora in Rumänien nimmt stetig zu", meint Brujan.[166] Es bleibt deshalb zu hoffen, dass sich die Beziehung zur Diaspora zu einem gegenseitigen Lernprozess statt zu nationalistischen Vereinnahmungsversuchen entwickeln wird.

Das Diktum stammt aus dem Jahre 1918, wo nach Kriegsende Rumänien die größten Gebietsgewinne seiner Geschichte verzeichnete. Dies wurde als „Große Vereinigung" der RumänInnen der außerhalb der damaligen Grenzen liegenden Gebiete (v.a. Siebenbürgen und Bessarabien) nationalistisch mystifiziert.

165 o. A.: Conferința Repatriot la München, in 26 februarie [Die Konferenz Repatriot in München am 26. Februar], in: Ziarul românesc. Zeitung für Rumänen in Deutschland 3.3 (19.02.2016), S. 2, Übersetzung: JV.

166 BRUJAN: Rumänien zwischen Zuhause und Diaspora: Migration und ihre Auswirkungen auf Politik, Wirtschaft und Gesellschaft (wie Anm. 126), S. 46.

III Die Diaspora in Berlin

Von den rund 700.000 rumänienstämmigen Personen in Deutschland leben
etwa 25.000 in Berlin. Im Vergleich zu anderen Bundesländern[167] ist das
eine kleine Zahl.
Dennoch wird die Diaspora in Berlin in den kommenden Jahren weiter
an Bedeutung gewinnen, weil Europa mehr zusammenwächst. Der Blick
auf diese Gruppe ist außerdem lohnenswert, da der seit etwa 150 Jahren

---

167 In Bayern waren Ende 2014 rund 96.000 rumänische Staatsangehörige poli-
     zeilich gemeldet; vgl. BAYERISCHES LANDESAMT FÜR STATISTIK: Bevölkerung
     in Bayern am 31.12.2014 nach Staatsangehörigkeit und Geschlecht: per Email
     zugesandte Daten, 2015.
     Nach Baden-Württemberg wanderten allein im Jahr 2014 über 44.000
     Personen aus Rumänien zu (davon Nettozuwanderung: ca. 18.000); vgl.
     STATISTISCHES LANDESAMT BADEN-WÜRTTEMBERG: Wanderungsbewegungen
     in Baden-Württemberg 2014, hrsg. v. STATISTISCHES LANDESAMT BADEN-
     WÜRTTEMBERG, Stuttgart, 05.02.2016, URL: http://www.statistik-bw.de/
     Service/Veroeff/Statistische\textunderscoreBerichte/314514001.pdf, S. 8.
     In Hessen lebten Ende 2014 etwa 40.000 rumänische Staatsangehörige;
     vgl. HESSISCHES STATISTISCHES LANDESAMT: Ausländer in Hessen am Jah-
     resende 2012 bis 2014 nach ausgewählten Staatsangehörigkeiten, Wiesbaden,
     2015, URL: http://www.statistik-hessen.de/themenauswahl/bevoelkerung-gebiet/
     landesdaten/auslaendische-bevoelkerung-in-hessen/staatsangehoerigkeiten/
     index.html (besucht am 17.02.2016).
     In Hamburg waren Ende 2015 rund 8.000 AusländerInnen aus Rumäni-
     en wohnhaft; vgl. STATISTISCHES AMT FÜR HAMBURG UND SCHLESWIG-
     HOLSTEIN: Ausländische Bevölkerung in Hamburg am 31.12.2015: Statis-
     tische Berichte, Hamburg, 16.02.2016, URL: http://www.statistik-nord.de/
     fileadmin/Dokumente/Statistische\textunderscoreBerichte/bevoelkerung/A\
     textunderscoreI\textunderscore4\textunderscorej\textunderscoreHuS/A\
     textunderscoreI\textunderscore4\textunderscorej\textunderscore15\
     textunderscoreHH.pdf (besucht am 17.02.2016), S. 4.
     In Nordrhein-Westfalen lebten zum Stichtag 31.12.2014 über 67.000 Rumä-
     nienstämmige; vgl. INFORMATION UND TECHNIK NORDRHEIN-WESTFALEN:
     Ausländerstatistik (AZR): Ausländische Bevölkerung (Anzahl), hrsg. v.
     INFORMATION UND TECHNIK NORDRHEIN-WESTFALEN, Düsseldorf, 2016.
     Für einen Vergleich der Bundesländer siehe auch BUNDESAMT FÜR MIGRATION
     UND FLÜCHTLINGE: Das Bundesamt in Zahlen 2014: Asyl, Migration und
     Integration (wie Anm. 7), S. 110.

bestehende politische und kulturelle Kontakt zwischen Rumänien und Berlin eine vielfältige Diaspora entstehen ließ.

Berlin ist Zentrum der diplomatischen und politischen Beziehungen zwischen Deutschland und Rumänien. Die Stadt war und ist Sehnsuchtsort rumänischer Intellektueller. Es ist wegen seiner Weltoffenheit und Buntheit auch Refugium für rumänische KünstlerInnen und (junge) Menschen, denen die rumänische Gesellschaft zu eng wurde. Es ist Ort sozialer Sicherheit für Menschen, denen diese in der Heimat vorenthalten wurde. Berlin beeindruckt, beheimatet und prägt MigrantInnen aus Rumänien.

Wie aber prägen sie selbst Berlin? Studierende, AussiedlerInnen, Kulturschaffende, Menschen mit und ohne eigene Migrationserfahrung, Geschäftsleute, Fromme, politisch Engagierte - aber auch ausgebeutete, arme und bettelnde Menschen gehören zur rumänischen Diaspora in Berlin. Die neue Diaspora ist eine vielfältige Diaspora. Ihre Situation ist Gegenstand der folgenden Analysen zu Geschichte, Orten, sozialer Lage, Lebensgestaltung und politischer Aktivität in Berlin.

7 Die Geschichte der rumänischen Diaspora in Berlin

Laut Ruth Mayer mache die Auseinandersetzung mit dem Phänomen und dem Konzept Diaspora nur im historischen Kontext Sinn.[168] Das Konzept des neuen migrantischen Lebens bedarf einer historischen Grundlage. Zum Verstehen der neuen rumänischen Diaspora ist ein Blick auf ihre mehr als einhundertjährige Geschichte in Berlin auch deshalb lohnenswert, weil sie weiterhin eine Rolle im Diskurs der Diaspora spielt.[169]

---

168 Vgl. MAYER: Diaspora: Eine kritische Begriffsbestimmung (wie Anm. 13), S. 21.

169 Ein Beispiel dafür ist die 2004 im Auftrag des Berliner Senats herausgegebene Broschüre, die sich dem Thema Migration aus Rumänien nach Berlin aus historischer Perspektive widmet. Ihr Ziel ist es, „die wichtigsten Etappen berlinischrumänischer geschichtlicher Interferenzen chronologisch nachzuzeichnen und einige Persönlichkeiten vorzustellen"; BAIERSDORF/BĂLTĂGESCU/WAGNER: Wege zwischen Rumänien und Berlin (wie Anm. 36), S. 8. Was Baiersdorf et al. vorlegen, ist aber weit mehr als ein Überblick. Es ist eine detaillierte, gut recherchierte Schrift, in der nahezu alles niedergeschrieben wurde, was Berlin und Rumänien verbindet.

Wanderungsbewegungen und ihre Formen sind vom jeweiligen politischen Kontext abhängig, sodass sie sich in verschiedenen Phasen darstellen lassen. Entsprechend unterscheiden sich auch Diaspora-Gruppen je nach historischem Hintergrund.

Die Geschichte der rumänischen Diaspora Berlins kann angesichts unterschiedlicher Wanderungsmotive grob in drei Phasen eingeteilt werden:

- die kulturell-politisch motivierte Diaspora des 19. und 20. Jahrhunderts
- die arbeits-, studien- und familienorientierte Diaspora des späten 20. Jahrhunderts
- die pluralisierte Diaspora des 21. Jahrhunderts[170]

In den folgenden Analysen werden jeweils der politische und ökonomische Kontext im Herkunftsland Rumänien skizziert, die konkreten Bedingungen und Anlässe für Migration der jeweiligen Phasen und Zahlen zu ihrem Umfang genannt. Sofern für das Zuwanderungsgebiet Deutschland und speziell Berlin Daten vorliegen, fließen sie ein. Anhand der Ergebnisse der durchgeführten Umfrage wird die Geschichte der Zuwanderung nach und Diaspora-Bildung in Berlin schließlich veranschaulicht.[171]

7.1 Das 19. Jahrhundert

Im 19. Jahrhundert findet vorwiegend temporäre[172] rumänische Migration nach Berlin statt. Seit mit der Vereinigung der Donaufürstentümer Moldau und Walachei 1859 das Fürstentum Rumänien entstanden war, kam der rumänische Nationsbildungsprozess voll in Gang. Die Elite des sich konstituierenden Staates - Intellektuelle, Künstler und Politiker[173] - hat mangels einer eigenen staatlichen Universität[174] ihre Studien im westeuropäischen

---

170 Vgl. zu den historischen Phasen der Diaspora auch den detaillierten Überblick im Anhang S. IV.

171 Übersichten dazu, wie viele der Befragten in welchem Zeitraum nach Berlin kamen, finden sich im Anhang S. VII.

172 Vgl. dazu auch MINISTERUL AFACERILOR EXTERNE: Strategia privind Relația cu Românii de Pretutindeni [Strategie zur Beziehung mit den Rumänen von überall]: 2013–2016 (wie Anm. 118), S. 3.

173 Von Frauen in diesen Funktionen, die nach Berlin gekommen sind, ist für diese Epoche nichts bekannt.

174 Die erste rumänische Universität wurde 1860 in Iași gegründet.

Ausland absolviert - vor allem in Paris und Berlin.[175] Der Historiker Lucian Boia stellt heraus, dass die Begegnung mit Fremden und der Import ausländischer Zivilisation in Rumänien zu jener Zeit Elitenprojekte waren.[176] Genau als solches ist die rumänische Diaspora in der damaligen kaiserlichen Reichshauptstadt Berlin aufzufassen.

Der spätere Ministerpräsident Mihail Kogălinceanu hat zu dieser Zeit in Berlin studiert. Er schreibt über seinen Aufenthalt in der Stadt:

> Dank meiner Beziehungen zu so vielen bedeutenden Männern Deutschlands und eingeführt in die politischen Kreise Berlins, hatte ich vielfach die Gelegenheit, meinen Verstand mit den reformatorischen Ideen zu bereichern, die damals die hohen Geister Deutschlands erfüllten. Jawohl, der Universität in Berlin, meiner zweiten Mutter, [...] und dem Beispiele, welches mir die deutsche Vaterlandsliebe gegeben und das ich in allen Schichten der deutschen Gesellschaft, ob adelige oder bürgerliche, gesehen [habe, JV], verdanke ich die Liebe zu meinem romänischen [sic] Vaterlande, und den liberalen Geist, der mich bei allen Handlungen meines Lebens beseelt hat.[177]

Kogălniceanu behauptet, die Diaspora-Situation sei geradezu notwendig für ihn gewesen, um die Liebe zu seinem rumänischen Vaterland zu entdecken. Für ihn war das Leben in der Diaspora mit Ideentransfer, Horizonterweiterung und Lernerfahrung verbunden.

Für den rumänischen Nationaldichter Mihai Eminescu vermuten Baiersdorf et al. ebenfalls einen Diaspora-bedingten Einfluss auf sein Schaffen:

---

175 Diese Phase meint Wolfgang Dahmen, wenn er von einer „schon [...] längere[n] und bewusste[n] Ausrichtung auf den [...] romanisch-, bzw. germanischsprachigen Teil des Kontinents" spricht; Wolfgang DAHMEN: rumänien nach 1989, in: Uwe HINRICHS/Thede KAHL/Petra HIMSTEDT-VAID (Hrsg.): Handbuch Balkan, Bd. neue Folge Band 23 (Slavistische Studienbücher), Wiesbaden: Harrassowitz Verlag, 2014, S. 285.

176 Vgl. BOIA: România, țara de frontieră Europei: [Rumänien, Grenzland Europas] (wie Anm. 37), S. 211.

177 Kogălniceanu, zit. nach BAIERSDORF/BĂLTĂGESCU/WAGNER: Wege zwischen Rumänien und Berlin (wie Anm. 36), S. 20.
Die rumänische Botschaft führt dieses Zitat auf ihrer Homepage beim Thema kulturelle Beziehungen ebenfalls an; vgl. AMBASADA ROMÂNIEI IN REPUBLICA FEDERALĂ GERMANIA: Relații bilaterale. Relații culturale [Bilaterale Beziehungen. Kulturelle Beziehungen], URL: http://berlin.mae.ro/node/169 (besucht am 29.01.2016).

Vielleicht hat die nationale Aufbruchstimmung in Berlin Eminescu zu den späteren groß angelegten historischen Dichtungen inspiriert. In diese Zeit fällt auch sein verstärktes Interesse am rumänischen Brauchtum, an Traditionen, Mythen und legendären Figuren der rumänischen Geschichte.[178]

Inspiration und Rückbesinnung auf die Heimat sind die beiden Elemente seiner Erfahrung in der Diaspora. Die Elitenmigration im 19. Jahrhundert hatte kulturelle und intellektuelle Gründe.[179] Sie war ein Einzelphänomen. Eine städtische Statistik von 1877 gibt an, dass von den insgesamt 417.432 Einwohnern Berlins 69 aus dem Fürstentum Rumänien stammten.[180]

1878 erkannten die europäischen Großmächte auf dem Berliner Kongress die Unabhängigkeit Rumäniens an.[181] Dort datiert man den Beginn der diplomatischen Beziehungen zu Deutschland auf das Jahr 1880, in dem seine Souveränität vom Deutschen Kaiserreich anerkannt wurde.[182] Dass 1881 mit Carol I. ein Deutscher König Rumäniens geworden war, ließ das Interesse am Kaiserreich sicherlich weiter wachsen.

Wer dorthin kam, ging meist ins preußische Berlin; so etwa auch die Intellektuellen Alexandru Xenopol, Titu Maiorescu,[183] Iacob Negruzzi, Petre

---

178 BAIERSDORF/BĂLTĂGESCU/WAGNER: Wege zwischen Rumänien und Berlin (wie Anm. 36), S. 26.

179 Insoweit Intellektuelle meist auch Politiker waren, war ihre Migration auch politisch motiviert.

180 Es handelte sich dabei um 59 Männer und 10 Frauen; vgl. Richard BÖCKH: Berliner Städtisches Jahrbuch für Volkswirtschaft und Statistik, Berlin: Verlag von Leonhard Simion, 1877, S. 16.

181 Vgl. BISMARCK ET AL., OTTO VON: Berliner Vertrag, Berlin, 13.07.1878, Art. 43.

182 So sprach anlässlich der Eröffnung des RKI ein Staatssekretär aus dem rumänischen Außenministerium von 135 Jahren diplomatischer Beziehungen; vgl. eigene Mitschriften der Autorin vom 06.10.2015.
Auch in der rumänischen Botschaft in Berlin wurde am 01.12.2015 nicht nur der rumänische Nationalfeiertag begangen, sondern auch dieser Beziehung gedacht; vgl. AMBASADA ROMÂNIEI IN REPUBLICA FEDERALĂ GERMANIA: Actualitatea Ambasadei. Ziua Naţională a României [News der Botschaft. Nationaler Tag der rumänischen Kultur], URL: http://berlin.mae.ro/local-news/1100 (besucht am 28.01.2016).

183 Zu Titu Maiorescu vgl. auch S. 98.

Carp, Theodor Rosetti und Vasile Pogor.[184] Die Migration zum Ende des 19. Jahrhunderts und die damit entstandene rumänische Diaspora sind Teil des rumänischen Nationsbildungsprozesse einerseits und Symptom der sich intensivierenden bilateralen Beziehungen andererseits.

7.2 Das frühe 20. Jahrhundert

Um die Jahrhundertwende wuchs Berlin weiter stark an. Im Jahr 1899 lebten in der Stadt 1,9 Millionen Menschen, davon etwa 35.000 AusländerInnen. Aus dem Königreich Rumänien lebten 522 Menschen in den dreizehn damaligen Berliner Bezirken.[185] Eberhard Seidel erklärt die Zuwanderung aus Rumänien in dieser Zeit unter anderem mit antisemitischen Pogromen, die auch im Königreich Rumänien stattfanden. Die rumänische Diaspora zu jener Zeit war unter diesen Vorzeichen wahrscheinlich vorwiegend die Gruppe geflüchteter Juden aus Rumänien.[186]

Anfang des 20. Jahrhunderts zog sich der rumänische Schriftsteller und Dramatiker Ion Luca Caragiale nach Berlin zurück. Baiersdorf et al. meinen:

> Caragiale hatte sich eine bequeme Stadt für seine alten Tage ausgesucht, konnte hier aber nie Wurzeln schlagen und blieb immer durstig nach Neuigkeiten aus der Heimat. Er beteiligte sich auch weiterhin am politischen Leben der Heimat.[187]

---

184 Vgl. BAIERSDORF/BĂLTĂGESCU/WAGNER: Wege zwischen Rumänien und Berlin (wie Anm. 36), S. 19 und AMBASADA ROMÂNIEI IN REPUBLICA FEDERALĂ GERMANIA: Relaţii bilaterale. Relaţii cultural [Bilaterale Beziehungen. Kulturelle Beziehungen] (wie Anm. 177).

185 Es handelte sich um 318 Männer und 204 Frauen; vgl. Richard BÖCKH: Statistisches Jahrbuch der Stadt Berlin, Berlin: P. Stankiewiez Buchdruckerei, 1902, S. 16f.

186 Vgl. Eberhard SEIDEL: Einwanderung nach Berlin, hrsg. v. BERLIN.DE - DAS OFFIZIELLE HAUPTSTADTPORTAL, Berlin, URL: https://www.berlin.de/imperia/md/content/lb-integration-migration/start/einfuehrungstext\textunderscoreeinwanderung\textunderscoreberlin.pdf?start\&ts=1443782827\&file=einfuehrungstext\textunderscoreeinwanderung\textunderscoreberlin.pdf (besucht am 09.10.2015), S. 4.

187 BAIERSDORF/BĂLTĂGESCU/WAGNER: Wege zwischen Rumänien und Berlin (wie Anm. 36), S. 28.
    Der *Rumänische Akademische Club aus Berlin* (Rum.: *Clubul academic român din Berlin*) hatte zu Ehren Caragiales 2014 einen Kulturabend veranstaltet, bei dem des Berlin-Aufenthaltes des Dramatikers gedacht wurde; vgl. AMBASADA ROMÂNIEI IN REPUBLICA FEDERALĂ GERMANIA: Actualitatea Ambasadei.

In Rumänien hatte das neue Jahrhundert ebenso unruhig begonnen wie das alte geendet hatte: im Innern kämpfte die Landbevölkerung um ihre Rechte, nach außen war Rumänien in die Balkankriege (1912 und 1913) involviert. Im Ersten Weltkrieg blieb das Land zunächst neutral, war aber ab 1916 in den Krieg eingetreten und im gleichen Jahr von Deutschland besetzt worden. Mit den Gebietserweiterungen von 1918 entstand Großrumänien.

Der Umfang der Wanderungsbewegungen nach Berlin in dieser Zeit ist unbekannt.

Im Vereinsregister des Amtsgerichtes Charlottenburg von Berlin taucht erstmals im März 1922 ein Verein mit dem Namen *Rumänische Kolonie zu Berlin*[188] auf. Offenbar lebte zu dieser Zeit schon eine gewisse Zahl rumänischer EmigrantInnen in Berlin, sodass das Bedürfnis nach einer Form gewachsen war. Georg Herbstritt geht angesichts der Tatsache, dass sich zu jener Zeit auch Zuwanderer aus anderen Staaten in Kolonien organisierten und manche schon Mitte des 19. Jahrhunderts gegründet wurden, davon aus, dass auch die *Rumänische Kolonie zu Berlin* älter sein könnte.[189]

Die Diaspora im Faschismus

Im neu entstandenen Großrumänien war die Zwischenkriegszeit auch die Geburtsstunde des Faschismus. Zahlreiche Regierungswechsel, die Zersplitterung des politischen Spektrums und eine große Zahl zu integrierender nichtrumänischer Minderheiten überforderten Wähler[190] und Politik gleichermaßen.

Clubul Academic Berlin - seara dedicată lui I.L. Caragiale [News der Botschaft. Akademischer Club Berlin - I.L.Caragiale-Abend], URL: http://berlin.mae.ro/ local-news/945 (besucht am 20.06.2016). Obwohl der Club nicht mehr zu existieren scheint - eine Anfrage vom 28.01.2016 blieb unbeantwortet - zeigt sich hier, dass innerhalb der heutigen Diaspora auch Geschichtsproduktion stattfindet.

188 Rum.: *Colonia Româna din Berlin.*

189 Vgl. Georg Herbstritt: Entzweite Freunde: Rumänien, die Securitate und die DDR-Staatssicherheit 1950 bis 1989, Bd. v. 47 (Analysen und Dokumente der BStU), Gottingen: Vandenhoeck & Ruprecht, 2016, S. 66f.

190 Es handelt sich zu dieser Zeit ausschließlich um Männer; Frauen durften erst ab 1946 wählen.

Der spätere Anführer der *Legion Erzengel Michael*, Corneliu Zelea Codreanu, war als junger Student 1922 durch Spenden seiner Anhänger nach Berlin gekommen, um sein Volkswirtschaftsstudium zu beenden. In seinem biographisch-propagandistischen Pamphlet „Eiserne Garde"[191] sind auch Erinnerungen an Berlin festgehalten. Sein Aufenthalt war ideologisch-politischen Zielen gewidmet. Codreanu schreibt:

> Ich hatte in Berlin im Jahre 1922 viele Aussprachen mit Studenten, die heute bestimmt begeisterte Nationalsozialisten sind. Und ich bin stolz darauf, ihr Lehrer in antisemitischen Fragen gewesen zu sein.[192]

Die Bukarester Regierung bekämpfte in den 1930er Jahren die antisemitisch-nationalistische Terrorgruppe *Legion Erzengel Michael* (gegr. 1927),[193] indem sie diese verbot und Legionäre verfolgte.

Nachdem König Carol II. zusehends an Einflussmöglichkeiten verloren und die Partei der Legionäre bei den Wahlen von 1937 Stimmen hinzugewonnen hatte, versuchte er 1938 mit der Errichtung einer Königsdiktatur die Macht zurückzuerobern. Rumänien befand sich im Ausnahmezustand. Höhepunkt dieser Politik dürfte die mutmaßliche Ermordung des Legionärsführers Codreanu im November 1938 gewesen sein, wodurch Rachegelüste auf Seiten der Legionäre wuchsen und die politische Führung samt König an Rückhalt in der Bevölkerung verlor, nunmehr aber noch repressiver gegen die Legionäre vorging.

Horia Sima, Codreanus Nachfolger, und weitere führende Legionäre flohen deshalb Anfang des Jahres 1939 nach Berlin. Dort trafen sie mit weiteren Legionären zusammen, hat Gerhard Köpernik recherchiert.[194]

---

191   Dass diese Schrift 1939 in einem Berliner Verlag auf deutsch herausgegeben wurde, spricht auch für ein entsprechendes transnationales Netzwerk rumänischer und deutscher Faschisten; vgl. Corneliu Zelea CODREANU: Eiserne Garde, in: Hagen OSTRAU (Hrsg.): Eiserne Garde, Sibiu / Hermannstadt [Berlin]: [Brunnen-Verlag], 2007 [1939], S. 11–185.

192   Ebd., S. 32.

193   Die Gruppe benannte sich mehrmals um. 1927 hieß sie zunächst *Legion Erzengel Michael* (rum.: *Legiunea Arhangelui Mihai*); 1930 nannte sie sich *Eiserne Garde* (rum.: *Garda de Fier*); 1935 hieß sie *Alles für das Land* (rum.: *Totul pentru Țara*) und 1940 *Legionärsbewegung* (rum.: *Mișcarea legionară*).

194   Vgl. Gerhard KÖPERNIK: Faschisten im KZ: Rumäniens Eiserne Garde und das Dritte Reich, Bd. 20 (Forum: Rumänien), Berlin: Frank & Timme, 2014, S. 27.

Finanziert hätten sie sich durch Erwerbsarbeit und Gelder aus einem von Legionären gespeisten Fonds.[195] Wie viele Legionäre zu dieser Zeit in Berlin lebten, ist nicht bekannt. Ab Mai 1939 hatte sich jedenfalls ein sechsköpfiges Führungsgremium unter Leitung des Priesters Dumitrescu-Borşa gebildet, welches die wöchentlichen Versammlungen und die Aktivitäten der Berliner Legionäre fortan koordinierte.

Die Herausgabe von Codreanus Pamphlet „Eiserne Garde" in deutscher Übersetzung im Jahr 1939 in Berlin[196] dürfte genauso auf die Initiative dieser Legionärsgruppe zurückzuführen sein wie der ebenfalls in Berlin erschienene „Buletin informativ", eine Zeitschrift für nach Deutschland geflohene Legionäre.[197] Der Mord an Ministerpräsident Călinescu (September 1939) wurde, wie später der Sturz des Königs (Oktober 1940),[198] in Berlin vorbereitet.

Horia Sima und weitere Legionäre, die nochmals nach Rumänien zurückgekehrt waren,[199] flohen Ende 1939 abermals nach Berlin. Im Exil

---

Vgl. dazu auch BAIERSDORF/BĂLTĂGESCU/WAGNER: Wege zwischen Rumänien und Berlin (wie Anm. 36), S. 39.

Als konkretes Indiz für eine recht bekannte und aktive Berliner Legionärsgruppe kann schließlich die Aussage des Alt-Legionärs Mircea Dimitriu gelten. Er gab in einem Interview an, dass er sich nach seiner Ankunft in Berlin 1938 bei der dortigen Legionärsgruppe weiter engagiert habe: „[...] activam în continuare în cadrul cuibului meu la Berlin", zit. nach HERBSTRITT: Entzweite Freunde: Rumänien, die Securitate und die DDR-Staatssicherheit 1950 bis 1989 (wie Anm. 189), S. 67.

195 Vgl. KÖPERNIK: Faschisten im KZ: Rumäniens Eiserne Garde und das Dritte Reich (wie Anm. 194), S. 27.

196 Vgl. CODREANU: Eiserne Garde (wie Anm. 191).

197 Vgl. BAIERSDORF/BĂLTĂGESCU/WAGNER: Wege zwischen Rumänien und Berlin (wie Anm. 37), S. 39.

198 Dazu sei die *Aktionsgruppe 17* initiiert worden, schreibt Köpernik; vgl. KÖPERNIK: Faschisten im KZ: Rumäniens Eiserne Garde und das Dritte Reich (wie Anm. 194), S. 31. Baiersdorf et al. meinen dazu: „Von hier [Berlin, JV] aus wurde der Untergrund organisiert und der Sturz des Königs vorbereitet"; BAIERSDORF/BĂLTĂGESCU/WAGNER: Wege zwischen Rumänien und Berlin (wie Anm. 36), S. 39.

199 Diese Flucht, von den Nazis erst später bemerkt, war Anlass dafür, dass die in Deutschland verbliebenen führenden Legionäre in Konzentrationslagern interniert wurden. Damit sollten weitere Bewegungen zwischen Deutschland und Rumänien unterbunden werden.

formierte sich Widerstand gegen die politischen Annäherungen zwischen Königshaus und Legionären in Rumänien. Sima ließ deshalb am 17. März 1940 die Berliner Legionäre einen Schwur auf die Revolution ablegen. Ziel war die weitere Destabilisierung Rumäniens.

Die Legionäre in Rumänien, wahrscheinlich weiterhin vernetzt mit denen im Exil, trieben König und Regierung vor sich her und übernahmen im Oktober 1940 schließlich die Macht im dann sogenannten „Nationallegionären Staat".

Seit 1940 hatte Rumänien seine Beziehungen zu Hitlerdeutschland intensiviert.[200] Es ist davon auszugehen, dass auch der kulturelle Austausch zwischen beiden Staaten zunahm. Sowohl die Gründung der ersten rumänisch-orthodoxen Gemeinde in der deutschen Hauptstadt[201] als auch die Gründung des ersten rumänischen Kulturinstitutes fallen in die Zeit um 1940.[202] Dabei diente das von dem Philologen Sextil Puşcariu geleitete Kulturinstitut in Berlin wohl weniger der Vermittlung fremder Kultur im Ausland als vielmehr der Verbreitung faschistischer Ideen.[203]

Um 1940 lebten etwa 500 rumänische Familien und weitere 2000 Alleinstehende in Berlin.[204]

Vgl. ausführlicher zu in KZs internierten Legionären: KÖPERNIK: Faschisten im KZ: Rumäniens Eiserne Garde und das Dritte Reich (wie Anm. 194).

200 Mai 1940: sog. *Waffen-Öl-Pakt* mit Deutschland, September 1940: Beitritt Rumäniens zum Bündnis der Achsenmächte Deutschland-Italien, Oktober 1940: Einmarsch deutscher Lehrtruppen in Rumänien, November 1940: Beitritt Rumäniens zum *Drei-Mächte-Pakt* Deutschland-Italien-Japan.

201 Vgl. dazu S. 102 dieses Buches.

202 Vgl. dazu S. 98 dieses Buches.

203 Umgekehrt ist dies auch für das damalige *Deutsche Wissenschaftliche Institut* in Bukarest anzunehmen.

204 Vgl. BAIERSDORF/BĂLTĂGESCU/WAGNER: Wege zwischen Rumänien und Berlin (wie Anm. 36), S. 12 und RUMÄNISCH-ORTHODOXE KIRCHENGEMEINDE „DIE HEILIGEN ERZENGEL MIHAIL UND GAVRIIL" BERLIN E.V.: Die Rumänisch-Orthodoxe Gemeinde in Berlin: Schaukasten-Aushang, Berlin, 2015. Insgesamt liegen für die erste Hälfte des 20. Jahrhunderts kaum statistische Daten zur rumänischen Diaspora in Berlin vor. Im Statistischen Jahrbuch von 1932 etwa sind keine Daten für RumänInnen enthalten; vgl. Auskunft von Heike Hendl vom Amt für Statistik Berlin-Brandenburg am 20.01.2016. Das *Departement für politische Beziehungen zu den Rumänen außerhalb des Landes* (vgl. Kapitel 5.1 in diesem Buch) geht für diese Zeit von begrenzter

Marschall Ion Antonescu, der zunächst mit den Legionären eine Regierungskoalition gebildet hatte,[205] begann diese nach deren Putschversuch gegen ihn im Januar 1941 zu bekämpfen. Hunderte Legionäre verließen das Land in Richtung Deutschland. Herbstritt schreibt dazu: „[...] Als [Antonescu, JV] [...] damit begann, Tausende von Legionären verhaften zu lassen, griffen deutsche Wehrmachtsstellen und der Sicherheitsdienst ein und ermöglichten über 300 Legionären [...] nach Deutschland ins Exil zu gehen [...]".[206]

In einem Dokument der *Central Intelligence Agency (CIA)* werden die Ereignisse des Jahres 1941 ebenfalls beschrieben: „[...] The majority of

---

„politisch und ideologisch" motivierter Migration aus, verweist aber auf die wachsende Bedeutung des politischen Exils in den 1940er Jahren; vgl. Ministerul Afacerilor Externe: Strategia privind Relația cu Românii de Pretutindeni [Strategie zur Beziehung mit den Rumänen von überall]: 2013–2016 (wie Anm. 118), S. 3.

205 Der wieder aus Berlin zurückgekehrte Anführer der Legionäre, Horia Sima, bekam das Amt des Vize-Ministerpräsidenten.

206 Herbstritt: Entzweite Freunde: Rumänien, die Securitate und die DDR-Staatssicherheit 1950 bis 1989 (wie Anm. 189), S. 52.
Weiter heißt es: „[...] Die meisten der geflüchteten Legionäre kamen zunächst nach Rostock, wo sie in der Rüstungsindustrie arbeiteten [...] 14 führende Legionäre, unter ihnen Horia Sima und Ilie Gârneață, erhielten eine Villa in Berkenbrück bei Fürstenwalde, rund 65 Kilometer südöstlich von Berlin, als Aufenthaltsort zugewiesen. Sie standen unter Gestapo-Aufsicht und mussten sich jeder politischen Aktivität enthalten [...]", ebd., S. 52.
Vgl. auch ebd., S. 23.
Führende Legionäre seien sodann auch im KZ Sachsenhausen nördlich von Berlin, im KZ Dachau bei München und im KZ Buchenwald interniert gewesen. So lebte u.a. Vergiliu Eftimie, der ab 1957 die *Rumänische Kolonie zu Berlin* leitete (vgl. Kapitel 7.3), eine zeitlang im sog. Sonderlager Fichtenhain in Buchenwald.
„[...] Die internierten Legionäre lebten unter vergleichsweise günstigen Umständen; sie blieben Sonderhäftlinge mit deutlich besserer Unterbringung, Verpflegung und Behandlung [...]", so Herbstritt; ebd., S. 52f.
Die Internierungen rumänischer Legionäre in deutschen Konzentrationslagern sind nahezu unerforscht. In der Gedenkstätte Buchenwald etwa weiß man nichts Genaueres über rumänische Gefangene im Sonderlager Fichtenhain (Gespräch mit Angestellten der Gedenkstätte Buchenwald am 07.05.2017).

Rumanian emigre organisations [sic] in Germany were created by members of the Iron Guard who have been in Germany since January 1941 [...]".[207] Auch der Exilrumäne Ion Popinceanu[208] schreibt, dass nach dem Putsch der *Eisernen Garde* in Rumänien 1941 „[...] viele Angehörige dieser rechtsextremistischen politischen Organisation nach Deutschland [geflohen seien, JV]".[209] Hitler habe sie zu ihrem Schutz in Konzentrationslagern internieren lassen.[210]

Dass sich gerade zu dieser Zeit, im Mai 1941, die *Rumänische Kolonie zu Berlin* auflöste,[211] ist angesichts der wachsenden Bedeutung, die sie unter den Vorzeichen vermehrter Zuwanderung aus Rumänien hätte haben können, unklar. Möglicherweise hängt das Ende dieses Vereins mit den Aktivitäten rumänischer Legionäre in Berlin zusammen, die sicherlich andere ideologische Ziele als die - auch von jüdischen EmigrantInnen aus Rumänien geprägte - Kolonie hatten.

Die rumänische Diaspora in der ersten Hälfte des 20. Jahrhunderts war zunächst eine kulturelle Gruppe, zusammengesetzt aus verschiedenen Minderheiten Rumäniens. Seit den 1920er und 1930er Jahren veränderten sich mit dem aufkommenden Antisemitismus und Faschismus die Rahmenbedingungen der Diaspora. In den 1940er Jahren schließlich war die Diaspora zunehmend auch die Gruppe der Exil-Legionäre, die

---

207   CENTRAL INTELLIGENCE AGENCY: Rumanian Refugee Organizations in Germany, Paris, 14.02.1955, URL: https://www.cia.gov/library/readingroom/docs/SIMA\%2C\%20HORIA\%20\%20\%20VOL.\%202\textunderscore0063. pdf (besucht am 04.06.2017), S. 1.

208   Sein Name taucht auch auf dem o.g. Dokument der *CIA* auf. Er wird dort als einer der Vorsitzenden der *Vereinigung der Freien Rumänen in Deutschland* genannt; vgl. ebd., S. 2.

209   Ion POPINCEANU: Rumänien (Kultur der Nationen. Geistige Länderkunde), Nürnberg: Glock und Lutz, 1967, S. 244.

210   Vgl. ebd.
Weiter heißt es: „[...] nach dem 23. August 1944, nachdem Rumänien gezwungen wurde, einen Waffenstillstand mit den Alliierten zu schließen, entließ [Hitler, JV] sie und half ihnen, unter dem Vorsitz von Horia Sima [...] in Wien eine rumänische Nationalregierung zu bilden. Nach dem Ende des Krieges blieben sie alle im Westen [...]", ebd.

211   Vgl. AMTSGERICHT CHARLOTTENBURG: Rumänische Kolonie Berlin: Vereinsregister 95 VR 3615 +1942: Sammelmappe 1–24 (Blätter 1–10), 1922–1956, S. 10.

die nationalistisch-faschistischen Umtriebe im Heimatland mittels Geld, Propagandamaterialien und Waffen unterstützten. Man kann dies im Sinne Benedict Andersons als einen „Long-distance Nationalism" bezeichnen.[212]

7.3 Die Zeit nach der Kriegswende 1944

Im letzten Jahr des Krieges und den ersten Nachkriegsjahren emigrierten zahlreiche RumänInnen nach Deutschland. Rumänien hatte 1944 die Seiten gewechselt und Nazideutschland den Krieg erklärt. Nach Ende des Krieges 1945 wurde eine kommunistische Koalitionsregierung durch die sowjetischen BesatzerInnen installiert, wodurch die Volksrepublik Rumänien zunächst politisch stark an Moskau orientiert war.

Die Diaspora ist die Gruppe der „Exilrumänen", wie es der zu jener Zeit in der BRD lebende Popinceanu ausdrückt.[213] Er schreibt:

> Die [...] Rumänen, [...] die in der freien Welt leben und alle ihre frühere Heimat lieben und sie nicht vergessen haben, wollen sie nur wiedersehen, wenn sie wieder frei wird, wenn der kommunistische Terror ein Ende haben wird und wenn der Sowjetmensch dort nichts mehr zu sagen hat.[214]

Es siedelten auch überproportional viele Angehörige der deutschen Minderheit, sogenannte „Volksdeutsche", nach Deutschland über. Hitler hatte sie zunächst *heim ins Reich* holen und in die SS einziehen lassen. Später - nach der Kriegswende im Sommer 1944 - waren sie aus Angst vor Rache der Rotarmisten aus Rumänien geflohen.[215]

---

212 Vgl. dazu ANDERSON: Exodus (wie Anm. 160), S. 327, sowie S. 61 in diesem Buch.

213 Vgl. u. a. POPINCEANU: Rumänien (wie Anm. 209), S. 245.

214 Ebd., S. 246.

215 Michael Kroner fasst die Lage der Siebenbürger Sachsen, der größten Gruppe innerhalb der deutschen Minderheit Rumäniens, so zusammen: „[...] nach dem politischen Umsturz Rumäniens [wurden sie, JV] [...] kollektiv, ohne das Maß der individuellen Schuld zu beachten, insgesamt als angebliche Kollaborateure Hitler-Deutschlands enteignet, entrechtet, gedemütigt und die arbeitsfähigen Männer und Frauen im Januar 1945 für fünf Jahre zu Zwangsarbeit in die Sowjetunion deportiert [...]", Michael KRONER: Geschichte der Siebenbürger Sachsen im Überblick, in: VERBAND DER SIEBENBÜRGER SACHSEN IN DEUTSCHLAND E.V. LANDESGRUPPE NORDRHEIN-WESTFALEN (Hrsg.): Wir sind daheim, Düsseldorf 2011, S. 11–18, hier S. 17.

Von den im Jahr 2015 befragten Personen kam ein Mann in dieser Zeit, nämlich 1944, nach Berlin. Er ist 1930 geboren, stammt aus Siebenbürgen und gehört der deutschen Minderheit an. Als Grund für seine Migration gibt er an: „Historische Gegebenheit". Es bleibt offen, unter welchen genauen Umständen er kam.

Die Zahl der nach dem Krieg nach Berlin gezogenen Menschen aus Rumänien lässt sich nicht genau beziffern. Eberhard Seidel zufolge lebten in den 1950er und 1960er Jahren fast keine AusländerInnen in der Stadt; ihr Anteil habe in dieser Zeit weniger als ein Prozent betragen.[216] Es ist daher von einigen Hundert bis wenigen Tausend rumänischen Staatsangehörigen in Ost- und vor allem Westberlin auszugehen.[217] Dabei handelte es sich um orthodoxe oder griechisch-katholische RumänInnen und evangelische oder katholische Deutsche aus Rumänien.[218]

Seit Regierungsübernahme durch Nicolae Ceauşescu und der Proklamation der *Sozialistischen Republik Rumänien* (1965) hatte das Land eine stärker national geprägte Form des Kommunismus etabliert und sich

---

216   Vgl. SEIDEL: Einwanderung nach Berlin (wie Anm. 186), S. 5.
      Das Statistische Bundesamt gab für 1950 an, dass in der BRD etwa 152.000 Menschen aus Rumänien lebten, die meisten davon Angehörige der deutschen Minderheit Rumäniens, vgl. HERBSTRITT: Entzweite Freunde: Rumänien, die Securitate und die DDR-Staatssicherheit 1950 bis 1989 (wie Anm. 189), S. 41. Eine gänzlich andere Schätzung liegt dem *CIA*-Bericht zugrunde: dort wird die Zahl rumänischer EmigrantInnen in der BRD der frühen 1950er Jahre auf 3.400 Personen geschätzt. Auch hierbei soll es sich zu ca. zwei Dritteln um „Volksdeutsche" gehandelt haben; vgl. CENTRAL INTELLIGENCE AGENCY: Rumanian Refugee Organizations in Germany (wie Anm. 207), S. 1.
217   Der Anteil rumänischer MigrantInnen an der ausländischen Wohnbevölkerung in Deutschland betrug zu Zeiten des Kalten Krieges weniger als ein Prozent; vgl. DIE BEAUFTRAGTE DER BUNDESREGIERUNG FÜR MIGRATION, FLÜCHT-LINGE UND INTEGRATION: 10. Bericht der Beauftragten der Bundesregierung für Migration, Flüchtlinge und Integration über die Lage der Ausländerinnen und Ausländer in Deutschland, hrsg. v. DIE BEAUFTRAGTE DER BUNDESRE-GIERUNG FÜR MIGRATION, FLÜCHTLINGE UND INTEGRATION, Berlin, 2014, URL: http://www.bundesregierung.de/Content/Infomaterial/BPA/IB/10\textun-derscoreAuslaenderbericht\textunderscore2015.pdf?\textunderscore\textund erscoreblob=publicationFile\&v=3 (besucht am 17.10.2015), S. 379.
218   Vgl. zu den Konfessionen der Diaspora auch S. 102 dieses Buches.

dadurch von seinen Partnern im Ostblock weitgehend isoliert. Auch die Grenzen nach Westeuropa waren zunächst geschlossen.[219] Ab Ende der 1960er Jahre nahm die rumänische Emigration wieder zu. Die restriktive Ausreisepolitik zielte vor allem auf eine gefilterte Emigration ab. „[...] Ethnische Minderheiten (Juden, Deutsche und Ungarn) waren unter den legalen Auswanderern aus Rumänien während des Kommunismus deutlich überrepräsentiert [...]", merkt Horváth an.[220] Die ethnische Migration der Deutschen in die BRD nahm vor allem ab den 1980er Jahren weiter zu. Rumänien, das 1982 zahlungsunfähig geworden war, verlangte von der BRD für jeden ausgereisten Rumäniendeutschen rund 10.000 D-Mark und setzte damit eine enorme Freikauf-Auswanderung in Gang.[221]

Von den 125 Befragten sind sieben in der Zeit des Kommunismus nach Berlin gekommen. Fünf von ihnen gaben als Ethnie deutsch an, zwei rumänisch. Fünf Männer und Frauen, die von einer Migration zu Zeiten des Kalten Krieges berichten, sind entweder zusammen mit ihren Eltern ausgesiedelt oder im zuge der Familienzusammenführung hier in Berlin mit ihren zuvor geflüchteten Eltern zusammengekommen.

Ein 1949 geborener Proband, der der deutschen Minderheit angehört und 1959 nach Deutschland kam, gibt als Grund an, dass seine Eltern vom Bruder seines Vaters gekauft worden seien. Dies würde bedeuten, dass es auch lange vor der offiziellen rumänischen Verkaufspolitik die Möglichkeit des Freikaufs gab.

1980 kam ein rumänischer Proband nach Ostberlin, der seine Migration so erklärt:

> Ich wurde bereits in Rumänien engagiert, aufgrund des Fachkräftemangels im Bereich Orchestermusiker in der DDR.[222]

---

219 Nachdem die Auswandererzahlen im Jahr 1965 ein vorläufiges Hoch erreicht hatten, waren sie in den Jahren nach Ceaușescus Regierungsübernahme fast auf Null gesunken; vgl. HORVÁTH: Rumänien (wie Anm. 54), S. 2.
220 Ebd.
221 Vgl. FORSCHUNGSGESELLSCHAFT FLUCHT UND MIGRATION: Rumänien: Vor den Toren der Festung Europa, Bd. Heft 2 (Hefte der Forschungsgesellschaft Flucht und Migration), Berlin: Verlag der Buchläden, 1996, S. 6.
222 Laut Herbstritt waren die wenigen rumänischen MigrantInnen in der DDR tätig in der Gastronomie oder als Musiker und Künstler; vgl. HERBSTRITT:

Eine Probandin, die 1986 nach Berlin kam, schreibt:

> Meine Eltern sind mit mir ausgewandert [...] Die Motive waren klar: wir hatten als [Siebenbürger, JV] Sachsen die Möglichkeit und sind gegangen. Das Leben sollte freier und besser werden. Gerade mein Vater hat unter den Securisten[223] gelitten.

Die Migration zu jener Zeit kann als politisch bedingte dauerhafte Auswanderung aus Rumänien gefasst werden. Auch Flucht spielte eine Rolle. Unter den EmigrantInnen waren überproportional viele Angehörige ethnischer Minderheiten.[224]

Exkurs I: Die Rumänische Kolonie zu Berlin

Viele der aus Rumänien Zugewanderten organisierten sich in Vereinigungen, Verbänden und Landsmannschaften, berichtet Herbstritt.[225] Auf der Liste des *CIA* finden sich 22 Verbände oder Institutionen in den westlichen Besatzungszonen. Lediglich ein Verein hatte seinen Sitz in (West-)Berlin: die *Rumänische Kolonie zu Berlin.*[226] Ob es in Ostberlin vergleichbare Organisationen gab, darf angesichts der kleinen Zahl dort lebender rumänischer MigrantInnen bezweifelt werden.

Die *Rumänische Kolonie zu Berlin* hatte sich 1946 neu gegründet.[227] Mitglieder werden konnten „[...] alle in Berlin wohnhaften Rumänen,

---

Entzweite Freunde: Rumänien, die Securitate und die DDR-Staatssicherheit 1950 bis 1989 (wie Anm. 189), S. 464.

223   Die MitarbeiterInnen des rumänischen Geheimdienstes *Securitate* (dt.: Sicherheit) wurden im Volksmund „Securisten" genannt.

224   Max Matter vermutet, dass sich unter den EmigrantInnen und Flüchtlingen jener Zeit auch RomNja befanden; vgl. Max MATTER: Nirgendwo erwünscht: Zur Armutsmigration aus Zentral- und Südosteuropa in die Länder der EU-15 unter besonderer Berücksichtigung von Angehörigen der Roma-Minderheiten (Reihe Rat für Migration), Schwalbach am Taunus: Wochenschau-Verl., 2015, S. 70.

225   Vgl. HERBSTRITT: Entzweite Freunde: Rumänien, die Securitate und die DDR-Staatssicherheit 1950 bis 1989 (wie Anm. 189), S. 32.

226   Vgl. CENTRAL INTELLIGENCE AGENCY: Rumanian Refugee Organizations in Germany (wie Anm. 207).

227   Die Eintragung ins Vereinsregister erfolgte erst 1955; vgl. AMTSGERICHT CHARLOTTENBURG: Rumänische Kolonie Berlin: Vereinsregister 95 VR 3615 + 1942: Sammelmappe 1–24 (Blätter 1–10) (wie Anm. 211).

unabhängig von ihrer ethnischen Abstammung oder Religion [...]".[228] In der Satzung von 1955[229] werden folgende Vereinszwecke festgelegt:

• Entfaltung einer nationalen, kulturellen und sozialen Tätigkeit für die Rumänen in Berlin
• Aufrechterhaltung gegenseitiger Beziehungen unter den Rumänen
• Vertretung der allgemeinen Interessen der Mitglieder der *Rumänischen Kolonie Berlin* gegenüber den Behörden und öffentlichen Institutionen
• Förderung kultureller und gesellschaftlicher Beziehungen zwischen Deutschen und Rumänen
• Förderung der Zusammenarbeit mit ähnlichen rumänischen Vereinen ausserhalb Berlins sowie mit deutschen und ausländischen Vereinen und Stellen innerhalb und ausserhalb Berlins[230]

Der Verein entfaltete ab Mitte der 1950er Jahre seine Tätigkeit. Er verfügte über eigene Büroräume, wo zunächst sogar eine Sprechstunde stattfand. Anfangs wurden mit Unterstützung der amerikanischen *National Catholic Welfare Conference* Lebensmittel verteilt. Außerdem war der Verein dem *Bund Rumänischer Verbände und Institutionen*[231] beigetreten. Später wurde auch Presse rumänischer Exilorganisationen bezogen. Kulturelle Veranstaltungen fanden laut Vereinsprotokollen nur vereinzelt statt. So gab es Weihnachtsfeiern, Tanzabende, Konzerte und auch Gottesdienste in der *Rumänischen Kolonie zu Berlin*. Auch finden sich in den Protokollen der jährlichen Mitgliederversammlungen Hinweise darauf, dass der Verein einzelne Landsleute finanziell unterstützte. Sein Haupttätigkeitsgebiet lag in den Bezirken Charlottenburg und Schöneberg.

---

228 Ebd.
229 Die erste Fassung stammt von 1948 und scheint nur auf Rumänisch existiert zu haben; vgl. Anlage 1 zum Antrag auf Eintragung ins Vereinsregister, ebd., S. 2.
230 Anlage 2 zum Antrag auf Eintragung ins Vereinsregister, AMTSGERICHT CHARLOTTENBURG: Rumänische Kolonie Berlin: Vereinsregister 95 VR 3615 +1942: Sammelmappe 1–24 (Blätter 1–10) (wie Anm. 211), S. 1.
231 Rum.: *Uniunea Asociaţilor Române din Germania (UARG).*

In einem der *Staatssicherheit (Stasi)* zugespielten Verzeichnis von 1957 sind 81 Vereinsmitglieder aufgeführt.[232] Seit ihrer Zusammenarbeit Anfang der 1950er Jahre hatten auch der rumänische Geheimdienst *Securitate* und die *Stasi* Interesse an der *Rumänischen Kolonie zu Berlin*. So berichtet Herbstritt: „[...] Die Securitate warb in Berlin lebende Emigranten aus Rumänien an, die ihre Landsleute aushorchten und mithalfen, Emigrantenverbände lahmzulegen [...]".[233]

Schon ab den frühen 1960er Jahren wuchs unter den Mitgliedern der Unmut. Sie verlangten vom Vorstand wiederholt „[...] eine intensive Tätigkeit auf kulturellem Gebiet [...]".[234] Schließlich wurde im Protokoll der Versammlung von 1967 letztmalig vermerkt: „[...] Der Vorstand hat eine beschrenkte [sic] Tätigkeit gezeigt und wir hoffen daß er in der Zukunft sich aktiver zeigen wird [...]".[235] Das Interesse innerhalb der rumänischen Diaspora am Vereinsleben war in den 1970er Jahren derart gesunken, dass die jährlichen Mitgliederversammlungen wegen zu wenig erschienenen Mitgliedern regelmäßig erneut anberaumt werden mussten.

Auch wechselte der Verein häufig seine Adresse. Eigene Büroräume waren wohl schon in den 1960er Jahren aufgegeben worden. Die Vereinstätigkeiten wurden überwiegend in den Wohnungen der jeweiligen Vorsitzenden organisiert. Auch die Mitgliederversammlungen fanden in verschiedenen Restaurants, bisweilen ebenfalls in Privaträumen statt.

Ab Mitte der 1970er Jahre scheint ein aktives Vereinsleben nicht mehr bestanden zu haben; die Protokolle der Versammlungen sind auf ein Mindestmaß zusammengeschrumpft, kulturelle oder sonstige Aktivitäten werden darin nicht mehr erwähnt.

Mit einem Schreiben von September 1984 an das Amtsgericht Charlottenburg gab der Vorsitzende Stelian Pletea schließlich bekannt:

---

232 Von diesen lebten 46 in Ostberlin oder der DDR, berichtet Herbstritt; vgl.
    HERBSTRITT: Entzweite Freunde: Rumänien, die Securitate und die DDR-Staatssicherheit 1950 bis 1989 (wie Anm. 189), S. 66.
233 Ebd., S. 24.
234 LANDESARCHIV BERLIN: Rumänische Kolonie Berlin: Landesarchiv Berlin, B
    Rep. 020, Nr. 7351: Sammelmappe 25–45 (Blätter 11–24 und Blätter 1–2),
    1956–1967.
235 Ebd.

Mit Rücksicht darauf, daß die Mitglieder der Rumänischen Kolonie Berlin e.V.
keine [sic] Interesse mehr für ihre weitere Existenz zeigen, wird die Arbeitstätigkeit
des Vereins ab 30.09.84 eingestellt.[236]

Für eine satzungsgemäße Auflösung des Vereins fehlten zum Schluss wohl
die Stimmen der immer noch 150 Mitglieder, sodass die *Rumänische Kolonie
zu Berlin* tatsächlich erst im März 1998 von Amts wegen aus dem
Vereinsregister entfernt wurde.[237]

Exkurs II: Die Deutsch-Rumänische Kulturgesellschaft „Caragiale"

Zur gleichen Zeit, als sich die Aktivitäten der *Rumänischen Kolonie zu
Berlin* immer weiter reduzierten, bildete sich - ebenfalls in Westberlin - eine
neue Struktur heraus: 1977 gründete sich die *Deutsch-Rumänische Kulturgesellschaft „Caragiale" Berlin.*

Dabei handelte es sich um einen Verein, den interkulturelle Ehepaare
aus Rumänien und Deutschland ins Leben gerufen hatten. Die Vorsitzende
sei Frau Bohorches-Klinger gewesen, berichtet das ehemalige Mitglied
Joachim H. Moeller. Der 50 bis 60 Mitglieder zählende Verein habe Förderung seitens des damaligen rumänischen Konsulats und der Berliner
Senatsverwaltung erhalten. Schwerpunkt der Vereinstätigkeiten seien Kulturveranstaltungen gewesen, wozu wohl sogar KünstlerInnen aus Rumänien
„eingeflogen" worden seien. Auch zu hochrangigen rumänischen Politikern
hätte es Kontakte gegeben, bis der Verein sich schließlich etwa zehn Jahre
nach der Wende aufgelöst habe.[238]

---

236 AMTSGERICHT CHARLOTTENBURG: Rumänische Kolonie Berlin: Vereinsregis-
     ter 95 VR 2371 Nz +1998: Sammelmappe 46–65 und Sammelmappe 66–78,
     1968–1984.
237 Vgl. ebd.
238 Gespräch der Autorin mit Joachim H. Moeller am 16. Juni 2017.
     Zum Dramatiker Caragiale vgl. auch S. 70 in diesem Buch.

7.4 Die Nach-Wende-Zeit

RumänInnen seien nach 1990 „crazy to travel" gewesen, sagt Dana Diminescu.[239] Ihre Zahl nahm im Bundesgebiet ebenso zu wie auch ihr Anteil
am Gesamtausländeranteil seither ansteigt.[240]

Die Migration aus Rumänien zwischen 1990 und heute lässt sich anhand
innen- und außenpolitischer Faktoren grob in fünf Phasen einteilen. In den
frühen 1990er Jahren kamen vor allem Asylsuchende und Spätaussiedler-
Innen aus Rumänien nach Deutschland; in den späteren 1990er Jahren
setzte temporäre, illegale Arbeitsmigration ein.[241] In den frühen 2000er
Jahren hatten sich bereits zahlreiche transnationale Netzwerke etabliert
und es begannen vermehrt ArbeitsmigrantInnen das Land zu verlassen. Die
Rezession in Folge der Wirtschafts- und Finanzkrise ließen die nun vermehrt
auch dauerhafte Auswanderung in den Jahren vor und nach 2010 weiter
ansteigen. Die fünfte und vorerst letzte Migrationsphase begann 2014 mit
der vollen Arbeitnehmerfreizügigkeit für rumänische MigrantInnen in allen
EU-Staaten.

1990 – 1995

Nach dem Sturz des Diktatorenehepaars Ceauşescu setzte in Rumänien eine
komplexe Systemtransformation ein: von der Planwirtschaft zur Marktwirt-
schaft, von einer sozialistischen Volksrepublik zu einer liberalen Demokratie.

---

239 Diminescu, zit. nach Anghel: Romanians in Western Europe: Migration,
     status dilemmas, and transnational connections (wie Anm. 6), S. 4.
240 Vgl. Die Beauftragte der Bundesregierung für Migration, Flücht-
     linge und Integration: 10. Bericht der Beauftragten der Bundesregierung
     für Migration, Flüchtlinge und Integration über die Lage der Ausländerinnen
     und Ausländer in Deutschland (wie Anm. 217), S. 379.
     Siehe dazu auch die Grafik im Anhang S. V.
241 Vgl. dazu auch Remus Gabriel Anghel: Better Legal or Illegal? Transnationalism
     and Status Paradoxes at Migrants from Romania in Nuremberg and Milan, Diss.,
     Bielefeld: Universität Bielefeld, 2009, url: https://www.academia.edu/1029022/
     Better\textunderscoreLegal\textunderscoreOr\textunderscoreIllegal\
     textunderscoreTransnationalism\textunderscoreand\textunderscoreStatus\
     textunderscoreParadoxes\textunderscoreat\textunderscoreMigrants\textun-
     derscorefrom\textunderscoreRomania\textunderscorein\textunderscore-
     Nuremberg\textunderscoreand\textunderscoreMilan (besucht am 18.02.2016).

Die neu gewählte Regierung unter Staatspräsident Ion Iliescu war dabei aber eher ein „Regiment alter Seilschaften in neuem Gewand", wie Ihlau et al. es nennen.[242] Ökonomisch erlebte das Land von 1990 bis 1992 seine erste Rezession.[243] Außenpolitisch näherte Rumänien sich schon in den 1990er Jahren dem Westen - der Europäischen Union - an.[244]

Die neu gewonnene Reisefreiheit und die Verunsicherung, ob es nun schlimmer oder besser würde im Land, trieben in der Umbruchphase tausende rumänische Staatsangehörige ins Ausland. Die Visumpflicht für rumänische Staatsangehörige erschwerte trotz geöffneter Grenzen in den 1990er Jahren die Migration nach Deutschland. Am Ende dieser ersten Phase wurde in Rumänien der *Rat für die Probleme der Rumänen von überall* ins Leben gerufen (1995) und dem Premierminister unterstellt.[245]

Zunächst handelte es sich in den Jahren 1990 bis 1995 vor allem um Spätaussiedlung (Rumäniendeutsche) und Fluchtmigration (RumänInnen und RomNja). In Berlin kamen viele RomNja an, die vor den Verfolgungen im Herkunftsland geflohen waren und in Deutschland Asyl beantragten. Baiersdorf et al. schreiben:

> Kurz nach der Wende verzeichnete man einen starken Zustrom rumänischer Roma nach Berlin. Sie kamen mit dem Zug in Berlin-Lichtenberg an, der damaligen Endstation für Züge aus Osteuropa, und kampierten in der Halle. Gleichzeitig lief in Deutschland die Debatte um die Verschärfung der Asylpolitik. So entstand das

---

242 IHLAU/MAYR: Minenfeld Balkan. Der unruhige Hinterhof Europas (wie Anm. 2), S. 253.

243 Vgl. STAN/ERNE: Explaining Romanian Labor Migration: From Development Gaps to Development Trajectories (wie Anm. 5), S. 10.

244 1993 wurde es beispielsweise Mitglied im Europarat.
Auch die Beziehungen zur Bundesrepublik intensivierten sich, wie die zahlreichen bilateralen Abkommen aus dieser Periode erkennen lassen; vgl. AMBASADA ROMÂNIEI IN REPUBLICA FEDERALĂ GERMANIA: Relaţii bilaterale. Cadru juridic [Bilaterale Beziehungen. Rechtliches], URL: http://berlin.mae.ro/node/170 (besucht am 26.06.2016).

245 Rum.: *Consiliu pentru Problemele Românilor de Pretutindeni*; vgl. MINISTERUL AFACERILOR EXTERNE: Strategia privind Relaţia cu Românii de Pretutindeni [Strategie zur Beziehung mit den Rumänen von überall]: 2013–2016 (wie Anm. 118), S. 5; vgl. auch die Übersicht auf S. 50.

„rumänische Asylantenproblem". Die Berliner Behörden waren hilflos, sie waren auf die entstehenden Probleme nicht vorbereitet.[246]

1992 wurden in Deutschland knapp 104.000 Asylanträge von Menschen aus Rumänien gestellt.[247] Abschiebungen abgelehnter AsylbewerberInnen nach Rumänien wurden unter anderem vom Berliner Flughafen Schöne-feld aus organisiert, nachdem 1992 das sogenannte „Deutsch-Rumänische Rückübernahmeabkommen" unterzeichnet worden war.[248]

Von den im Rahmen dieser Studie Befragten kamen acht Männer und Frauen in den frühen 1990er Jahren nach Berlin, die meisten von ihnen im Jahr 1990. Sie waren bei ihrer Ankunft in Deutschland zwischen 3 und 30 Jahren alt. Als Migrationsformen lassen sich bei ihnen identifizieren: Spätaussiedlung[249] und Familienzusammenführung (6) Arbeitsmigration (1)

---

246   BAIERSDORF/BÄLTÄGESCU/WAGNER: Wege zwischen Rumänien und Berlin (wie Anm. 36), S. 474.

247   Eigene Berechnung anhand der Daten von Klaus J. BADE/Jochen OLTMER: Flucht und Asyl seit 1990: Grundlagedossier Migration, hrsg. v. BUNDESZENTRALE FÜR POLITISCHE BILDUNG, 2005, URL: http://www.bpb.de/gesellschaft/migration/dossier-migration/56443/flucht-und-asyl-seit-1990 (besucht am 17.01.2016).
      Max Matter meint, dass rund ein Viertel der 438.191 in der BRD gestell-ten Asylanträge von rumänischen Staatsangehörigen stammten, wovon etwa 100.000 RomNja gewesen seien; vgl. MATTER: Nirgendwo erwünscht: Zur Armutsmigration aus Zentral- und Südosteuropa in die Länder der EU-15 unter besonderer Berücksichtigung von Angehörigen der Roma-Minderheiten (wie Anm. 224), S. 77.
      Andere Zahlen legt Anghel vor: er spricht von 60.000 rumänischen Asylbe-werberInnen 1992 und 140.000 im Folgejahr; vgl. ANGHEL: Romanians in Western Europe: Migration, status dilemmas, and transnational connections (wie Anm. 6), S. 7.

248   Vgl. FORSCHUNGSGESELLSCHAFT FLUCHT UND MIGRATION: Rumänien: Vor den Toren der Festung Europa (wie Anm. 221), S. 109.
      Vgl. dazu auch MATTER: Nirgendwo erwünscht: Zur Armutsmigration aus Zentral- und Südosteuropa in die Länder der EU-15 unter besonderer Be-rücksichtigung von Angehörigen der Roma-Minderheiten (wie Anm. 224), S. 76–78.

249   Die SpätaussiedlerInnen stellen die größte Einwanderergruppe in Deutschland dar. Seit 1950 seien über fünf Millionen nach Deutschland gezogen, gibt Seidel an; vgl. SEIDEL: Einwanderung nach Berlin (wie Anm. 186), S. 8.

und eine Form der Protestmigration, die die entsprechende Probandin mit
„[...] negative[n] Erfahrungen nach der Revolution" erklärt.

1996 – 2001

Die späten 1990er Jahre waren geprägt von einer neuen, rechtsliberalen
Regierung mit Staatspräsident Emil Constantinescu und der Privatisierung
staatlicher Betriebe. Das Land erlebte eine zweite Rezession, tausende Ar-
beitsplätze fielen weg[250] und der Lebensstandard der Bevölkerung sank.[251]
Irreguläre Migration[252] zu Arbeitszwecken nahm in dieser Phase zu. Parallel
dazu hatte Rumänien 2000 die EU-Beitrittsverhandlungen aufgenommen.

Zehn befragte Personen gaben an, in den Jahren 1996 bis 2001 nach Berlin gekommen zu sein; die Hälfte davon allein im Jahr 2000. Die Migrant-
Innen sind sehr jung nach Berlin gezogen; bei Ankunft waren sie zwischen
12 und 31 Jahren alt. Insofern trifft es zu, wenn Baiersdorf et al. schreiben,
es seien „vor allem junge Leute, angezogen von guten Studienbedingungen
und vom brodelnden urbanen Leben"[253] aus Rumänien nach Berlin gekommen. Insgesamt überwiegen bei den Befragten familiäre Motive, aber auch
Studium, Arbeit und Perspektivlosigkeit in Rumänien spielen eine Rolle.

Zwei der in dieser Zeit Zugezogenen stammen aus der Republik Moldau.
Eine dieser beiden ProbandInnen sagt, dass sie wegen der sehr schweren
Situation damals in ihrem Land mit einem DAAD-Stipendium nach Berlin
gekommen sei. Hier sind zwei Hauptmotive anzutreffen: Studium und Suche
nach einem besseren Leben.

---

250 Brujan nennt für die Jahre 1990 bis 1996 3,5 Mio. weggefallener Stellen; vgl.
     BRUJAN: Rumänien zwischen Zuhause und Diaspora: Migration und ihre
     Auswirkungen auf Politik, Wirtschaft und Gesellschaft (wie Anm. 126), S. 37.
     Vgl. gleichlautend auch MATTER: Nirgendwo erwünscht: Zur Armutsmigrati-
     on aus Zentral- und Südosteuropa in die Länder der EU-15 unter besonderer
     Berücksichtigung von Angehörigen der Roma-Minderheiten (wie Anm. 224),
     S. 75.
251 Vgl. STAN/ERNE: Explaining Romanian Labor Migration: From Development
     Gaps to Development Trajectories (wie Anm. 5), S. 12.
252 Damit ist Migration ohne gültiges Visum gemeint.
253 BAIERSDORF/BĂLTĂGESCU/WAGNER: Wege zwischen Rumänien und Berlin
     (wie Anm. 36), S. 474.

Die Auswanderung zu dieser Zeit war auch durch die chaotischen politischen, wirtschaftlichen und gesellschaftlichen Verhältnisse in Rumänien verursacht. Insoweit sie als Abstimmung mit den Füßen erscheint, ist sie eine Form politischer Migration. Ein Mann aus Rumänien, der bei seiner Einreise 19 Jahre alt war, beschreibt seine Gründe so:

> Ich habe im Land [Rumänien, JV] keine Perspektiven gehabt. Ich habe die Korruption satt, Diebstahl, Akten, Chaos, Misere, Unkultur etc. Das Rumänien der 1990er Jahre war nicht mehr mein Land, ich konnte mich mit ihm nicht mehr identifizieren und auch nicht mit dem größten Teil seiner Einwohner. Ich wollte in einem zivilisierten Land leben und ehrlich mein Geld verdienen, das mir erlaubt, meiner in Rumänien gebliebenen Familie zu helfen.[254]

Eine Frau, die in dieser Zeit mit 22 Jahren nach Berlin zog, meint:

> Erst war das Ziel Deutsch zu lernen, dann entschied ich mich für das Studium, dann die Liebe, die Arbeit und so verlagerte sich mein Lebensmittelpunkt nach Deutschland.

2002 – 2006

In den frühen 2000er Jahren begann die rumänische Wirtschaft zu wachsen. Die sozialdemokratisch-postkommunistische Regierung von Staatspräsident Ion Iliescu, 2000 erneut ins Amt gekommen, wurde 2004 durch den rechtsliberalen Traian Băsescu abgelöst. Kredite waren günstig, die Arbeitslosenquote niedrig, Rücküberweisungen brachten einen ersten Wohlstand ins Land, der Konsum stieg an und Rumänien war ähnlich wie andere ehemalige Ostblockstaaten auf dem Weg zu einer modernen Dienstleistungsgesellschaft.[255]

In dieser dritten Phase, den Jahren 2002 bis 2006, war Migration dank des Wegfalls der Einreisebeschränkungen in den westeuropäischen Ländern leichter möglich. Trandafoiu geht in Anlehnung an Sandu davon aus, dass sich rumänische Migration nach 2002 verdreifacht habe.[256] Ähnlich sagen Stan et al., dass Arbeitsmigration in dieser Periode zu einem

---

254   Antwort auf Rumänisch, Übersetzung: JV.
255   Vgl. STAN/ERNE: Explaining Romanian Labor Migration: From Development Gaps to Development Trajectories (wie Anm. 5), S. 15f.
256   Vgl. TRANDAFOIU: Diaspora online: Identity politics and Romanian migrants (wie Anm. 32), S. 6.

Massenphänomen geworden sei.[257] Mitverantwortlich dafür dürfte auch das 2002 gegründete *Amt für Arbeitsmigration*[258] sein, welches rumänische Arbeitskräfte ins Ausland vermittelt.

Von den UmfrageteilnehmerInnen sind acht in dieser Phase nach Berlin gekommen. Die Hälfte von ihnen kam 2004[259] in die deutsche Hauptstadt. Auch diese MigrantInnen waren sehr jung, nämlich zwischen 14 und 29 Jahren alt. Familiäre Gründe oder der Studien- beziehungsweise Arbeitsplatz führten sie nach Berlin.

Eine Frau, die 2004 mit 29 Jahren nach Berlin kam, begründet ihre Migration so:

> [Ich bin nach Berlin gegangen, JV,] um zu studieren. Die Universität hat mir ein Stipendium angeboten was bei anderen Universitäten in Europa oder in der USA nicht der Fall war. Das Programm war hoch interessant mit guter wissenschaftlicher Literatur. Die Schwerpunkte des Studiums waren auch genau [da, JV,] wo ich mich entwickeln wollte.
> Ich habe mich immer in Berlin gut gefühlt. Als ich das erste Mal Berlin besucht habe [...] war ich beeindruckt, wieviel man hier baut und dieses Gefühl von Prosperität und Dynamik schätze ich sehr [...].

2003 waren in Berlin 2.383 rumänische StaatsbürgerInnen polizeilich gemeldet; im Folgejahr waren es 2.440, sodass Baiersdorf et al. damals noch von einer „nicht allzu große[n], aber interessante[n] Minderheit"[260] sprachen.[261]

---

257   Vgl. STAN/ERNE: Explaining Romanian Labor Migration: From Development Gaps to Development Trajectories (wie Anm. 5), S. 19.

258   Vgl. RUMÄNISCHE REGIERUNG: Hotărâre de Guvern nr. 1320/2001 privind infiinţarea şi funcţionarea Oficiului Naţional de Recrutare şi Plasare a Forţei de Muncă în Străinătate [Regierungsbeschluss Nr. 1320/2001 zur Einrichtung einer Nationalen Agentur zur Vermittlung von Arbeitsplätzen im Ausland], 2001.

259   Im gleichen Jahr trat Rumänien der NATO bei.

260   BAIERSDORF/BĂLTĂGESCU/WAGNER: Wege zwischen Rumänien und Berlin (wie Anm. 36), S. 83.

261   Siehe dazu auch die Graphik zum Wachstum der Diaspora im Anhang S. IV.

2007 – 2013

Mit dem EU-Beitritt 2007 hatte Rumänien seinen lange verfolgten „Weg zurück nach Europa"[262] gefunden. Das Wirtschaftswachstum hielt zunächst an, geriet jedoch mit der Wirtschafts- und Finanzkrise ab 2009 ins Stocken. Um die Forderungen der internationalen Geldgeber zu erfüllen, setzte die Regierung massive Sparmaßnahmen um.[263] Anneli-Ute Gabanyi spricht in diesem Zusammenhang von einer „Implosion" der rumänischen Ökonomie.[264]

Durch Kompetenzstreitigkeiten zwischen Staatspräsident Traian Băsescu und Premierminister Victor Ponta bestand zudem eine schwere innenpolitische Krise, die das Land jahrelang zusätzlich lähmte.[265] Schon Ausgewanderte kamen nun erst recht nicht zurück[266] und Weitere machten sich auf den Weg ins Ausland.

45 Personen, also knapp 36 Prozent aller Befragten, sind in dieser Zeit nach Berlin gekommen. Die meisten migrierten dabei im Jahr 2011 (10), den Jahren 2010 und 2013 (je 9) sowie 2009 (8). Auch diese Gruppe ist mit einem Durchschnittsalter von knapp 27 Jahren sehr jung gewesen beim Zuzug nach Berlin (14 bis 38 Jahre).

Die häufigsten Zuzugsgründe, die die Befragten (n = 42) nannten, waren: Studium, Arbeit, PartnerIn und Familie. Manche geben allgemein an, sich hier bessere Chancen zu erhoffen oder sagen, sie seien zum „Wandern, Arbeiten, etwas Neues Erfahren" hier.

Ein Mann, der 2010 mit 23 Jahren nach Berlin kam, sagt:

Ich habe mir Freiheit gewünscht (bin schwul) [...] ein Leben ohne zu viele Sorgen.[267]

---

262 Iliescu, zit. nach DAHMEN: Rumänien nach 1989 (wie Anm. 175), S. 91.

263 Vgl. STAN/ERNE: Explaining Romanian Labor Migration: From Development Gaps to Development Trajectories (wie Anm. 5), 20f.

264 Vgl. Anneli-Ute GABANYI: Rumänien, in: Jahrbuch der europäischen Integration 2009, S. 405–408, hier S. 408.

265 Vgl. DIES.: Rumänien, in: Jahrbuch der europäischen Integration 2007, S. 381–384, hier S. 383.

266 „Recession is still more bearable in the West", sagt Trandafoiu; TRANDAFOIU: Diaspora online: Identity politics and Romanian migrants (wie Anm. 32), S. 7.

267 Antwort auf Rumänisch, Übersetzung: JV.

Enttäuschung ist bei einem 1978 geborenen Mann zu spüren, der 2011 in
Berlin ankam und seine Motive so benennt:

> Die Mehrheit der Rumänen [...] ihr Verhalten ließ mich das Land verlassen. Ich
> wollte Zivilisation, dann bin ich in einer Art Istanbul (Berlin) gelandet. Vom Regen
> in die Traufe.[268]

Ende 2010 waren in Berlin rund 5.000 Menschen rumänischer Herkunft
gemeldet; die meisten von ihnen (3.652) befanden sich im erwerbsfähigen
Alter (15 bis 45 Jahre).[269] Ein halbes Jahr später, zum 30. Juni 2011, war
die Diaspora um weitere 1.000 Menschen gewachsen[270] und 2012 lebten
über 8.000 rumänische Staatsangehörige in Berlin.[271] Für Ende des Jahres
2013 wird eine Zahl von 10.880 gemeldeten rumänischen Staatsangehörigen genannt. Damit waren zum damaligen Zeitpunkt zwei Prozent der
AusländerInnen in Berlin Angehörige der rumänischen Diaspora.[272] Die
Zahl der Zuwanderer aus Rumänien in Berlin hat sich innerhalb von drei
Jahren verdoppelt.[273]

Für das Bundesgebiet gilt ungefähr das Gleiche: 2013 lebten 111% mehr
rumänische Staatsangehörige in Deutschland als drei Jahre zuvor.[274]

---

268 Antwort auf Rumänisch, Übersetzung: JV.
269 Davon waren 2.475 weiblichen und 2.549 männlichen Geschlechts; vgl. AMT
    FÜR STATISTIK BERLIN-BRANDENBURG: Statistischer Bericht: Einwohnerinnen
    und Einwohner im Land Berlin am 31. Dezember 2010, hrsg. v. AMT FÜR
    STATISTIK BERLIN-BRANDENBURG, Potsdam, 2011, S. 15.
270 Vgl. BEZIRKSAMT NEUKÖLLN VON BERLIN ABTEILUNG BILDUNG, SCHULE,
    KULTUR UND SPORT: 2. Roma-Statusbericht: Entwicklung der Zuzüge von
    EU-Unionsbürgern aus Südosteuropa Berlin - Neukölln, hrsg. v. BEZIRKSAMT
    NEUKÖLLN VON BERLIN ABTEILUNG BILDUNG, SCHULE, KULTUR UND SPORT,
    Berlin, 2012, S. 6.
271 Vgl. Markus BAUER: Mehr als Bettler und Hütchenspieler: Rumänen in Ber-
    lin, in: Der Tagesspiegel 24.09.2012, URL: http://www.tagesspiegel.de/berlin/
    rumaenen-in-berlin-mehr-als-bettler-und-huetchenspieler/7170552.html (be-
    sucht am 16.02.2016).
272 Es handelt sich dabei um 6.029 Männer und 4.851 Frauen; vgl. AMT FÜR
    STATISTIK BERLIN-BRANDENBURG: Statistisches Jahrbuch Berlin 2014, neue
    Ausgabe, Potsdam: Amt für Statistik Berlin-Brandenburg, Referat 75 Presse
    und Öffentlichkeitsarbeit, 2014, S. 37.
273 Siehe dazu auch die Graphik zum Wachstum der Diaspora im Anhang, S. IV.
274 Vgl. DIE BEAUFTRAGTE DER BUNDESREGIERUNG FÜR MIGRATION, FLÜCHT-
    LINGE UND INTEGRATION: 10. Bericht der Beauftragten der Bundesregierung

Seit 2014

Seit dem Jahr 2014 gilt für rumänische Staatsangehörige auch in Deutschland die volle Arbeitnehmerfreizügigkeit.[275] Allein in diesem Jahr zogen 156.440 Menschen neu aus Rumänien zu.[276] Im Zusammenhang mit dieser Freizügigkeit wächst die rumänische Diaspora auch in Berlin weiter an. Ende 2014 hatte sie 17.641 Angehörige, von denen 13.695 AusländerInnen, also rumänische Staatsangehörige, und 3.946 Deutsche mit rumänischem Migrationshintergrund waren.[277] Aktuellsten Zahlen zufolge umfasst die rumänische Diaspora Berlins mittlerweile 23.117 Menschen.[278]

Von den Befragten sind 23 Personen seit 2014 nach Berlin gezogen; 9 von ihnen im Jahr 2014 und 14 im Folgejahr. Die meisten UmfrageteilnehmerInnen sind 2015 nach Berlin gekommen. Mit einem Alter bei Zuzug zwischen 19 und 52 Jahren weist diese Zuwanderergruppe auch die größte Varianz beim Alter auf; mit einem durchschnittlichen Zuzugsalter von 31 Jahren haben die dieser Gruppe zugehörigen ProbandInnen ein höheres Alter als Zugewanderte vorheriger Migrationsphasen.

Folgende Motive herrschen bei den Befragten (*n* = 20) vor: der Wunsch nach einer besseren Zukunft für sich selbst und die Kinder, ein Arbeits- oder Studienplatz, familiäre und private Gründe.

---

für Migration, Flüchtlinge und Integration über die Lage der Ausländerinnen und Ausländer in Deutschland (wie Anm. 217), S. 230.

275 Deutschland hatte, anders als die meisten europäischen Länder, von seinem Recht, den Zugang zu seinem Arbeitsmarkt zu beschränken, in vollem Umfang Gebrauch gemacht.

276 Davon Netto-Zuwanderung: 93.077 Personen; vgl. Bundesamt für Migration und Flüchtlinge: Das Bundesamt in Zahlen 2014: Asyl, Migration und Integration (wie Anm. 7), S. 73.

277 Vgl. Amt für Statistik Berlin-Brandenburg: Statistischer Bericht: Einwohnerinnen und Einwohner im Land Berlin am 31. Dezember 2014, hrsg. v. Amt für Statistik Berlin-Brandenburg, Potsdam, 2015, URL: https://www.statistik-berlin-brandenburg.de/publikationen/stat\textunderscoreberichte/2015/SB\textunderscoreA01-05-00\textunderscore2014h02\textunderscoreBE.pdf (besucht am 21.01.2016), S. 14–18.

278 Stand: 31.12.2016; davon 18.814 rumänische Staatsangehörige und 4.303 Deutsche mit rumänischem Migrationshintergrund; vgl. dass.: Statistischer Bericht: Einwohnerinnen und Einwohner im Land Berlin am 31. Dezember 2016 (wie Anm. 11), S. 14–18.

Für eine mit 26 Jahren ausgewanderte Umfrageteilnehmerin spielt auch die bessere medizinische Versorgung eine Rolle:

> Ich bin nach meinen Geschwistern gekommen. Außerdem habe ich ein kleines Kind, was Ärzte braucht, die von ihrem Handwerk wirklich etwas verstehen.

Andere kamen, weil sie in Deutschland besser verdienen können. So etwa ein 1973 geborener Proband:

> Ich bin zur Arbeit gekommen, weil mein Gehalt in Rumänien in keinem Verhältnis zur erledigten Arbeit stand.

Eine 1987 geborene Frau aus Westrumänien kam,

> um eine neue Lebenserfahrung zu machen, nämlich in einem anderen Land zu leben [...]

Schließlich gab ein bei Zuzug 37-jähriger Mann an:

> Ich habe entschieden, nach Deutschland zu kommen, weil mir die Mentalität der Menschen von hier gefällt.[279]

Warum sind die Befragten nach Berlin gekommen? Die meisten der 17 Antworten zeigen, dass viele in dieser Phase herkamen, weil sich ihr Arbeits- oder Studienplatz in Berlin befindet. Einige kamen, weil der Partner hier arbeitet oder weil hier schon Freunde wohnten, die bei der Integration helfen konnten. Ein Teil der Befragten kam auch wegen der Stadt selbst hierher. So ging ein Proband nach Berlin, da ihm große Städte gefielen und Berlin vergleichsweise günstig sei. Eine 1984 geborene Probandin sagt: „Mir gefällt Berlin". Eine 17 Jahre ältere Frau beschreibt als Grund ihrer Migration nach Berlin: da es die Hauptstadt Deutschlands sei, gebe es hier mehr Möglichkeiten.

Zwischenfazit

Die überwiegende Zahl der Befragten kam nach der Wende nach Berlin. Darin spiegelt sich ein Trend, der von der einschlägigen Forschung bestätigt wird: nach 1989 gingen die Auswanderungszahlen Rumäniens in die Höhe.[280] Die meisten ProbandInnen sind auch deshalb in den letzten rund

---

279 Antworten auf Rumänisch, Übersetzung: JV.
280 Vgl. u.a. HORVÁTH: Rumänien (wie Anm. 54), S. 3f.

25 Jahren gekommen, da sie zur jungen Generation Rumäniens gehören, der das Land seit der Wende kaum Perspektiven bieten kann.[281] Die AkteurInnen dieser Bewegung bilden die neue rumänische Diaspora.

Um sie einordnen und bewerten zu können, wurde hier die Geschichte der rumänischen Diaspora betrachtet. Menschen aus dem Karpatenland kommen seit mindestens 150 Jahren nach Berlin - zum Studium, Kulturschaffen, Arbeiten und Leben. Die Zusammensetzung der jeweiligen Diaspora-Gruppe hängt mit den entsprechenden politischen und gesellschaftlichen Rahmenbedingungen hier wie dort zusammen. Diaspora-Angehörige flohen, weil sie von den KommunistInnen verfolgt wurden, später, weil sie rassistischer Gewalt ausgesetzt waren. Aus Rumänien kommen Rechte und Linke, reiche und arme Menschen. Die Heterogenität ist ein wesentliches Merkmal der neuen rumänischen Diaspora. Sie nimmt mit dem Wachstum der Diaspora weiter zu.

8 Orte der rumänischen Diaspora in Berlin

Die Diaspora ist die verstreute Gruppe von Menschen außerhalb ihres Heimatlandes. Die Diaspora ist aber auch der Ort, wo sich diese Gruppe bewegt, also ein physischer Ort. Diaspora hat eine soziale und eine räumliche Komponente. Beide stehen in einem Verhältnis zueinander. Räume werden - wie zuletzt etwa im Falle der Rumänisch-Orthodoxen Kirche zu Berlin - neu geschaffen, gestaltet und schließlich genutzt. Andere Räume der Diaspora - wie beispielsweise das *Restaurant Transilvania*[282] - existieren nicht mehr.

In einer kürzlich erschienenen Untersuchung zur Arbeitsmarktintegration von EU-MigrantInnen ist in Bezug auf die Orte der rumänischen Diaspora Folgendes zu lesen:

> Es mangelt an Solidarität und sozialem Zusammenhalt in der rumänischen Community. Es werden gemeinsame Orte in der Stadt benötigt, an denen sich die Migrant/-innen treffen und gegenseitig informieren können. Zwar spielt die Kirche eine gewisse Rolle, da sich viele Rumän/-innen sonntags in der Kirche treffen.

---

281 Zur jungen Generation zähle ich alle in den 1980er- und 1990er-Jahren Geborenen.

282 Vgl. RENNKUCKUCK - DIE RUMÄNIEN-SEITEN: Essen: rumänische Nationalitäten-Restaurants, URL: https://rennkuckuck.de/php/essen/zeig.php (besucht am 27.06.2017).

Jedoch fehlen andere Orte wie z.b. rumänische Restaurants. Insgesamt ist die rumänische Community in Berlin schlecht untereinander vernetzt, was u.a. eine Integration in den Arbeitsmarkt erschwert.[283]

Diese Aussage ist in ihrer Pauschalität nicht zutreffend. Gerade die angeblich fehlenden Orte der Diaspora sind nämlich im ganzen Stadtgebiet durchaus vorhanden. Und dass aus der unsichtbaren Gruppe rumänischer MigrantInnen in Berlin eine sichtbare rumänische Diaspora wurde, ist nicht zuletzt ihren öffentlichen Institutionen zu verdanken. Das Zusammenkommen an konkreten Orten - vor der Rumänischen Botschaft, im Rumänischen Kulturinstitut oder der Rumänisch-Orthodoxen Kirche - verbindet die Diaspora-Angehörigen.

Und es ist auch ein Signal an die Mehrheitsgesellschaft. Dass sich am 6. November 2015 beispielsweise rund 150 Personen zum Gedenken an die Opfer der Bukarester Brandkatastrophe vor der Rumänischen Botschaft versammelten, war auch ein Zeichen an die Berliner Öffentlichkeit.

An den Orten der Diaspora findet so auch der Dialog mit der Mehrheitsgesellschaft statt. Kulturveranstaltungen locken alteingesessene BerlinerInnen, TouristInnen aus aller Welt, Deutsche und AusländerInnen an und schaffen Gelegenheiten zur Begegnung.

Die von der und für die Diaspora geschaffenen Orte wollen etwas aus der alten in die neue Heimat hinüberretten. Sie bieten den Raum für die Aushandlungsprozesse, die durch die Diaspora-Situation erforderlich geworden sind. Sie wollen den Bedürfnissen der Diaspora-Angehörigen gerecht werden - leiblich, rechtlich, kulturell, spirituell und sprachlich.

Dass sich mittlerweile auch virtuelle Orte der rumänischen Diaspora gebildet haben, zeigt die Flexibilität der Diaspora und die fortdauernde Notwendigkeit, neue, durchlässige Räume für die Auseinandersetzung mit dem Leben in der Fremde zu finden oder zu schaffen. Die traditionellen Orte der rumänischen Diaspora haben sich ebenfalls virtualisiert. Ihre Internetauftritte lassen auch Schlüsse auf ihr Selbstverständnis und ihr Verhältnis zur Diaspora zu.

---

283 Doritt KOMITOWSKI/Wassili SIEGERT: Teil I - Grundlagen, in: Christian PFEFFER-HOFFMANN (Hrsg.): Fachkräftesicherung durch Integration zuwandernder Fachkräfte aus dem EU-Binnenmarkt, Berlin: Mensch und Buch Verlag, 2016, S. 15–94, hier S. 94.

8.1 Die rumänische Botschaft

Rumänien hat in der Bundesrepublik mehrere konsularische Niederlassungen. In Berlin ist die rumänische Botschaft angesiedelt, in Bonn und München gibt es jeweils ein Generalkonsulat und in Leipzig, Hamburg, Neustadt an der Weinstraße und Stuttgart sind Honorarkonsulate für die 16 Bundesländer eingerichtet.[284] 2015 wurde der Jurist und Publizist Emil Hurezeanu von Präsident Klaus Johannis zum neuen Botschafter Rumäniens ernannt. Der vormalige Botschafter Lazăr Comănescu (2009–2015) war zuletzt im Kabinett Dacian Cioloş rumänischer Außenminister und somit zuständig für alle diplomatischen Vertretungen Rumäniens in der Welt.

Am 6. Mai 1872 wurde die erste Repräsentanz Rumäniens in Berlin eröffnet. Aufgrund der Oberhoheit des Osmanischen Reiches war sie zunächst inoffiziell; nachdem das Deutsche Kaiserreich die rumänische Unabhängigkeit 1878 anerkannt hatte erhielt sie einen offiziellen Status.[285]

Die Ereignisse des Zweiten Weltkrieges führten erst zur Verstärkung und schließlich zum Abbruch aller diplomatischen Beziehungen zwischen Deutschland und Rumänien.

Nach dem Krieg wurden konsularische Vertretungen im geteilten Berlin eröffnet. In Ostberlin wurden eine rumänische Botschaft und ein Konsulat eingerichtet. Diese Botschaft entfaltete seit 1950 geheimdienstliche Aktivitäten, wie Herbstritt berichtet:

> Die rumänische Botschaft in der Parkstraße 23 im Ostberliner Bezirk Pankow, rund 1 000 Meter zu der Grenze zu Westberlin entfernt gelegen, fungierte [...] als Spionageresidentur für den rumänischen Geheimdienst, der von dort aus seine

---

284 Zuletzt haben Diaspora-Angehörige aus Frankfurt am Main eine Online-Petition gestartet mit dem Ziel, dass auch in ihrer Stadt ein Konsulat eingerichtet wird; vgl. Magdalena BALAN: Înfiinţare consulat românesc implicit secţie-vot în Frankfurt am Main: [Einrichtung eines rumänischen Konsulates mit einem Wahllokal in Frankfurt am Main], 2015, URL: https://www.petitieonline.com/infiinare\textunderscoreconsulat\textunderscoreromanesc\textunderscorei\textunderscoresectie\textunderscorede\textunderscorevot\textunderscorein\textunderscorefrankfurt\textunderscoreammain (besucht am 27.06.2017).
285 Zu den diplomatischen Beziehungen siehe auch S. 67 in diesem Buch.

Aktivitäten gegen die Bundesrepublik Deutschland und andere westeuropäische Staaten steuerte.[286]

Im Jahr 1967 eröffnete Rumänien als zweites Land des Ostblocks eine Botschaft in der BRD.[287] In Westberlin wurde ein rumänisches Konsulat in Zehlendorf eingerichtet.[288]

Die heute im Bezirk Mitte angesiedelte Botschaft hat die Aufgabe, die Beziehungen zwischen den beiden Staaten zu fördern. Sie repräsentiert Rumänien in der Bundesrepublik. Darüber hinaus vertritt sie die Interessen in Deutschland lebender rumänischer Staatsangehöriger.

Die Website der Botschaft ist zweisprachig gehalten. Neben Informationen zur Institution und zur rumänischen Community werden Auskünfte zu weiteren drei Themenfeldern gegeben: zu den institutionellen Präsenzen,[289] den bilateralen Beziehungen und den rechtlichen Rahmenbedingungen in Deutschland.

Die Informationen zur rumänischen Diaspora sind nicht auf deutsch verfügbar, was einerseits einem Mangel an Ressourcen geschuldet sein mag, aber auch einen Hinweis darauf liefern kann, dass von rumänischer Seite die Diaspora als innere Angelegenheit betrachtet wird.

Unter der Rubrik „Comunitatea românească"[290] ist die Zahl von 452.718 rumänischen Staatsangehörigen in Deutschland genannt. Weitere Beschreibungen der Diaspora werden nicht geboten.[291]

Allerdings besteht Zugang zu folgenden Seiten, die die Botschaft als relevant für die Diaspora erachtet: rumänische Kulturinstitutionen,[292]

---

286 HERBSTRITT: Entzweite Freunde: Rumänien, die Securitate und die DDR-Staatssicherheit 1950 bis 1989 (wie Anm. 189), S. 24.

287 Vgl. AMBASADA ROMÂNIEI IN REPUBLICA FEDERALĂ GERMANIA: Home: Scurt istoric al relațiilor diplomatice [Geschichtlicher Abriss zu den diplomatischen Beziehungen], URL: http://berlin.mae.ro/node/221.

288 Vgl. HERBSTRITT: Entzweite Freunde: Rumänien, die Securitate und die DDR-Staatssicherheit 1950 bis 1989 (wie Anm. 189), S. 458.

289 Übersetzung der Botschaft übernommen.

290 Dt.: „rumänische Gemeinschaft".

291 Stand: 2015; vgl. AMBASADA ROMÂNIEI in REPUBLICA FEDERALĂ GERMANIA: Home. Comunitatea românească [Rumänische Gemeinschaft], URL: http://berlin.mae.ro/node/286 (besucht am 27.06.2016).

292 Hier ist bemerkenswert, dass nicht wie erwartet das *Rumänische Kulturinstitut (RKI)* vorgestellt wird, sondern die *Rumänische Schule Berlin-Brandenburg*;

rumänisch-deutsche und rumäniendeutsche Vereine in der BRD, rumänisch-
orthodoxe Kirchgemeinden hierzulande und Organisationen rumänienstämmiger Studierender. Außerdem werden Links zu rumänischsprachigen
Medien bereitgestellt.

8.2 Das Rumänische Kulturinstitut (RKI)

Das *Rumänische Kulturinstitut (RKI)* in Berlin ist eine von weltweit 19
solcher Einrichtungen. Das Gesetz Nr. 356/2003 regelt die Einführung,
Organisierung und Funktionsweise des Institutes mit Hauptsitz in Bukarest.[293]
Die aktuelle Präsidentin ist Liliana Țuroiu. Verwaltet wird es vom rumänischen Außenministerium;[294] die inhaltliche Gestaltung der Programme
obliegt dem Institut selbst. Die „Philosophie des Gesetzgebers" sei es
gewesen, „durch das Außenministerium die Hardware und durch das Kulturinstitut die Software zu finanzieren", schrieb der ehemalige Präsident
Horia-Roman Patapievici.[295]

---

vgl. DIES.: Comunitatea românească. Prezențe culturale românești [Rumäni-
sche Gemeinschaft. Rumänische Kulturstandorte], URL: http://berlin.mae.ro/
node/763 (besucht am 27.06.2016).
Das *RKI* findet in der Rubrik „Institutionelle Präsenzen" Erwähnung; vgl.
DIES.: Prezențe instituționale. Institutul Cultural Român „Titu Maiorescu"
[Einrichtungen. Das Rumänische Kulturinstitut „Titu Maiorescu"], URL:
http://berlin.mae.ro/node/226 (besucht am 27.06.2016).

293 Vgl. RUMÄNISCHES PARLAMENT: LEGE nr. 356/2003 privind inființarea, organizarea și funcționarea Institutului Cultural Român [GESETZ Nr. 356/2003
betreffend die Gründung, Organisierung und das Funktionieren des Rumänischen Kulturinstitutes], 02.09.2013, URL: http://www.monitoruljuridic.ro/act/
lege-nr-356-din-11-iulie-2003-republicata-privind-infiintarea-organizarea-si-
functionarea-institutului-cultural-roman-emitent-parlamentul-151136.html
(besucht am 11.10.2015).
294 Dazu gehört auch die Bezahlung der Angestellten der Institute im Ausland.
295 Vgl. Horia-Roman PATAPIEVICI: Construcția și reconstrucția unei instituții [Kon-
struktion und Rekonstruktion einer Institution]: ICR 2005–2008, București,
2009, URL: http://www.icr.ro/files/items/10419\textunderscore1\textunder-
scoreConstructia\%20si\%20reconstructia\%20unei\%20institutii\%20
2005-2008.pdf (besucht am 10.10.2015), S. 9.

Hervorgegangen war das Institut aus den Einrichtungen *Fundaţia culturală română*[296] und *Editura Fundaţiei Culturale Române*,[297] die beide 1992 gegründet wurden. Sie wurzeln in Einrichtungen, die in kommunistischer Zeit geschaffen worden waren.[298]

2003 wurde das *RKI* gegründet und zwei Jahre später grundlegend reformiert. 2007 trat es der *European Union of National Institutes for Culture (EUNIC)* bei[299] und übernahm in den Jahren 2010 bis 2011 dessen Präsidentschaft. Durch sein globales Auftreten, was seine interne Neugestaltung genauso wie seine Reformen des *EUNIC* widerspiegelten, sei das *RKI* in der „Avantgarde der heutigen Kulturpolitiken" angekommen, ließ der damalige Präsident Patapievici verlauten.[300]

Hinsichtlich der Diaspora hat das *Rumänische Kulturinstitut* die Funktion, die Bildung und Erhaltung rumänischer kultureller Identität im Ausland zu fördern. Dazu wurde die Arbeitsgruppe „Rumänen außerhalb der Landesgrenzen" initiiert.[301]

Schon im Gesetz, welches das Institut begründet, ist als eine der zahlreichen Aufgaben des Institutes die „Konsolidierung und Ausweitung [...] der Beziehungen mit den rumänischen Gemeinschaften jenseits der Grenze"[302] genannt. Diese Verstärkung der Beziehungen zu den jeweiligen Diaspora-Gruppen vor Ort ist als Teil rumänischer Diaspora-Politik[303] zu betrachten.

---

296 Dt.: Rumänische Kulturstiftung.

297 Dt.: Verlag der rumänischen Kulturstiftung.

298 Vgl. PATAPIEVICI: Construcţia şi reconstrucţia unei instituţii [Konstruktion und Rekonstruktion einer Institution]: ICR 2005–2008 (wie Anm. 295), S. 7f.

299 Vgl. ebd., S. 22.

300 Vgl. Horia-Roman PATAPIEVICI: Proiectul instituţional ICR [Das institutionelle Projekt RKI], Bucureşti, URL: http://www.icr.ro/files/items/10418\textunderscore1\textunderscoreProiectul\%20institutional\%20ICR.pdf (besucht am 10.10.2015), S. 5.

301 Vgl. INSTITUTUL CULTURAL ROMÂN: Direcţia Românii din afară graniţelor [Abteilung Rumänen außerhalb der Grenzen], URL: http://icr.ro/pagini/directia-romanii-din-afara-granitelor (besucht am 27.06.2017).

302 RUMÄNISCHES PARLAMENT: LEGE nr. 356/2003 privind infiinţarea, organizarea şi funcţionarea Institutului Cultural Român [GESETZ Nr. 356/2003 betreffend die Gründung, Organisierung und das Funktionieren des Rumänischen Kulturinstitutes] (wie Anm. 293), Art. 3, Abs. b, Übersetzung: JV.

303 Vgl. dazu auch Kapitel 6 dieses Buches.

In Berlin hat ein Rumänisches Kulturinstitut schon zur Zeit des Zweiten Weltkrieges existiert. Sextil Pușcariu hatte es 1940 gegründet. Er beschrieb die Bestimmung des damaligen Institutes so:

> [...] die genaue Kenntnis von Land und Leuten in Rumänien den Deutschen zu übermitteln, bildet eines der Hauptziele des Rumänischen Institutes in Berlin, andererseits besteht das Bestreben, das Dritte Deutsche Reich in Rumänien bekannt zu machen [...][304]

Über sich selbst sagt Pușcariu: „[...] ‚In all der Zeit, die ich im Ausland zubrachte, war ich ein glühender Propagandist für mein Land' [...]".[305] Diese Propaganda für sein Land war zeitlebens sein Hauptanliegen. Das von ihm initiierte Kulturinstitut mit seinen zahlreichen Aktivitäten war dem Anliegen verpflichtet, rumänische Studierende nach Deutschland zu holen und ihnen hier eine Heimat und ein Netzwerk zu bieten. Unter den Vorzeichen des Faschismus war die Agenda stark politisch geprägt: deutsche Tugenden und „der neue Geist" sollten vor Ort in Deutschland erfahrbar sein.[306] Gleichzeitig sollte das mit Deutschland alliierte Rumänien in der Machtzentrale Berlin bekannter werden. Das Institut war bis 1943 in Betrieb; ein Jahr später wurde es durch Bomben zerstört.[307]

Das heutige *RKI* existiert seit 1999 in Berlin. Es ist nach dem rumänischen Gelehrten, Schriftsteller und Politiker Titu Maiorescu benannt.[308] Die erste Niederlassung befand sich in der Villa Walther in Berlin-Grunewald. Am 9. Oktober 2015 wurde es in neuen Räumlichkeiten in Berlin-Mitte wiedereröffnet. Aktuell ist es ohne DirektorIn und wird von dem stellvertretenden Direktor, Claudiu Florian, geleitet.

Welche Rolle spielt das *RKI* für die rumänische Diaspora in Berlin? Der ehemalige rumänische Botschafter, Comănescu, betonte in seiner Begrüßungsrede anlässlich der Wiedereröffnung des Institutes, dass diese

---

304 BAIERSDORF/BĂLTĂGESCU/WAGNER: Wege zwischen Rumänien und Berlin (wie Anm. 36), S. 52.
305 Ebd., S. 30.
306 Vgl. ebd., S. 51.
307 Vgl. zu dieser Epoche auch Kapitel 7.2.
308 Sein Diktum von den „forme fără fond" (dt.: Formen ohne Inhalt) ist die bis heute gültige Warnung, dass die übermäßige und unreflektierte Aufnahme westlicher Standards in die rumänische Kunst und Kultur sie ihrem Eigentlichen beraubt.

Einrichtung da sei „für die hier lebenden Rumänen, die die Beziehung mit ihrer Heimat weiter pflegen wollen".[309] Auch im Tätigkeitsbericht des *RKI* für den Zeitraum 2005–2008 wird auf die Diaspora Bezug genommen:

Das Rumänische Kulturinstitut wird weiterhin ein starker Identitätsförderer der rumänischen Gemeinschaften außerhalb der Grenzen bleiben [...] Das Hauptproblem stellt der Schutz der rumänischen Identität dar. Der Verlust der Sprache bedeutet den Verlust der Identität und daher ist die Kultivierung der rumänischen Sprache in den rumänischen Gemeinschaften im Ausland erforderlich. Die Vermittlung eines Grundwissens in Geschichte ist notwendig [...][310]

Eine andere Bedeutung hob Cristina Hoffman, damalige Direktorin des *RKI*, bei seiner Wiedereröffnung 2015 hervor: die Einrichtung sei „die kulturelle Marke und das Gesicht Rumäniens im Ausland".[311] Das Institut soll also auch ein Ort sein, an dem die Mehrheitsbevölkerung das Land Rumänien mit seinen Spezifika kennenlernen kann.

In ihrer Broschüre resümierten Baiersdorf et al. schon 2004, dass das RKI „ein deutsches Stammpublikum angelockt" habe.[312] Mit seinen meist auch deutschsprachigen Angeboten, wie zum Beispiel Lesungen, Ausstellungen, Konzerten oder Performences, und dem neuen Standort hat die Einrichtung nun wohl das Potential, in Zukunft noch mehr Publikum anzusprechen.

8.3 Religiöse Orte der rumänischen Diaspora in Berlin

Obwohl auch in Rumänien Säkularisierungstendenzen beobachtbar sind, gehört die Mehrheit der EinwohnerInnen einer christlichen Kirche an.[313] In der letzten Volkszählung von 2011 gaben 86,5% der Befragten an, orthodoxen Glaubens zu sein; die Übrigen gehören der römisch-katholischen,

---

309 Eigene Notizen der Autorin anlässlich der Neueröffnung des *RKI* am 06.10.2015.

310 Patapievici: Construcţia şi reconstrucţia unei instituţii [Konstruktion und Rekonstruktion einer Institution]: ICR 2005–2008 (wie Anm. 295), S. 33; Übersetzung: JV.

311 Eigene Notitzen der Autorin anlässlich der Neueröffnung des *RKI* am 06.10.2015.

312 Vgl. Baiersdorf/Bältägescu/Wagner: Wege zwischen Rumänien und Berlin (wie Anm. 36), S. 62.

313 Die Zahl muslimischer, jüdischer und andersgläubiger RumänInnen ist so gering, dass sie hier vernachlässigt werden kann.

reformierten, griechisch-katholischen, unitarischen oder evangelischen Kirche sowie Freikirchen an.[314] Migrationsbewegungen haben auch für die Kirchen neue Fragen aufgeworfen. Die Auswandernden nehmen ihren christlichen Glauben mit. Im Folgenden sollen die zwei bedeutendsten Konfessionen innerhalb der rumänischen Diaspora in Berlin betrachtet werden.

Die Rumänisch-Orthodoxe Kirche in Berlin

In Rumänien ist die orthodoxe Kirche Staatskirche. Aktuell gibt es neben den sieben traditionellen Metropolien in Rumänien und seinen Grenzregionen zwei weitere für West- und Südeuropa sowie für Zentral- und Nordeuropa.[315] Letztere trägt offiziell den Namen „Mitropolia ortodoxă română a Germaniei, Europei centrale și de nord".[316] Sie gliedert sich wiederum in ein Erzbistum für die Länder Deutschland, Österreich und Luxemburg sowie ein Bistum für Nordeuropa. Der Sitz des auch für Deutschland zuständigen Erzbistums ist in Nürnberg; geleitet wird es von Erzbischof und Metropolit Serafim Joantă. Aktuell sind ihm in Deutschland 59 Pfarreien und Klöster zugeordnet.[317]

---

314 Vgl. INSTITUTUL NAȚIONAL DE STATISTICĂ: Rezultate definitive ale Recensământului Populației și al Locuințelor - 2011 (caracteristici demografice ale populației) [Endergebnisse der Bevölkerungs- und Wohnungszählung 2011 (demografische Charakteristiken)] (wie Anm. 153), S. 6.
Zu den christlichen Kirchen Rumäniens vgl. auch Tony KRÖNERT: Abseits der Moldauklöster, Holzkirchen und Kirchenburgen: Zur Entwicklung der christlichen Kirchen in Rumänien seit 1989, in: Deutsch-Rumänische Hefte XIX.2 (2016), S. 4–6.
315 Außerdem gibt es ein Erzbistum für Nord- und Südamerika und ein Bistum für Australien und Neuseeland.
316 Dt.: Rumänische Orthodoxe Metropolie für Deutschland, Zentral- und Nordeuropa.
317 Die rumänische Botschaft gibt eine Zahl von 42 rumänisch-orthodoxen Pfarreien, Klöstern und kirchlichen Zentren in allen größeren deutschen Städten an; vgl. AMBASADA ROMÂNIEI IN REPUBLICA FEDERALĂ GERMANIA: Comunitatea românească. Parohii românești din Germania [Rumänische Gemeinschaft. Rumänische Pfarreien in Deutschland], URL: http://berlin.mae.ro/node/287 (besucht am 27.06.2016).
Es entstanden nach Fachgebieten unterschiedene Departements, die in verschiedenen Städten der Bundesrepublik ansässig sind. Die Verwaltung des Erzbistums liegt in den Händen des Erzbischofs, eines Bischofsvikars, dreier

Die Geschichte der rumänisch-orthodoxen Gemeinde in Berlin begann bereits in der ersten Hälfte des letzten Jahrhunderts. Begründer der orthodoxen Parochie der Stadt ist der Priester Ștefan Palaghiţa, der 1940 mit einigen Mitstreitern eine Kapelle in Berlin-Tiergarten als Raum für rumänisch-orthodoxe Gottesdienste zu nutzen begann.

Von Anfang an habe das Bedürfnis nach einem eigenen Gottesdienstraum bestanden. Im Hinblick auf die seelischen Bedürfnisse der vielen Rumänen in dieser großen Stadt brauche man eine „heilige Wohnung", wo entsprechend der rumänisch-orthodoxen Tradition gebetet werden könne, heißt es im Gründungsprotokoll.[318] In einem Schaukastenaushang vor ihrem neuen Gotteshaus hebt die Gemeinde die (damalige) Notwendigkeit nach einem Gotteshaus hervor, wo die RumänInnen Berlins „in [ihrer, JV] uralten Sprache und nach [ihrem, JV] uralten Gesetz zu Gott beten können".[319]

Der Priester Andrei Vașcan übernahm sodann die Leitung der Berliner Gemeinde. 1941 erkannte auch der rumänische Staat die Pfarrei als solche an.

Nachdem sich ein fester Stamm an MitarbeiterInnen gefunden hatte, habe sich das Problem eines den „spirituellen Bedürfnissen der Rumänen aus Berlin" entsprechenden Gebäudes ergeben, heißt es auf der Website

---

Berater und eines Sekretärs; vgl. MITROPOLIA ORTODOXĂ ROMÂNĂ A GERMANIEI, EUROPEI CENTRALE ȘI DE NORD: Arhiepiscopia Ortodoxă Română a Germaniei, Austriei și Luxemburgului, URL: http://www.mitropolia-ro.de/index.php/mitropolia/arhiepiscopia (besucht am 27.06.2017) und Alexandru DĂDÎRLAT: Das Bild der rumänisch-orthodoxen Diasporagemeinden im öffentlich-rechtlichen Fernsehen Rumäniens, Erlangen: Friedrich-Alexander-Universität Erlangen-Nürnberg, 2014, S. 38.

318 Vgl. Constantin MIHOC: Despre începuturile Parohiei Ortodoxe Române din Berlin [Über die Anfänge der Rumänischen Orthodoxen Parochie in Berlin], Berlin, URL: http://www.biserica-romana-berlin.de/ro/scurt\textunderscoreistoric\textunderscorero.html (besucht am 08.10.2015).

319 RUMÄNISCH-ORTHODOXE KIRCHENGEMEINDE „DIE HEILIGEN ERZENGEL MIHAIL UND GAVRIIL" BERLIN E.V.: Die Rumänisch-Orthodoxe Gemeinde in Berlin: Schaukasten-Aushang (wie Anm. 204).

der Parochie.[320] Baiersdorf et al. vermuten hingegen, die Kapelle habe den „repräsentativen Ansprüchen der Rumänen [...] nicht genügt".[321]

Zwar hatte sich die damalige Diaspora eine Kirche im traditionell rumänischen Stil gewünscht; als dann aber nach langen Verhandlungen der Kauf der Jerusalemskirche in Aussicht stand, gab man sich damit zufrieden. Sie war das größte evangelische Kirchengebäude Berlins gewesen und zuletzt von der Wehrmacht als Lagerraum genutzt worden.[322] Möglich sei der Kauf geworden durch „das Wohlwollen der Evangelischen Kirche und die Unterstützung staatlicher rumänischer Stellen",[323] teilt die Gemeinde in einem Aushang mit. Welche Rolle die damaligen politischen Umstände dabei spielten, ist nicht bekannt. Lediglich ein Jahr funktionierte die Kirche als Gotteshaus der rumänisch-orthodoxen Gemeinde; ein Bombenangriff zerstörte das Gebäude 1945 fast vollständig.

1961 sprengte man das Kirchengebäude und 1966 wurde das Grundstück an den Senat West-Berlins verkauft. Dabei ist bis heute ungeklärt, welche genauen Umstände zur Zerstörung dieser Kirche geführt haben. So zweifelhaft der Abriss des Gebäudes an sich sei, sagte der Metropolit in seiner Festpredigt anlässlich der 60-Jahr-Feier der Gemeinde im Jahr 2000, so wahr sei es auch, dass ohne die Unterstützung aus dem kommunistischen Rumänien die Zerstörung nicht habe durchgeführt werden können.[324]

---

320 Vgl. Mihoc: Despre începuturile Parohiei Ortodoxe Române din Berlin [Über die Anfänge der Rumänischen Orthodoxen Parochie in Berlin] (wie Anm. 318).
321 Baiersdorf/Bältägescu/Wagner: Wege zwischen Rumänien und Berlin (wie Anm. 36), S. 12.
322 Vgl. ebd., S. 13.
Die Gemeinde selbst spricht in ihrem Aushang davon, die Kirche sei 1943 ungenutzt gewesen; vgl. Rumänisch-Orthodoxe Kirchengemeinde „Die Heiligen Erzengel Mihail und Gavriil" Berlin e.V.: Die Rumänisch-Orthodoxe Gemeinde in Berlin: Schaukasten-Aushang (wie Anm. 204).
323 Ebd.
324 Vgl. Constantin Mihoc: Slujba de aniversare a 60 de ani de la constituirea primei Parohii Ortodoxe Române în Berlin [Gottesdienst zum 60. Jahrestag der Gründung der Rumänisch Orthodoxen Parochie in Berlin], Berlin, 2000, URL: http://www.biserica-romana-berlin.de/docs/slujba\textunderscoreaniversare\textunderscore60\textunderscoreani\textunderscoreprima\textunderscoreparohie\textunderscoreortodoxa\textunderscoreromana\textunderscoreberlin.pdf (besucht am 08.10.2015).

Für die folgenden Jahrzehnte ist über die Gemeinde in Berlin wenig bekannt. Sie selbst sagt, die Sprengung habe das „vorläufige Ende der Geschichte der Rumänisch-Orthodoxen Kirchengemeinde in Berlin" bedeutet.[325] Sporadisch gab es wohl im Rahmen der Aktivitäten der *Rumänischen Kolonie zu Berlin* religiöse Feiern nach orthodoxem Ritus mit auswärtigen Geistlichen.[326] Seit 1964 hatten die griechisch-katholischen RumänInnen[327] in Berlin einen Seelsorger. Sein Nachfolger sei ab Mitte der 1980er Jahre regelmäßig nach Berlin gekommen, schildert Ernst Meinhardt. Er meint:

> Da die rumänisch-orthodoxe Gemeinde bis Ende der 1980er Jahre in Berlin nur auf dem Papier, sprich im Vereinsregister existierte, kamen [...] auch rumänisch-orthodoxe Gläubige zum griechisch-katholischen Gottesdienst.[328]

Die rumänisch-orthodoxe Parochie selbst setzt ihre Geschichtsschreibung im Jahre 1986 fort, als drei orthodoxe Pfarreien entstanden seien. Die dortigen sporadischen Liturgien hätten die geistlichen Bedürfnisse der

---

325 RUMÄNISCH-ORTHODOXE KIRCHENGEMEINDE „DIE HEILIGEN ERZENGEL MIHAIL UND GAVRIIL" BERLIN E.V.: Die Rumänisch-Orthodoxe Gemeinde in Berlin: Schaukasten-Aushang (wie Anm. 204).

326 So etwa im März 1970 mit dem Priester Augustin Maura; vgl. AMTSGERICHT CHARLOTTENBURG: Rumänische Kolonie Berlin: Vereinsregister 95 VR 2371 Nz +1998: Sammelmappe 46–65 und Sammelmappe 66–78 (wie Anm. 236).

327 Das griechisch-katholische Christentum ist eine Konfession der Rumänen in Siebenbürgen und dem Banat, die gegen Ende des 17. Jahrhunderts entstanden ist. Inhaltlich folgen diese Gläubigen dem orthodoxen (byzantinischen) Ritus; sie erkennen jedoch im Gegensatz zur Ostkirche den Papst als Kirchenoberhaupt an. 1948 wurde diese Kirche in die rumänisch-orthodoxe zwangseingegliedert, was einem Verbot gleichkam. Daraufhin existierte sie im In- und Ausland als Untergrundkirche fort. Nach der Wende wurde sie wieder zugelassen und kämpft seitdem um die Rückgabe ihrer im Kommunismus konfiszierten Güter. In der Volkszählung von 2011 gaben 0,8 Prozent der Befragten an, griechisch-katholisch zu sein; vgl. INSTITUTUL NAȚIONAL DE STATISTICĂ: Rezultate definitive ale Recensământului Populației și al Locuințelor - 2011 (caracteristici demografice ale populației) [Endergebnisse der Bevölkerungs- und Wohnungszählung 2011 (demografische Charakteristiken)] (wie Anm.153), S.6.

328 Ernst Meinhardt: Griechisch-katholische Rumänen in Berlin: Die Seelsorge begann vor vierzig Jahren in Lankwitz, in: Deutsch-Rumänische Hefte 6.1–2 (2003), S. 6–11, hier S. 11.
Möglicherweise handelt es sich bei der von ihm erwähnten „Gemeinde" um die *Rumänische Kolonie zu Berlin*.

Rumänen in dieser Stadt jedoch nicht gestillt.[329] Die Folgen dessen beschreibt die heutige Pfarrei so:

> Deshalb haben einige der Rumänen von hier ihren Glauben vergessen, sie haben ihre Kinder in der Evangelischen oder Katholischen Kirche getauft und verheiratet. Sehr viele unter ihnen - vor Allem die Jungen - sprechen kein Rumänisch mehr und kennen nichts von unserer rumänischen Geschichte und Tradition.[330]

1999 zog der Geistliche Constantin Mihoc mit seiner Familie nach Berlin. Seither finden orthodoxe Gottesdienste in rumänischer Sprache wieder regelmäßig statt, teils auch mehrmals die Woche.

2006 wurde ein Grundstück in der Heerstraße erworben, wo das darauf befindliche Wohngebäude zu einem Kirchengebäude mit einem 27 Meter hohen Turm ausgebaut werden sollte. Der Grundstein wurde im Mai 2006 gelegt. Am 4. August 2009 kam es bei den Bauarbeiten am Kirchengebäude zu einem tödlichen Unfall, bei dem der Gemeindepfarrer Constantin Mihoc selbst und ein Bauhelfer von einstürzenden Gebäudeteilen erschlagen wurden. Vermutlich war die Baustelle aus Kostengründen - Medien berichteten von veranschlagten Baukosten von 1,8 Millionen Euro[331] - nur ungenügend gesichert gewesen und Vieles in Eigenregie durchgeführt worden.[332]

---

329 Vgl. MIHOC: Despre începuturile Parohiei Ortodoxe Române din Berlin [Über die Anfänge der Rumänischen Orthodoxen Parochie in Berlin] (wie Anm. 318) und RUMÄNISCH-ORTHODOXE KIRCHENGEMEINDE „DIE HEILIGEN ERZENGEL MIHAIL UND GAVRIIL" BERLIN E.V.: Die Rumänisch-Orthodoxe Gemeinde in Berlin: Schaukasten-Aushang (wie Anm. 204).

330 MIHOC: Despre începuturile Parohiei Ortodoxe Române din Berlin [Über die Anfänge der Rumänischen Orthodoxen Parochie in Berlin] (wie Anm. 318).

331 Vgl. o. A.: Pfarrer in Berlin von Kirche erschlagen, in: DIE WELT 05.08.2009, URL: https://www.welt.de/vermischtes/article4260073/Pfarrer-in-Berlin-von-Kirche-erschlagen.html (besucht am 27.06.2017).

332 Obwohl der Vorfall damals ein breites Medien-Echo ausgelöst hatte und auch die orthodoxe Kirche selbst zahlreiche Trauerfeiern für den Toten abgehalten hatte (in Berlin, Bukarest und Suceava), findet sich heute auf den Internetseiten der Kirchengemeinde nur in der Rubrik „Archiv" ein kleiner Hinweis auf Priester Constantin Mihoc, das erste Bauprojekt und seinen Tod; vgl. RUMÄNISCH-ORTHODOXE KIRCHENGEMEINDE „DIE HEILIGEN ERZENGEL MIHAIL UND GAVRIIL" BERLIN E.V.: Duminica, 18 octombrie 2009: [Sonntag, den 18. Oktober 2009], URL: http://www.biserica-romana-berlin.de/ro/arhiva\textunderscorero.html (besucht am 27.06.2017).

Das Bauvorhaben wurde nach dem Unfall zunächst auf Eis gelegt und im Mai 2010 von Neuem begonnen. Im ehemaligen Wohnhaus nebenan war eine Kapelle eingerichtet worden, die bis zur Fertigstellung des Kirchengebäudes für liturgische Feiern genutzt wurde. 2016 wurde das neue, im moldauischen Stil erbaute Gotteshaus geweiht.

Die Leitung der Gemeinde liegt seit Oktober 2009 in den Händen von Protosynkellos Clement Lodroman.[333] Neben einem Stellvertreter und der Schatzmeisterin sind in der Vereinsspitze auch ein Beirat für Soziales, für Rechtsfragen und für Öffentlichkeitsarbeit.

Letzten statistischen Daten zufolge hat die Gemeinde etwa 800 Mitglieder, die von acht haupt- und ehrenamtlichen MitarbeiterInnen begleitet werden.[334]

Auf ihrer deutsch- und rumänischsprachigen Internetpräsenz werden Informationen zum Gemeindeleben, zum liturgischen Programm und Impulse zum geistlichen Leben veröffentlicht. In einer Fotogalerie sind kirchliche Feste sowie der Neubau des Kirchengebäudes umfangreich dokumentiert.

Vgl. zum Medien-Echo etwa Iris BRENNBERGER: Noch ist nicht klar, weshalb das Dach des rumänischorthodoxen Gemeindezentrums einstürzte: Große Anteilnahme für die beiden Toten, in: Berliner Zeitung 06.08.2009, URL: http://www.berliner-zeitung.de/noch-ist-nicht-klar--weshalb-das-dach-des-rumaenisch-orthodoxen-gemeindezentrums-einstuerzte--grosse-anteilnahme-fuer-die-beiden-toten-gedenk-gottesdienst-im-unglueckshaus-15194228 (besucht am 27.06.2017), o. A.: Pfarrer bei Kirchenbau von Mauer erschlagen, in: Neue Züricher Zeitung 05.08.2009, URL: https://www.nzz.ch/berlin\textunderscorekirchenbau\textunderscoremauer\textunderscoreerschlagen-1.3280251 (besucht am 02.06.2017) oder o.A.: Pfarrer in Berlin von Kirche erschlagen (wie Anm. 331).

333   Formulierung in der Übersetzung der Gemeinde übernommen; vgl. RUMÄNISCH-ORTHODOXE KIRCHENGEMEINDE „DIE HEILIGEN ERZENGEL MIHAIL UND GAVRIIL" BERLIN E.V.: Kontakt: Vorstand der Kirchengemeinde „Die Heiligen Erzengel Mihail und Gavriil" Berlin e.V. URL: http://nou.biserica-romana-berlin.de/?lang=de (besucht am 27.06.2017).
Eine Anfrage vom 30.10.2015 bezüglich Unterstützung dieser Studie blieb unbeantwortet.

334   Vgl. AMT FÜR STATISTIK BERLIN-BRANDENBURG: Statistisches Jahrbuch Berlin 2014 (wie Anm. 272), S. 165. Im aktuellen Statistischen Jahrbuch Berlin 2016 liegen für die Gemeinde keine Angaben vor.

Kontaktdaten der Ansprechpersonen sowie Kontodaten für Spenden sind ebenfalls zu finden.[335] Griechisch-katholische RumänInnen waren es in Berlin laut Meinhardt im Jahr 2003 noch 230. Der heutige Seelsorger, Pfarrer Caitar, sprach 2014 von 75 Gemeindegliedern, von denen 25 zur Messe kämen.[336] Aufgrund mangelnder Nachfrage wurde die katholische Seelsorge in rumänischer Sprache Ende 2015 eingestellt.

Pfingstkirchen rumänischer RomNja in Berlin

Bei der Volkszählung 2011 gaben fast zwei Prozent der Befragten an, Mitglieder der Pfingstkirche zu sein.[337] Innerhalb der rumänischen Diaspora Berlins sind es vor allem RomNja, die als PfingstlerInnen leben und einem strengen, evangelikalen Wertekanon folgen. Alkohol und Straftaten sind verboten, Verhütung und Abtreibung gelten als Sünden.

Laut einer vom Berliner Senat geförderten Veröffentlichung des Projektkontors *minor* lassen sich die aus Rumänien stammenden RomNja in zwei Hauptgruppen einteilen: die Ursari und die Kalderash. Pfingstlerische RomNja leben überwiegend in den Berliner Bezirken Neukölln und Spandau.[338]

Erwähnenswert ist in diesem Zusammenhang das Buch der Berliner Übersetzerin Eva-Ruth Wemme, die ihre Erlebnisse mit Neuköllner RomNja aufgeschrieben hat. Dabei wird auch die Weltanschauung der

---

335 Vgl. RUMÄNISCH-ORTHODOXE KIRCHENGEMEINDE „DIE HEILIGEN ERZENGEL MIHAIL UND GAVRIIL" BERLIN E.V.: Startseite, URL: https://www.bisericaromana-berlin.de/de/home\textunderscorede.html (besucht am 28.06.2017).

336 Vgl. Alexandra WOLFF: Geladene Gäste kommen nicht: Katholische Rumänenseelsorge in Berlin wird 2015 eingestellt, Berlin, 20.10.2014, URL: http://www.erzbistumberlin.de/medien/pressestelle/aktuelle-pressemeldungen/pressemeldung/datum////geladene-gaeste-kommen-nichtspankatholischeumaenenseelsorge-in-berlin-wird-2015-eingestelltspa/ (besucht am 09.10.2015).

337 Vgl. INSTITUTUL NAȚIONAL DE STATISTICĂ: Rezultate definitive ale Recensământului Populației și al Locuințelor - 2011 (caracteristici demografice ale populației) [Endergebnisse der Bevölkerungs- und Wohnungszählung 2011 (demografische Charakteristiken)] (wie Anm. 153), S. 6.

338 Vgl. MINOR - PROJEKTKONTOR FÜR BILDUNG UND FORSCHUNG E.V.: Integrationsunterstützung für neu zugewanderte Roma in Berlin: Informations- und Integrationsmanagement für neu zugewanderte Roma aus Bulgarien und Rumänien in Berlin (wie Anm. 67), S. 29.

„Bekehrten",[339] wie die PfingstlerInnen sich selbst oft nennen, beschrieben. Sie zitiert einen Rom, der berichtet, wie sein Dorf zum Pfingstglauben kam:

> Einmal ist einer von uns nach Deutschland gekommen. Lange, lange her. Noch vor der Revolution. Und dann kam er in ein Lager[340] [...] und dort lernte er einen kennen, der gab ihm die Bibel und erzählte ihm vom Pfingstglauben. Und als die Deutschen ihn nach Hause schickten, damals taten sie das nämlich, das machten sie so, da brachte er die Religion mit nach Hause. Wir bauten eine Schule und alle Erwachsenen gingen jeden Tag dorthin und lernten, dass man sich verändern soll. Und alle änderten sich. So wurden wir gute Menschen.[341]

Mittlerweile hat sich die Pfingstkirche der Neuköllner Roma-Community in mehrere Gemeinden aufgespalten. Eine von ihnen feiert zwei Mal wöchentlich Gottesdienst in der evangelischen Martin-Luther-Kirche in der Fuldastraße.

8.4 Rumänische Gastronomie in Berlin

Die rumänische Diaspora Berlins ist mehr als die Summe aller MigrantInnen aus Rumänien in dieser Stadt. Sie ist gut vernetzt und hat Anlauf- und Begegnungsstätten in Berlin geschaffen. Als solche Anlaufstellen fungieren auch die Restaurants, die rumänische Speisen und Getränke anbieten.

Auch hier zeigt ein Blick auf die Geschichte, dass rumänische Restaurants oder Lokale, die landestypische Speisen anboten, schon seit mindestens Mitte des 20. Jahrhunderts in Berlin existierten.

So scheinen schon bald nach dem Krieg Restaurants in Westberlin als Treffpunkte rumänischer EmigrantInnen fungiert zu haben. Herbstritt nennt die *Gaststätte Siebenbürgen* in Wilmersdorf, das *Restaurant Privileg* und die *Pizzeria San Marino* in Charlottenburg, wo auch Diplomaten verkehrten und geheimdienstliche Aktivitäten stattfanden.[342]

Die Mitglieder der *Rumänischen Kolonie zu Berlin* haben sich auch in Restaurants getroffen, die einen kulinarischen Bezug zur Heimat hatten.

---

339 Rum.: „Pocăiţi".
340 Gemeint ist ein Asylbewerberheim.
341 Eva Ruth WEMME: Meine 7000 Nachbarn, 1. Aufl, Berlin: Verbrecher Verlag, 2015, S.154f.
342 Vgl. HERBSTRITT: Entzweite Freunde: Rumänien, die Securitate und die DDR-Staatssicherheit 1950 bis 1989 (wie Anm.189), S.458f.

1964 ist das *Restaurant Bukarest* Vereinslokal gewesen.[343] 1972 fand ein Treffen im *Restaurant La Foresta* in Charlottenburg statt. Schließlich war auch das *Restaurant Schultheiss* in Charlottenburg zumindest 1974 und im Folgejahr Versammlungsort des Vereins.[344]

Baiersdorf et al. erwähnen sodann das *Restaurant Florian* in der Eisenzahnstraße in Wilmersdorf, was rumänische Speisen angeboten habe.[345]

In Ostberlin wurde 1969 das Nationalitätenrestaurant *Haus Bukarest* eröffnet.[346] Es gehörte zu den sieben derartigen Gaststätten in der Stadt, die von der volkseigenen Handelsorganisation der DDR (HO) betrieben wurden, um die freundschaftlichen Beziehungen zwischen den Ostblockstaaten zu stärken.[347] Es gab ein Speisen- und ein Weinrestaurant, wo den Gästen ein Einblick in die Kulinarik Rumäniens geboten werden sollte. Hier spielte also mehr die politische Agenda der DDR-Regierung eine Rolle, als das Bedürfnis der rumänischen Diaspora in Ostberlin, sich einen Begegnungsort zu schaffen. Es wurde nach der Wende geschlossen.

Seit September 2015 gibt es wieder ein rumänisches Restaurant in der Hauptstadt. Das in Hermsdorf eröffnete Restaurant *Baron* bietet laut

---

343 Vgl. LANDESARCHIV BERLIN: Rumänische Kolonie Berlin: Landesarchiv Berlin, B Rep. 020, Nr. 7351: Sammelmappe 25–45 (Blätter 11–24 und Blätter 1–2) (wie Anm. 234).
Möglicherweise handelt es sich um das gleiche Lokal, von dem auch Baiersdorf et al. in ihrer Broschüre berichten. Demnach habe es ein *Restaurant Bukarest* in der Rathenowstraße in Moabit gegeben; vgl. BAIERSDORF/BĂLTĂGESCU/ WAGNER: Wege zwischen Rumänien und Berlin (wie Anm. 36), S. 82.

344 Vgl. AMTSGERICHT CHARLOTTENBURG: Rumänische Kolonie Berlin: Vereinsregister 95 VR 2371 Nz +1998: Sammelmappe 46–65 und Sammelmappe 66–78 (wie Anm. 236).

345 Vgl. BAIERSDORF/BĂLTĂGESCU/WAGNER: Wege zwischen Rumänien und Berlin (wie Anm. 36), S. 82.

346 Möglicherweise hatte auch vorher ein rumänisches Restaurant im Osten der Stadt existiert. Darauf jedenfalls deutet die Bildunterschrift hin, wo von einer „Wiedereröffnung" gesprochen wird; vgl. VLIKEVINTAGE: Berlin, HO-Restaurant „Bukarest", URL: http://www.v-like-vintage.com/photo/13084/ berlin-ho-restaurant-bukarest (besucht am 28.06.2017).

347 Vgl. WO WAR DAS?: Haus Bukarest, URL: http://www.wo-war-das.de/index. php?title=Haus\textunderscoreBukarest (besucht am 28.06.2017).
Vgl. dazu auch BAIERSDORF/BĂLTĂGESCU/WAGNER: Wege zwischen Rumänien und Berlin (wie Anm. 36), S. 82.

Aushang „Rumänische und Internationale Spezialitäten" an. Im Bezirk Reinickendorf, wo das Lokal eröffnet wurde, leben mit circa 1.500 gemeldeten rumänischen MigrantInnen vergleichsweise wenige Diaspora-Angehörige.[348]

Die Inhaber, das Ehepaar Niculescu aus Bukarest, haben den Namen „Baron" gewählt, weil er in fast allen Sprachen verstanden werde.[349] Im Restaurant wird deutsch und rumänisch gesprochen; das Personal ist sowohl aus Rumänien als auch aus Deutschland. Eingerichtet ist das Lokal in rustikalem Stil; Töpferei aus dem ungarischen Korond (Kreis Harghita, Ostsiebenbürgen) ziert Wände und Tische. Die Speisekarte (deutsch / rumänisch) bietet typisch rumänische Gerichte; Weine aus dem Land werden ebenfalls gereicht.[350]

Nebenan befindet sich die Cafeteria *Countess Luxury*, wo Kaffee und Kuchen angeboten werden.

Mit deutschsprachigen Flyern und Visitenkarten im Hochglanzformat wird für Restaurant und Cafeteria geworben. Der Internetauftritt befindet sich seit fast zwei Jahren im Aufbau.[351] Eine *Facebook*-Präsenz hingegen gibt es seit September 2015. Auf der Seite „BARON Rumänisches Restaurant. Grillrestaurant" werden Fotos veröffentlicht und Veranstaltungen angekündigt; Knapp 600 *Facebook*-NutzerInnen gefällt die Seite.[352]

---

348 Vgl. AMT FÜR STATISTIK BERLIN-BRANDENBURG: Statistischer Bericht: Einwohnerinnen und Einwohner im Land Berlin am 31. Dezember 2016 (wie Anm. 11), S. 18.
349 Gespräch mit Hrn. und Fr. Niculescu am 24.10.2015.
350 Auf dem Blog der Berliner Zeitung wurde nach der Meldung über die Eröffnung des Restaurants bereits diskutiert, wie gut die Küche sei, wie lange es sich wohl halten werde und ob dort Geld gewaschen werde und „im Hinterzimmer die richtigen Geschäfte" stattfänden; vgl. Oliver OHMANN: Rumänisches Restaurant ist eröffnet!, Berlin, 2015, URL: http://service.bz-berlin.de/bzblogs/westendblog/2015/09/20/rumaenisches-restaurant-ist-eroeffnet/ (besucht am 26.09.2015).
351 Vgl. BARON: Under construction, URL: http://www.baron-rumaenisches-restaurant.de/ (besucht am 28.06.2017).
352 Vgl. FACEBOOK: BARON Rumänisches Restaurant, URL: https://www.facebook.com/baronrumanischerestaurant/?fref=nf (besucht am 28.06.2017). Siehe dazu auch die Abbildung im Anhang S. XIV.

Rumänische Speisen und Getränke werden auch in mindestens zwei weiteren Restaurants in Berlin gereicht, nämlich im *Restaurant Stella di Mare* in Wilmersdorf und im *Restaurant Ser Brunetto* in Charlottenburg. Beides sind italienische Restaurants, deren Inhaber oder MitarbeiterInnen aus Rumänien stammen und wo auf Wunsch auch Gerichte aus der Heimat gereicht werden.

Neben diesen eher formellen Einrichtungen der Diaspora haben sich in Berlin auch informelle Orte entwickelt.

In Pankow betreibt jemand einen Party- und Cateringservice für rumänische Speisen. Auf *Facebook* - und nur dort - wird die Dienstleistung auf der im Januar 2015 eigens eingerichteten Seite „Bucatareste Romaneste Berlin - Catering. Partyservice/Caterer" beworben. Im Angebotsflyer, der zum Download zur Verfügung steht, heißt es:

> Selbst wenn wir weit entfernt sind vom Haus,[353] muss „das rumänische Essen" nicht aus Ihrem Speiseplan verschwinden.[354]

Das Angebot besteht hauptsächlich aus rumänischen Konditoreiwaren und warmen Gerichten.[355]

Ähnlich funktioniert das Geschäft eines Rumänen in Marzahn-Hellersdorf. Seine *Facebook*-Seite „Preparate proaspete Berlin. Essen und Lebensmittel" besteht seit Dezember 2015. Er bietet vor allem Wurst- und Fleischgerichte an und wirbt mit Fotos ihrer Herstellung.[356]

Interessant ist bei diesen Formen des Lebensmittelvertriebs, dass sie im privaten Umfeld entstanden sind und durchgeführt werden, aber gleichzeitig das Verbreitungspotential sozialer Netzwerke wie *Facebook* genutzt wird, um einen möglichst großen Kundenkreis zu erreichen. Diese Angebote

---

353 Im rumänischen Text heißt es an dieser Stelle „departe de casă". Es handelt sich eventuell um einen Schreibfehler und gemeint ist „departe de acasă" (dt.: weit entfernt von zu Hause).

354 Vgl. o. A.: Bucatareste romaneste. Meniu. bucatarie traditionala romaneasca [sic] [Koche rumänisch. Menü. Traditionelle rumänische Küche], Berlin, 2015, Übersetzung: JV.

355 Vgl. FACEBOOK: Bucatereste Romaneste Berlin-Catering, URL: https://www. facebook.com/bucatareasaromancuta1972/ (besucht am 28.06.2017).

356 Vgl. FACEBOOK: Preparate proaspete Berlin by Ilie Radu, URL: https://www. facebook.com/Preparate-proaspete-Berlin-by-Ilie-Radu-1096543700386172/ (besucht am 28.06.2017).

scheinen sich nur an die Diaspora zu richten, da Informationen nur auf Rumänisch verfügbar sind.

8.5 Rumänische Geschäfte in Berlin

Typisch rumänische Speisen und traditionelle Gegenstände spielen eine zentrale Rolle beim Lebendig-Halten der rumänischen Heimat. Hier hat eine Erweiterung transnationaler Strukturen stattgefunden. Üblich war es - und die zahlreichen Transportfirmen deuten darauf hin, dass diese Phase noch andauert - Geschenke und Lebensmittel im Paket von und nach Rumänien zu schicken. Hinzugekommen sind nun Orte in Berlin, wo der Kontakt zur Heimat vor Ort gekauft werden kann.

In Neukölln, wo knapp 15 Prozent der rumänischen Diaspora leben,[357] gibt es seit 2015 ein rumänisches Lebensmittelgeschäft. An einer der Haupteinkaufsstraßen in Neukölln werben die Inhaber zweisprachig: „Lebensmittel und Getränke. Rumänische Spezialitäten - Magazin alimentar cu produse româneşti". Die Gestaltung der Schaufenster lässt darauf schließen, dass vor allem verschiedene Arten von Wurst als typisch rumänische Produkte gelten. Im Laden werden neben einigen Grundnahrungsmitteln Knabbereien, Softdrinks und gefrorene sowie frische Fleischprodukte angeboten.

Der Inhaber, Marian Caraian, ist ein aus Bukarest stammender Rom, der zu einer der Neuköllner Pfingstgemeinden gehört und den Laden zusammen mit seinem Sohn führt. Er hat einen kleinen Kühl-LKW angeschafft, mit dem er regelmäßig nach Rumänien fährt, um frische Ware zu holen.[358] Werbung fürs Geschäft wird mit einem zweisprachigen Flyer gemacht.[359] Der Sohn des Inhabers postet außerdem regelmäßig in den entsprechenden *Facebook*-Gruppen oder auf seiner eigenen *Facebook*-Seite Hinweise auf den Laden.[360]

---

357 Neukölln ist nach Mitte der Berliner Bezirk mit den meisten rumänischen Zugewanderten; vgl. AMT FÜR STATISTIK BERLIN-BRANDENBURG: Statistischer Bericht: Einwohnerinnen und Einwohner im Land Berlin am 31. Dezember 2016 (wie Anm. 11), S. 18.
358 Gespräch mit David Caraian am 19.10.2015.
359 Siehe dazu der Flyer im Anhang S. XI.
360 So teilte er am 28.12.2015 neue Fotos vom Geschäft und schrieb: „Heute erwarten wir Sie im rumänischen Laden aus Berlin Neukölln, Sonnenallee [...] mit neuen und frischen Produkten 100% rumänisch. Für mehr Details rufen

Ganz neu eröffnet hat das Laden-Café *Prăvălia* in Neukölln, wo ebenfalls rumänische Produkte verkauft werden. Die Deutsche Anne-Kathrin Liedtke, die zahlreiche Reisen nach Rumänien unternommen hat, beschreibt die Idee für das Geschäft so:

> Je mehr ich von Rumänien kennenlernen durfte, umso mehr fehlte es mir in meinem Berliner Alltag. Bedauerlicherweise findet man in Deutschland nur ein begrenztes Angebot an rumänischen Waren. So kam mir die Idee selbst einen Online Shop zu eröffnen, um damit nicht mehr bloß in Erinnerungen zu schwelgen, sondern ein Stück Rumänien nach Berlin zu holen.[361]

Entstanden ist das Laden-Café aus einem Online-Shop, über den die Inhaberin schon länger rumänische Lebensmittel, Einrichtungsgegenstände und Körperpflegemittel vertreibt. Im Februar 2017 wurde der Laden eröffnet. Die Auswahl der Produkte wirkt eher zufällig: es werden rumänische Biere und Schokoriegel,[362] handgefertigte Gegenstände von Roma-Handwerkern, Weine aus der Republik Moldau, Honig, Kunstgegenstände, Kräutertees und Dutzende Kosmetika angeboten.

Prăvălia hat das Potential zu einem kleinen Treffpunkt der Diaspora zu werden. Die Vermarktung läuft über die Website des Ladens und über eine *Facebook*-Seite, die schon über 300 Personen gefällt.[363]

8.6 Soziale Netzwerke als virtuelle Orte der Diaspora

Das Internet sei das „quintessential diasporic medium", sagt die US-amerikanische Anthropologin Victoria Bernal.[364] Auch die Berliner Diaspora-RumänInnen haben das Internet als Kommunikationsmittel entdeckt. Die so entstandene virtuelle Diaspora soll im Folgenden exemplarisch anhand

---

Sie an unter [...]"; FACEBOOK: David Caraian, URL: https://www.facebook. com/caraiandavid23?fref=ts (besucht am 05.03.2016).
Siehe dazu auch die Abbildung im Anhang S. XIV.

361   PRĂVĂLIA. ROMANIAN DELIGHTS: Über Prăvălia, URL: https://pravalia.de/ ueber-uns/ (besucht am 28.06.2017).

362   Hier stellt sich die Frage, was einen Schokoriegel in Zeiten globaler Handels- und Vertriebswege zu einem rumänischen Schokoriegel macht.

363   Vgl. FACEBOOK: Prăvălia. Romanian Delights, URL: https://www.facebook. com/PravaliaRomanianDelights/?pnref=story (besucht am 28.06.2017).

364   Bernal zit. nach TRANDAFOIU: Diaspora online: Identity politics and Romanian migrants (wie Anm. 32), S. 2.

ihrer Präsenz auf *Facebook* analysiert werden. Dieses soziale Netzwerk ist das größte und meistgenutzte seiner Art. Dort kommt durch Gründung von Gruppen mit entsprechenden Regeln bereits ein gewisser Grad an Selbstorganisation innerhalb der Community zum Tragen. Diese *Facebook*-Gruppen können als „diasporische Websites"[365] verstanden werden.

Es lassen sich zwölf Repräsentationen der rumänischen Community in Berlin auf *Facebook* identifizieren.[366] Zwei fungieren dabei als sogenannte „öffentliche Gruppen", wo jeder die Gruppen, ihre Mitglieder und ihre Beiträge sehen und beitreten kann; bei sechs von ihnen handelt es sich um „geschlossene Gruppen", bei denen jeder die Gruppe finden und ihre Mitglieder sehen kann, aber nur Mitglieder auch Beiträge erstellen und sehen können und der Beitritt nur nach Akzeptanz durch einen Administrator möglich ist. Außerdem finden sich zwei „Gemeinschaften", eine „gemeinschaftliche Organisation" und ein „Unternehmen". Diese Formen erfordern - anders als die Gruppen - keinen Zutritt, sondern ermöglichen Partizipation schon durch Klicken des „Gefällt mir"-Buttons. Alle Foren ermöglichen das Erstellen von Beiträgen und Teilen von Inhalten unter den Mitgliedern und SympathisantInnen.

Die genannten Foren tragen den Namen „Romani in Berlin" oder leichte Abwandlungen davon.[367] Ihre jeweilige Mitglieder- oder Fan-Zahl variiert zwischen über drei Tausend und knapp über zehn.[368]

Im Beobachtungszeitraum von September bis Dezember 2015 wuchsen die Gruppen durchschnittlich um ein Drittel an. Die Mitgliederzahl der größten Gruppe „Români în Berlin" wuchs von 3.155 auf 3.697 Mitglieder (17 Prozent). Das stärkste Wachstum ist bei einer der kleinsten Gruppen zu verzeichnen: die geschlossene Gruppe „Romani in Berlin"

---

365 Ebd., S. 2.
366 Im Beobachtungszeitraum September bis Dezember 2015 wurden zwei der „geschlossenen Gruppen" gelöscht und eine „Gemeinschaft" neu gegründet.
367 Die Gruppe „Moldoveni in Berlin" bildet in dieser Hinsicht eine Ausnahme.
368 Zum Stichtag 31.12.2015 waren der größten Gruppe „Români în Berlin" 3.697 und der kleinsten Gruppe „Romani din Berlin" 16 Mitglieder beigetreten; vgl. FACEBOOK: Romani in Berlin, URL: https://www.facebook.com/groups/113315108725964/?fref=ts (besucht am 31.12.2015) und DERS.: Romani din Berlin, URL: https://www.facebook.com/groups/1451801268464956/?fref=ts (besucht am 05.03.2016).

hatte im Dezember (109) mehr als doppelt so viele Mitglieder wie im September (52).

Jedoch kann von der Gruppengröße nicht auf die Diasporagröße geschlossen werden. Manche Nutzer sind in mehreren Foren angemeldet, andere Mitglieder der rumänischen Community in Berlin kommunizieren gar nicht über *Facebook*. Auch ist davon auszugehen, dass angesichts zirkulärer Migrationsbewegungen viele ehemalige Angehörige der rumänischen Diaspora in Berlin weiterhin Mitglieder in den entsprechenden Gruppen geblieben sind.

Schließlich lässt auch die Tatsache, dass jede(r) voraussetzungslos diesen *Facebook*-Gruppen beitreten oder als Mitglied akzeptiert werden kann,[369] keine validen Schlüsse auf die hinter der virtuellen stehende reale Diaspora-Gemeinschaft zu. Waltraud Kokots Annahme, dass eine zerstreute Gruppe nur dann eine Diaspora sei, wenn sie sich selbst so verstehe,[370] lässt sich hier in umgekehrter Weise denken: nicht jeder, der sich als Teil der (rumänischen) Diaspora versteht, muss die dafür festgelegten - und sicher zu diskutierenden - Kriterien auch tatsächlich erfüllen, um Teil der virtuellen Diaspora zu werden.[371]

Facebook wird sowohl für die Kommunikation der lokalen wie globalen Diaspora genutzt, als auch von den einzelnen Mitgliedern der Community für den Kontakt in die Heimat. 70 Prozent der Befragten gaben an, mittels sozialer Netzwerke Verbindung nach Rumänien zu halten.

Für Diaspora-Angehörige erfüllen die jeweiligen Gruppen darüber hinaus weitere Funktionen. Sie sind Orte für die Verbreitung von Informationen und Nachrichten, sie sind Marktplatz für Arbeit, Wohnung, Transportmöglichkeiten zwischen Herkunfts- und Residenzland, aber auch Ratgeberportal, Poesie- und Fotoalbum, Veranstaltungskalender, religiöser, politischer und familiärer Raum. Im Sinne Trandafoius gilt: „The diasporic website

---

369 Die Kriterien für das Akzeptieren oder Nicht-Akzeptieren neuer Gruppenmitglieder bei den geschlossenen Gruppen sind nicht transparent; die Entscheidung obliegt den GruppenadministratorInnen.

370 Vgl. KOKOT: Diaspora - Ethnologische Forschungsansätze (wie Anm. 17), S. 36.

371 Als Beleg dafür kann gelten, dass die Autorin - obgleich sie die rumänische Staatsangehörigkeit nicht hat oder hatte - problemlos Mitglied fast aller geschlossenen Gruppen werden konnte.

[…] become[s] the repository of diasporic knowledge, which migrants can borrow from and add to".[372]

Exemplarisch werden die Aktivitäten der Mitglieder der beiden größten Facebook-Gruppen „Români în Berlin" („geschlossene Gruppe")[373] und „Romani in Berlin amicii Schwarzes Meer" („offene Gruppe")[374] für den Beobachtungszeitraum 1. bis 31. Dezember 2015 analysiert.[375]

Die erste Gruppe wird von zwei Personen administriert. Am Seitenbeginn findet sich ein fixierter Beitrag mit den Gruppenregeln. Sie sollen dafür sorgen, dass die Gruppe gemäß ihrer Zielvorgabe für Veranstaltungshinweise, Informationsaustausch und Treffen zwischen den RumänInnen in Berlin genutzt wird. Werbung und unangemessene Beiträge sind verboten und werden gelöscht.[376] Im Dezember 2015 haben die Mitglieder der Gruppe 72 Inhalte geteilt oder gepostet, von denen die Mehrheit den Themenfeldern Produkt- / Geschäftssuche oder -angebot (22 Prozent), Arbeitsplatz- / Dienstleistungssuche oder -angebot (26 Prozent) und Grüße / Glückwünsche (14 Prozent) zugeordnet werden können. Nur 19 Prozent der geteilten Inhalte hingegen wurden einem der Gruppenziele gerecht.[377]

---

372 TRANDAFOIU: Diaspora online: Identity politics and Romanian migrants (wie Anm. 32), S. 3.

373 Vgl. FACEBOOK: Romani in Berlin (wie Anm. 368). Siehe dazu auch die Abbildung im Anhang S. XIV.

374 Vgl. DERS.: Romani in Berlin amicii Schwarzes Meer, URL: https://www.facebook. com/groups/457936424290338 (besucht am 28.06.2015). Siehe dazu auch die Abbildung im Anhang S. XIV.

375 Es bliebe zu untersuchen, inwiefern auch die Jahreszeit oder bestimmte Anlässe (politisch, kulturell) Einfluss auf die Gruppenaktivitäten haben. Im analysierten Monat Dezember machten beispielsweise die Grüße zum Nationalfeiertag (1.12.), zu Weihnachten und zum Jahreswechsel einen Großteil der Glückwünsche aus.

376 Im Verlauf der Untersuchung wurde der Link zur Online-Umfrage sechs Mal in dieser Gruppe geteilt. Bei der Analyse der Beiträge des Monats Dezember war dieser Post nicht mehr enthalten; vermutlich war er gelöscht worden.

377 Hier sind einberechnet die 14 Posts zu folgenden Themenfeldern: Fragen zur Bürokratie und Rechtslage in Deutschland (5), Veranstaltungshinweise (5), Links zu Diaspora-Websites (1) sowie Personen- und Kontaktsuche (3); vgl. dazu im Anhang S. XVII die detaillierte Darstellung der Ergebnisse der Gruppenanalysen.

Die zweite Gruppe „Romani in Berlin amicii Schwarzes Meer" wird von einer Person administriert und hat keine Gruppenregeln. Sie ist stärker als Marktplatz konzipiert; Verkaufsbeiträge stehen zuoberst und können bei Aufruf der Seite sofort durchstöbert werden.[378]

Bei Betrachtung der im Monat Dezember verbreiteten Inhalte fällt zweierlei auf. Erstens sind mit einer Anzahl von 341 wesentlich mehr Einträge zu finden als in der ersten Gruppe. Zweitens sind zwei Themenfelder besonders häufig: in 51 Prozent der Posts werden Transportmöglichkeiten zwischen Rumänien und Deutschland angeboten (Personen und Güter) und 31 Prozent der geteilten Inhalte bieten Unterhaltung und Nachrichten aus Rumänien oder dem Rest der Welt an. Die Gruppe „Romani in Berlin amicii Schwarzes Meer" weist trotz der beiden überrepräsentierten Themenfelder insgesamt ein größeres Themenspektrum auf: im Gegensatz zur ersten Gruppe werden beispielsweise auch religiöse und explizit politische Inhalte geteilt.[379]

Gemein ist nahezu allen Gruppenaktivitäten, dass sie den Bedürfnissen der Diaspora-Mitglieder entsprechen. Gerade Neuzugewanderte, so stellen Pfeffer-Hoffmann et al. fest, nutzen das Internet und Soziale Medien viel häufiger als Informationsquelle als zum Beispiel Angebote der Agenturen für Arbeit oder von Beratungsstellen.[380]

Anders als jedoch Brujan behauptet, erfüllen die Gruppen kaum oder gar nicht die Funktion einer „politischen Kommunikationsplattform",[381] sondern es gilt vielmehr, was Trandafoiu sagt:

---

378 Auch in dieser Gruppe wurde der Umfragelink sechs Mal veröffentlicht und war bei der Analyse der Posts des Monats Dezember auch wieder auffindbar, was entweder mit größerer Toleranz verschiedensten Anliegen gegenüber oder mit nicht stattfindender Regulierung begründbar sein könnte.

379 Für eine genaue Darstellung vgl. im Anhang S. XVII die detaillierte Tabelle mit den Ergebnissen der Gruppenanalysen.

380 Vgl. Agnes KAPLON u. a.: Teil III - Handlungsempfehlungen, in: Christian PFEFFER-HOFFMANN (Hrsg.): Fachkräftesicherung durch Integration zuwandernder Fachkräfte aus dem EU-Binnenmarkt, Berlin: Mensch und Buch Verlag, 2016, S. 335–377, hier S. 238.

381 BRUJAN: Rumänien zwischen Zuhause und Diaspora: Migration und ihre Auswirkungen auf Politik, Wirtschaft und Gesellschaft (wie Anm. 126), S. 46.

The Internet has a recognized organizational potential, but in the absence of clear political aims [...] many groups are merely characterized by common, banal interests.[382]

Sie hat vier Funktionen von Online-Foren herausgearbeitet, die sich auch in den *Facebook*-Gruppen der Berliner rumänischen Diaspora widerspiegeln. Sie

• versorgen Migrationswillige und Neuankömmlinge mit Informationen,
• schaffen eine Verbindung zwischen Neuankömmlingen und Alteingesessenen der Diaspora,
• bieten Diaspora-Angehörigen die Möglichkeit zu reflektieren und ihren Erfahrungen Sinn zu geben,
• inspirieren Versuche, eine derartige Gemeinschaft auch offline zu schaffen.[383]

Zwischenfazit

An den Orten der rumänischen Diaspora Berlins wird versucht, das Dort ins Hier holen - den Geschmack, den Geruch, die Geräusche und die Bilder von Heimat für sich selbst und die Kinder lebendig zu halten. Dabei sind dies die Erinnerungen an Rumänien, die tradiert werden. Im Erschaffen rumänischer Orte in Berlin werden auf ganz unterschiedliche Weise Vorstellungen davon produziert, was typisch rumänisch ist.

Der rumänische Laden in Neukölln verspricht etwa „100% rumänische Produkte"[384] anzubieten. Dabei handelt es sich jedoch überwiegend um von internationalen Konzernen industriell hergestellte Lebensmittel.[385]

---

382 TRANDAFOIU: Diaspora online: Identity politics and Romanian migrants (wie Anm. 32), S. 5.
383 Vgl. TRANDAFOIU: Diasporic micropolitics: Lessons from the Romanian diaspora in Europe and North America (wie Anm. 57), S. 3.
384 Rum.: „produse 100% românești"; vgl. den Flyer im Anhang S. XII.
385 Das angebotene „7 days"-Croissant etwa wird von dem multinationalen Konzern *Chipita* hergestellt und vertrieben; vgl. 7 DAYS: Die Nr. 1 Croissant der Welt!, URL: http://www.7days.com/de/croissants/ croissant/ (besucht am 28.06.2017) und CHIPITA: Mittel- & Osteuropa, URL: http://www.chipita.com/el-de/about-us/mapfocus/?act=3 (besucht am 28.06.2017).

Die rumänisch-orthodoxe Gemeinde Berlins hat ihre Kirche von einem moldauischen Architekten entwerfen lassen, um dadurch dem typisch rumänischem Baustil so nahe wie möglich zu kommen.[386]

Die rumänische Diaspora ist ein Ort und eine Gruppe, wo die Reproduktion von Heimat versucht wird. Benedict Andersons Diktum der Nationalstaaten als *imagined communities*[387] lässt sich auf Diaspora-Gruppen übertragen und erweitern.

Einerseits sind Diaspora-Gruppen nie vollständig beieinander, geschweige denn, dass sie homogen wären. Sie sind dergestalt *imaginierte Gemeinschaften*. Die Vorstellung von der Diaspora ist nicht mit ihr identisch, aber sie ist alles, was verfügbar ist.

Andererseits sind sie *imaginierende Gemeinschaften*, das heißt Gruppen, die wiederum selbst Vorstellungen produzieren - unter anderem vom Herkunftsland Rumänien. An den Orten der Diaspora in Berlin findet dieser Prozess statt. Er ist dabei sowohl staatlich gelenkt als auch selbst initiiert.

Diaspora-Sein bedeutet gespalten sein.[388] An den Orten der Diaspora wird dieses Gespaltensein sichtbar. An den neuen, virtuellen Orten der Diaspora wird es verhandelt und transformiert in ein neues migrantisches Bewusstsein.

9 Das Leben der Diaspora in Berlin

Ende 2016 lebten in Berlin 1.151.732 AusländerInnen und Menschen mit Migrationshintergrund. Von ihnen stammten 23.117 - also zwei Prozent - aus Rumänien.[389] Die Diaspora wird sich in den kommenden Jahren weiter vergrößern.

---

386 Vgl. S. 102 dieses Buches.

387 Vgl. Benedict ANDERSON: Imagined communities: Reflections on the origin and spread of nationalism, Rev. and extended ed, London und New York: Verso, 1991.

388 Vgl. CHARIM (Hrsg.): Lebensmodell Diaspora: Über moderne Nomaden (wie Anm. 19), S. 13f.

389 Vgl. AMT FÜR STATISTIK BERLIN-BRANDENBURG: Statistischer Bericht: Einwohnerinnen und Einwohner im Land Berlin am 31. Dezember 2016 (wie Anm. 11), S. 18.

Im Anschluss an die Darstellung von Geschichte und Orten der rumänischen Diaspora in Berlin wird exemplarisch ihre Lage anhand der Struk-
turdaten Herkunftsregion, Familiensituation, Sprache, Bildung und Arbeit
analysiert.

In einem zweiten Schritt gehe ich auf die Frage ein, welche Beziehung
die rumänische Diaspora zu der Mehrheitsgesellschaft Berlins pflegt. Wie
ist sie mit der Stadt verbunden?

Schließlich ist die Frage zu klären, in welcher Form Kontakte nach Rumänien bestehen. Damit untersuche ich die vorangegangene Frage aus gegen-
sätzlicher Perspektive, indem eruiert wird, welche Rolle das Herkunftsland
im Diskurs der Diaspora einnimmt.

9.1 Sozialstatistische Daten zur Diaspora

9.1.1 Herkunftsregion

Dumitru Sandu zeigt in einer Untersuchung zu rumänischer Migration,
inwiefern die Zielländer von Transmigranten von ihrer Herkunftsregion
abhängen.[390] Er hat, angelehnt an die administrativ-territoriale Reorga-
nisation Rumäniens, acht Regionen definiert, die alle 41 Kreise sowie die
Hauptstadt Bukarest umfassen. Angelehnt an dieses Modell ordne ich die
Angaben der Befragten zu ihrem Geburtsort (Kreis) folgenden Regionen zu:
Nordwest, West, Südwest, Zentrum, Nordost, Südost, Süd und Bukarest.[391]

Die meisten der Befragten ($n = 111$)[392] - ein Viertel - kommen aus der Region Zentrum. Fast ein Fünftel stammt aus dem Nordosten. Am seltensten

---

390 Vgl. Daniel SANDU/Cătălin Augustin STOICA/Radu UMBREŞ: Romanian
     Youth: Worries, Aspirations, Values and Life Style, hrsg. v. FRIEDRICH-EBERT-
     STIFTUNG, 2014, URL: http://www.fes.ro/media/2014\textunderscorenews/
     Report-FES-Romanian\textunderscoreYouth.pdf (besucht am 04.09.2015),
     S. 13.
391 Zur Zuordnung der jeweiligen Kreise zu den Großregionen siehe die Karte im
     Anhang S. I.
392 Die fehlenden Werte kommen hier vor allem dadurch zustande, dass nicht alle
     ProbandInnen in Rumänien geboren wurden, aber diese Staatsbürgerschaft
     besitzen.
     Ich lasse aus Vereinfachungsgründen das Phänomen interner Wanderungen in
     Rumänien außer Acht, sondern gehe pauschal davon aus, dass die Befragten
     am Ort ihrer Geburt auch lebten.

kommen ProbandInnen aus dem Süden (5 Prozent). Aus den übrigen fünf
Regionen stammen jeweils rund ein Zehntel aller Befragten.

Abbildung 2: Herkunftsregionen von in Berlin lebenden rumänischen
Staatsangehörigen.

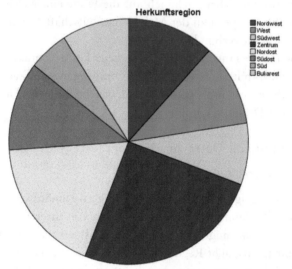

Die Befunde von Sandu lassen sich hier teilweise bestätigen. Er fand heraus,
dass Deutschland[393] vor allem von MigrantInnen aus dem Westen und Zentrum Rumäniens angesteuert wird.[394] Menschen aus dieser Region bilden
die größte Gruppe innerhalb der rumänischen Community Berlins.

Anders als in Anlehnung an Sandu vermutet, hat die zweitgrößte Gruppe
innerhalb der Diaspora Wurzeln in Nordostrumänien. Aus dieser Region
ziehen laut Sandu zehn Mal mehr Menschen nach Italien als nach
Deutschland.[395]

---

393 Das von ihm entwickelte „German field" beinhaltet Deutschland und Öster-
     reich; vgl. SANDU/STOICA/UMBREŞ: Romanian Youth: Worries, Aspirations,
     Values and Life Style (wie Anm. 390), S. 10.
394 Vgl. ebd., S. 12.
395 Vgl. ebd.

Sandus Befund, dass Menschen aus Südrumänien eher selten den Weg Richtung Deutschland wählen, wird durch die Umfrageergebnisse ebenfalls bestätigt. Im Vergleich mit den Befunden von Christian Pfeffer-Hoffmann et al. zeigen sich Parallelen. Auch die von *minor* befragten RumänInnen in Berlin (*n* = 286) kommen vorzugsweise aus den Regionen Nordost (18 Prozent) und Zentrum (14 Prozent). Ein Fünftel der ProbandInnen allerdings - und damit etwa doppelt so viele als in der vorliegenden Untersuchung - stammt aus Bukarest.[396]

9.1.2 Familie

Familie[397] spielt bei den Angehörigen der rumänischen Diaspora in Berlin auf vielerlei Weise eine Rolle. Zum Einen sind schon in Berlin lebende Familienangehörige für rund ein Fünftel der Befragten ein Grund, ebenfalls in diese Stadt zu kommen.[398] Zum Anderen haben in Rumänien verbliebene Familienangehörige Einfluss darauf, wie sich die Beziehung der Migrierten zu ihrem Herkunftskontext gestaltet, warum sie dorthin zurückkehren wollen und welche Austauschprozesse stattfinden.[399]

Die Mehrheit der Befragten (*n* = 115) ist ledig (fast die Hälfte) oder verheiratet (ein Drittel). 14 Prozent sind liiert, 8 Prozent geschieden und 1 Prozent verwitwet. Die Befragung von *minor* (*n* = 289) zeigte ähnliche Ergebnisse, nämlich: ein Drittel der ProbandInnen war ledig, ein Drittel verheiratet und ein Fünftel liiert.[400]

---

396 Eigene Berechnungen nach KAPLON u. a.: Teil II - Expertise zur Arbeitsmarkt-integration (wie Anm. 11), S. 126.

397 Der Begriff meint die näheren und ferneren Familienangehörigen gleichermaßen.

398 Vgl. zu den Gründen auch Kapitel 9.2.1 dieser Arbeit.

399 Vgl. zu den Angehörigen auch Kapitel 9.3.1 dieser Arbeit.

400 Vgl. KAPLON u. a.: Teil II - Expertise zur Arbeitsmarktintegration (wie Anm. 11), S. 113.

Über die Hälfte der Befragten (n = 93) gaben an, keine Kinder zu haben.
27 Prozent haben ein und 16 Prozent zwei Kinder. Nur fünf Prozent der
befragten Diaspora-Angehörigen haben drei oder mehr Kinder. Pfeffer-
Hoffmann et al. kommen auch hier zu ähnlichen Ergebnissen (n = 288):
fast 60 Prozent sind kinderlos, rund ein Fünftel hat ein Kind, zwei Kinder
haben etwas mehr als ein Fünftel der Befragten; etwa 8 Prozent haben drei
und mehr Kinder.[401]

*Abbildung 3: Familienstand von in Berlin lebenden rumänischen
Staatsangehörigen.*

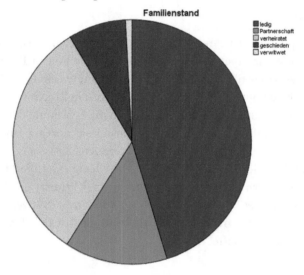

Kommt dieser Befund daher, dass es sich um eine relativ junge Diaspora handelt? Insgesamt liegt der Altersdurchschnitt dieser Gruppe bei 36 Jahren.[402]
58 Prozent der Befragten (n = 119) sind zwischen 1980 und 1999 geboren;
von ihnen haben über zwei Drittel keine Kinder. Jedoch zeigt sich umgekehrt

---

401 Vgl. ebd., S.118.
402 Berlinweit waren Ende 2014 rund 70 Prozent der Diaspora-Angehörigen im
     Alter zwischen 15 und 45 Jahren. Zugrundegelegt sind die Daten der damals
     gemeldeten 13.695 rumänischen Staatsangehörigen in Berlin; vgl. AMT FÜR
     STATISTIK BERLIN-BRANDENBURG: Statistischer Bericht: Einwohnerinnen und
     Einwohner im Land Berlin am 31. Dezember 2014 (wie Anm.277), S.21.

bei den Kinderlosen keine Signifikanz für die Geburtsjahrzehnte 1980 und 1990; vielmehr sind ungefähr genauso viele Kinderlose in den 1970ern (38 Prozent) wie in den 1980ern (36 Prozent) geboren. Kinderlosigkeit ist bei den befragten Diaspora-Angehörigen also keine Frage des Alters.

Die Antworten aus dem Fragebogen lassen auf verschiedene familiäre Konstellationen beim Zuzug nach Berlin schließen. Grob kann von vier Familienkonstellationen im Kontext von Migration und Diaspora ausgegangen werden:

- dauerhafter Zuzug als Minderjähriger durch Auswanderung oder Aussiedlung der ganzen Familie
- kurzzeitiger Zuzug im jungen Erwachsenenalter im Rahmen von Studienprogrammen mit Verbleib der Familie in Rumänien und Rückkehr dorthin
- längerfristiger und teilweise dauerhafter Zuzug als Erwachsener zur Aufnahme einer Beschäftigung und ggf. Nachzug der Familie aus Rumänien
- auf unbestimmte Dauer, probeweise erfolgender Zuzug von ganzen Familien(verbänden)[403]

Diese vier Typen implizieren jeweils unterschiedliche Auswanderungs- beziehungsweise Zuwanderungsmotive, finanzielle Ressourcen, Bildungsgrade, Netzwerke vor Ort und Rückkehrabsichten.

Die Kernfamilie (Eltern und Kinder) lebt entweder als transnationale Familie sowohl in Rumänien als auch in Deutschland (in unterschiedlichen Konstellationen), als Einheit in der Diaspora und hat noch (entfernte) Verwandte in Rumänien oder als Einheit in der Diaspora ohne weitere Verwandte in Rumänien.

---

403 Ein derartiges Erprobungsverhalten wurde auch von Pfeffer-Hoffmann et al. beobachtet: „[...] [Die Zuwandernden, JV] kommen häufig nach Berlin, um ihre Chancen für eine Migration nach Deutschland auszuloten, also ‚zu erproben'. Ein wesentlicher Teil bricht diese ‚Erprobung' dann mangels gut funktionierender Übergänge in Bildungs-, Ausbildungs- und Arbeitsmöglichkeiten wieder ab [...]", Christian PFEFFER-HOFFMANN: Magnet Berlin: Zuwanderung europäischer Fachkräfte, in: DERS. (Hrsg.): Fachkräftesicherung durch Integration zuwandernder Fachkräfte aus dem EU-Binnenmarkt, Berlin: Mensch und Buch Verlag, 2016, S. 9–13, hier S. 13.

Rumänische MigrantInnen in Berlin heiraten teilweise auch nach ihrer Zuwanderung und gründen eigene Familien - mit Landsleuten oder Angehörigen der Mehrheitsgesellschaft. Die Zahl derer, die keine eigene Migrationserfahrung haben, d.h. die in Deutschland geboren wurden, ist momentan noch recht gering,[404] wird wohl aber in den nächsten Jahren wachsen.

9.1.3 Sprache

Sprache ist der Schlüssel zu gesellschaftlicher Teilhabe und Arbeitsmarktintegration[405] im Zielland. Sprache ist aber auch Heimat, Kultur und Erinnerung ans Herkunftsland. Insofern changieren Angehörige der rumänischen Diaspora in Berlin zwischen Deutsch (und Englisch) als Alltagssprache des Ziellandes und Rumänisch als Sprache des verlassenen, aber weiterhin präsenten Herkunftslandes.[406]

Sie haben die deutsche Sprache entweder schon in Rumänien, beispielsweise in ihren Familien, gelernt oder mussten sie sich in Deutschland aneignen. Manche gaben bei der Frage nach ihrem Start in Berlin an, aufgrund fehlender oder geringer Deutschkenntnisse Schwierigkeiten gehabt zu haben.[407]

Von den Befragten ($n = 105$) haben nur 4 Prozent keine Deutschkenntnisse, ein Viertel hat Grundkenntnisse, die überwiegende Mehrheit (56 Prozent) spricht die Sprache nach eigener Auskunft fließend und von 15 Prozent der Befragten ist Deutsch die Muttersprache.[408]

minor befragte MigrantInnen ($n = 285$) ebenfalls nach ihren Sprachkenntnissen, und zwar zu denen bei ihrer Ankunft und zu denen zum

---

404 Zuletzt hatten knapp 17 Prozent der Angehörigen der rumänischen Diaspora hierzulande keine eigene Migrationserfahrung; eigene Berechnungen nach STATISTISCHES BUNDESAMT: Bevölkerung und Erwerbstätigkeit: Bevölkerung mit Migrationshintergrund - Ergebnisse des Mikrozensus: 2015 (wie Anm. 9), S. 62 und 66.

405 Vgl. dazu KAPLON u.a.: Teil II - Expertise zur Arbeitsmarktintegration (wie Anm. 11), S. 307.

406 Vgl. dazu auch die Ausführungen zu Orten der Diaspora in Kapitel 8 dieser Arbeit.

407 Vgl. dazu Kapitel 9.2.2 dieser Arbeit.

408 Dies erklärt sich mit der rumänischen Hauptherkunftsregion Zentrum; vgl. Kapitel 9.1.1 dieser Arbeit.

Befragungszeitpunkt. Keine Kenntnisse hatten am Anfang über 40 Prozent der ProbandInnen, viele hatten Grundkenntnisse und je etwa ein Zehntel sprach Deutsch fließend oder auf muttersprachlichem Niveau. Zum Zeitpunkt der Erhebung ordneten sich je etwa ein Sechstel den Stufen A1 bis C2 des Europäischen Referenzrahmens zu. Alle ProbandInnen hatten ihre Deutschkenntnisse verbessert.[409] Die verschiedenen Sprachniveaus dürften unterschiedlichen Ankunftsjahren und Lerngeschwindigkeiten geschuldet sein.

Neben dem Erlernen der Sprache des Ziellandes geht es in der Diaspora-Situation auch darum, die eigene Muttersprache zu erhalten. Im Fall der rumänienstämmigen Diaspora ginge es hier neben der Landessprache Rumänisch auch um zahlreiche Minderheitensprachen wie etwa Ungarisch oder Romanes. Jedoch sieht sich der rumänische Staat für die Angehörigen seiner nationalen Minderheiten, die emigriert sind, nicht zuständig,[410] sodass Spracherhalt lediglich den Erhalt der rumänischen Sprache bedeutet. Die Rumänisch-Orthodoxe Kirche sowie das Rumänische Kulturinstitut versuchen, das im Ausland zu gewährleisten. Sprache hängt in diesem Kontext eng mit Kultur zusammen.[411]

9.1.4 Bildung

ZuwanderInnen aus Rumänien seien „in der Regel gut gebildet" und gingen einer sozialversicherungspflichtigen Beschäftigung nach, meint die Bundesbeauftragte für Migration, Flüchtlinge und Integration, Aydan Özoğus, in ihrem zehnten Bericht zur Lage der AusländerInnen in Deutschland.[412]

---

409   Vgl. KAPLON u.a.: Teil II - Expertise zur Arbeitsmarktintegration (wie Anm. 11), 179f.
410   Vgl. dazu Kapitel 4 dieser Arbeit.
411   Die Aufgabe der rumänischen Muttersprache ist jedoch ein Phänomen, was mit zunehmender Dauer des Lebens in der Fremde häufiger anzutreffen sein dürfte. Es bliebe zu erheben, in welchem Umfang und in welchem Rahmen die Angehörigen der Diaspora ihre Muttersprache verwenden und unter welchen Bedingungen sie sie aufgeben.
412   Vgl. DIE BEAUFTRAGTE DER BUNDESREGIERUNG FÜR MIGRATION, FLÜCHTLINGE UND INTEGRATION: 10. Bericht der Beauftragten der Bundesregierung für Migration, Flüchtlinge und Integration über die Lage der Ausländerinnen und Ausländer in Deutschland (wie Anm. 217), S. 19.

Diese Tendenz zeigt sich auch bei der Berliner Diaspora. Niemand von den Befragten (n = 113) gab an, keinen Schulabschluss zu besitzen oder nur die Grundschule besucht zu haben. Einen mittleren Bildungsabschluss[413] haben 6 Prozent der Befragten. Rund ein Fünftel hat das Abitur.[414] Die überwiegende Mehrheit der ProbandInnen (72 Prozent) hat einen Hochschulabschluss. Ein Viertel aller Befragten geben an, einen Bachelor-Abschluss[415] zu besitzen, 38 Prozent haben einen Master[416] und fast ein Zehntel hat einen Doktortitel.

Abbildung 4: Höchster Bildungsabschluss von in Berlin lebenden rumänischen Staatsangehörigen.

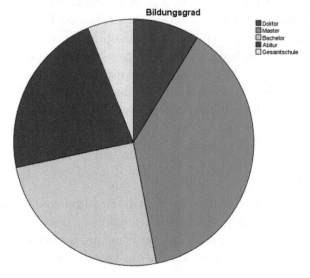

Von den Personen, die Pfeffer-Hoffmann et al. befragt haben (n = 291), hat ebenfalls die Mehrheit (56 Prozent) einen Hochschulabschluss (Bachelor: 23 Prozent, Master: 28 Prozent, Promotion: 5 Prozent). Die Zahl derjenigen, die die Schule mit Abitur (33 Prozent), Mittlerem Schulabschluss (7 Prozent)

---

413   Mindestens acht Jahre Schulbesuch.

414   Das sog. Baccalaureat wird nach 12 oder 13 Schuljahren erworben.

415   Dieser erste berufsqualifizierende Abschluss dauert je nach Studienrichtung drei, vier oder sechs Jahre.

416   Diesen Abschluss erwirbt man nach einem zweijährigen Aufbau-, bzw. Vertiefungsstudium.

oder ohne Abschluss verlassen haben (3 Prozent) ist etwas höher als in der vorliegenden Untersuchung.[417]

9.1.5 Arbeit

Migration aus Rumänien nach Deutschland nahm in der Vergangenheit entsprechend des Wegfalls von Zuwanderungs- und Arbeitsmarktrestriktionen zu. Die ProtagonistInnen wurden „rumänische ArbeitsmigrantInnen" oder „europäische WanderarbeiterInnen" genannt. Arbeit[418] ist ein häufiges Motiv für den Zuzug nach Berlin - es war und ist jedoch längst nicht das einzige.[419]

In der durchgeführten Erhebung zeigte sich, dass rumänische Staatsangehörige in Berlin überwiegend einen Bezug zum Arbeitsmarkt haben. Drei Viertel der ProbandInnen (n = 112) sind berufstätig; größtenteils - zu 58 Prozent - als Angestellte[420] und zu einem vergleichsweise geringen Anteil von 18 Prozent als Selbständige; 6 Prozent aller Befragten sind arbeitsuchend. Von den weiteren Personen sind die meisten StudentInnen (14 Prozent); die übrigen 4 Prozent der Befragten gehen noch zur Schule, machen einen Freiwilligendienst oder sind pensioniert.

---

417 Vgl. KAPLON u.a.: Teil II - Expertise zur Arbeitsmarktintegration (wie Anm. 11), S. 140.

418 Damit ist der eigene Arbeitsplatz oder der des Partners, bzw. der Partnerin gemeint.

419 Vgl. dazu Kapitel 9.2.1 dieser Arbeit.

420 Es handelt sich dabei sowohl um sozialversicherungspflichtig als auch um geringfügig Beschäftigte.

Abbildung 5: Tätigkeiten von in Berlin lebenden rumänischen Staatsangehörigen.

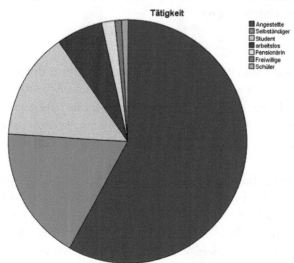

Angehörige der rumänischen Diaspora in Berlin, die einen Hochschulabschluss haben (*n* = 80), sind öfter angestellt als jene ohne (*n* = 31).[421] Umgekehrt ist der Anteil der Studierenden bei letzterer Gruppe doppelt so groß
wie bei denjenigen, die schon einen höheren Bildungsabschluss erworben
haben.[422] Der Anteil der selbständig Tätigen liegt bei beiden Gruppen bei
circa 17 Prozent.[423]

Etwas anders stellt sich die Lage bei den von *minor* Befragten dar. Von
ihnen sind weniger als die Hälfte (43 Prozent) in Arbeit und vergleichsweise
viele (ein Viertel) auf Arbeitssuche. Ein Zehntel der ProbandInnen studiert,

---

421   60 Prozent / 52 Prozent.
422   23 Prozent / 11 Prozent.
423   Siehe dazu auch die Grafiken im Anhang S. VIII.
       Anhand weiterer Untersuchungen wäre zu klären, inwiefern Bildungsabschluss
       und Art der Beschäftigung in einem Zusammenhang stehen, ob es also bei
       der rumänischen Diaspora eine migrationsbedingte Entwertung vormals
       erworbener Bildungsabschlüsse gibt.

die Übrigen machen einen Sprachkurs, eine Ausbildung, ein Praktikum oder etwas Anderes.[424]

9.2 Die Beziehung der Diaspora zu Berlin

Das Leben der Diaspora in der deutschen Hauptstadt ist gekennzeichnet von verschiedenen Aspekten. Diese können mit Kokots ethnologischem Forschungsansatz untersucht werden.[425] Sie sagt:

> Die [Diaspora-, JV]Gemeinden als Ganzes ebenso wie ihre Mitglieder als Individuen stehen im Schnittfeld von mindestens drei Faktoren, die hegemonielle Ansprüche auf ihre Identifikationsprozesse und Loyalitäten erheben können.[426]

Diese drei Faktoren seien das nationalstaatliche System des Residenzlandes, der Herkunftsort und das weltweite Netz anderer Gemeinden derselben Diaspora.[427]

Die rumänische Diaspora in Berlin steht ebenfalls im Fadenkreuz dieser drei Faktoren. Dabei wende ich bei Analyse der Beziehung *Diaspora - Berlin* eine lokale und bei Betrachtung der Beziehung *Diaspora - Rumänien* eine nationale Perspektive an.

Die „hegemoniellen Ansprüche", von denen Kokot spricht, verstehe ich etwas neutraler als *Beziehung der Diaspora-Angehörigen zum jeweiligen Feld*. Diese funktioniert in beide Richtungen. Seitens Herkunftsregion, Zielregion und weltweiter rumänischer Diaspora ist die Berliner Community diversen Versuchen der Einflussnahme ausgesetzt. Umgekehrt nimmt auch sie in Richtung der jeweiligen Faktoren Einfluss.

In drei Feldern geschehen also in jeweils zwei entgegengesetzte Richtungen Einflussnahmen, die in Abhängigkeit verschiedener Faktoren (z.B. finanzielle, zeitliche, räumliche, personelle Ressourcen) unterschiedlich intensiv ausgeübt werden.

In einem ersten Schritt betrachte ich nun das Verhältnis der rumänischen Diaspora zu ihrer neuen Heimat Berlin. Wie diese Beziehung gestaltet ist, wird anhand von Antworten aus dem Fragebogen skizziert. Die

---

424 Vgl. KAPLON u. a.: Teil II - Expertise zur Arbeitsmarktintegration (wie Anm. 11), S. 188.
425 Vgl. dazu auch S. 23 dieses Buches.
426 KOKOT: Diaspora - Ethnologische Forschungsansätze (wie Anm. 17), S. 32.
427 Vgl. ebd.

TeilnehmerInnen der Umfrage machten Angaben zu ihren Migrationsmotiven, ihren Startsituationen, ihrem Wohnbezirk und ihren Bezugspersonen in Berlin.

9.2.1 Gründe für die Migration nach Berlin

Sich als MigrantIn erfolgreich in eine neue Stadt integrieren zu können, hängt stark mit den Startbedingungen zusammen. Teilweise geben schon die Gründe, warum die Befragten nach Berlin gekommen sind, Anhaltspunkte zur Einschätzung ihrer Startsituation in Berlin.

Von den ProbandInnen (n = 83) sagten rund die Hälfte, hier einen Arbeits- oder Studienplatz gefunden zu haben; ein Viertel kam, weil PartnerIn, Familie oder Freunde hier lebten und ein weiteres Viertel der Befragten gab andere Gründe für seinen Zuzug an. Dabei spielte vorzugsweise der Ruf Berlins als multikulturelle, weltoffene Metropole eine Rolle. Auch die AutorInnen von *minor* sehen im Ruf und der „gelebte[n] Alltagspraxis von Berlin als vielfältige und tolerante Metropole" einen Grund, warum Menschen aus Rumänien gerade nach Berlin kommen.[428]

Einige ProbandInnen haben sich bewusst für die Stadt entschieden, weil sie hofften, mit ihren Status als AusländerInnen hier besser zurechtzukommen. Eine 2011 mit 20 Jahren angekommene Frau meint:

> Ich dachte, es wäre angenehmer als Ausländer in Berlin zu leben.

Ein 29-Jähriger, der kurz nach der Wende kam, denkt ähnlich:

> Meine Frau kommt aus Brasilien und Berlin ist der Ort, an dem man sich als Ausländer am schnellsten zurechtfindet.

Von den durch Pfeffer-Hoffmann et al. befragten Personen gaben die meisten als Gründe ihres Zuzuges nach Berlin bessere Möglichkeiten für ihre Kinder, Chancen auf bessere Arbeitsbedingungen und die ökonomische

---

428 Minor - Projektkontor für Bildung und Forschung e.V.: Integrationsunterstützung für neu zugewanderte Roma in Berlin: Informations- und Integrationsmanagement für neu zugewanderte Roma aus Bulgarien und Rumänien in Berlin (wie Anm. 67), S. 31.

Situation in Rumänien an. Auch die politische Situation im Herkunftsland und erhoffte bessere Bildungschancen spielen eine Rolle.[429]

9.2.2 Startsituation in Berlin

Die Einschätzungen der ProbandInnen (n = 82) darüber, wie ihr Start in Berlin war, variieren sehr stark. Ihre Aussagen wurden auf einer fünfstufigen Skala von „sehr leicht" bis „sehr schwer" eingeordnet. Ein Drittel von ihnen sagt, dass sie sich gut oder sehr gut zurechtgefunden haben; knapp ein Viertel meint: „ok" und über 40 Prozent hatten einen schweren oder sehr schweren Start in Berlin.

Die ProbandInnen (n = 74) beantworteten dabei auch die Frage, ob sie bei ihrer Ankunft in Berlin Verwandte oder Bekannte in dieser Stadt hatten. Es ließe sich vermuten, dass MigrantInnen mit persönlichem Netzwerk einen leichteren und jene ohne Bezugspersonen einen schwereren Start hatten.

Die Mehrheit der Befragten mit persönlichem Netzwerk[430] (n = 24) tendiert zur Einschätzung „schwer" oder „sehr schwer" (46 Prozent), 37 Prozent urteilen gegenteilig. Insgesamt tendieren die Befragten eher zu einer positiven oder einer negativen Einschätzung, als zu der neutraleren Aussage „ok".[431] Die erwartete Tendenz zur positiven Bewertung des Starts mit Bekanntenkreis hat sich nicht bestätigt.[432]

Von den Diaspora-Angehörigen ohne persönliches Netzwerk (n = 50) haben 46 ihren Start eingeschätzt. Ihre Aussagen sind normalverteilt. Die meisten (30 Prozent) geben „ok" an; je extremer die positive oder negative Erinnerung, desto weniger ProbandInnen artikulieren sie. Tendenziell wird der Beginn wie bei der ersten Gruppe negativ bewertet (insgesamt 40

---

429 Vgl. KAPLON u.a.: Teil II - Expertise zur Arbeitsmarktintegration (wie Anm. 11), S. 153 und 157.

430 Alle von ihnen hatten die Frage nach ihrem Start in Berlin beantwortet.

431 Vgl. dazu die Graphik im Anhang S. IX.

432 Hier ist zu beachten, dass es sich beim hier Untersuchten um die Erinnerung der ProbandInnen handelt, also eine subjektive Einschätzung abgefragt wurde. Möglicherweise würde die Überprüfung objektiverer Fakten wie z.B. der Dauer der Wohnungssuche oder der Geschwindigkeit des Deutschlernfortschritts andere Ergebnisse liefern.

Prozent). Einen guten oder sehr guten Start hatten zusammen 30 Prozent der Befragten.[433]

Insgesamt erwähnen die ProbandInnen folgende Problemfelder: mangelnde deutsche Sprachkenntnisse, Wohnungssuche und komplizierte deutsche Bürokratie.

So erinnert sich eine Frau aus der Republik Moldau, die 2014 als 30-Jährige nach Berlin kam:

> Am Anfang war es schwierig. Es war schwer, eine Wohnung zu finden. Ich hatte Schwierigkeiten bei der Erledigung meiner administrativen, bürokratischen Angelegenheiten.[434]

Ein 45-Jähriger und eine 25-Jährige sprechen sogar von einem Kulturschock. Letztere kam 2010 zum Studium nach Berlin und berichtet:

> Anfangs war es schwierig. Ich befand mich oft in sehr ungewohnten Situationen und ich erlebte einen Kulturschock, der mich dazu gebracht hat, meine tiefsten Überzeugungen und die Werte, mit denen ich aufgewachsen bin, zu hinterfragen. Ich hatte damit richtig große Probleme, erlebte eine Depression und musste mein Studium für ein Semester unterbrechen [...] Auch mit dem Wetter hatte ich anfangs Probleme, da die Sonne in Berlin im Vergleich zu Bukarest viel weniger scheint und die Sommer nicht heiß genug sind. Inzwischen habe ich mich aber angepasst und ich fühle mich langsam hier zu Hause. Das hat aber wirklich seine Zeit gebraucht [...][435]

Die Gruppe der von *minor* Befragten berichtet ebenfalls von Herausforderungen der sozialen Integration. Am häufigsten werden als Belastungen genannt: Wohnungssuche, Suche nach einem Arbeitsplatz, Frustration beim Deutschlernen und die Distanz zur Familie.[436] Die Wohnungssuche dürfte in der Gesamtschau die mit Abstand größte Hürde beim Start in Berlin sein.

---

433   Vgl. dazu die Graphik im Anhang S. IX.
434   Antwort auf Rumänisch, Übersetzung: JV.
435   Antwort auf Deutsch, sprachliche Glättungen durch die Autorin.
436   Vgl. KAPLON u. a.: Teil II - Expertise zur Arbeitsmarktintegration (wie Anm. 11), S. 319.

9.2.3 Die Diaspora in den einzelnen Berliner Bezirken

In Berlin leben 3.670.622 Menschen.[437] Die Zahl der rumänienstämmigen Wohnbevölkerung variiert in den einzelnen Stadtteilen zwischen 998 (Treptow-Köpenick) und 3.863 (Mitte). Tatsächlich dürften sich in den jeweiligen Bezirken mehr Personen aufhalten, da nicht alle Zugewanderten meldepflichtig sind. Die hier vorgenommene Analyse zielt deshalb lediglich darauf ab, Tendenzen sichtbar zu machen.

Tabelle 2: Am 31.12.2016 polizeilich angemeldete rumänische Staatsangehörige und Menschen mit rumänischem Migrationshintergrund in den Berliner Bezirken nach Anzahl geordnet, in Klammern Vergleichswerte vom 31.12.2014.[438]

Stadtteil	polizeilich Angemeldete	Anteil an rumänischer Bevölkerung Berlins in %	Anteil an Bezirksbevölkerung in %
Mitte	3.863 (2.921)	17 (17)	2,0 (0,8)
Neukölln	3.345 (3.159)	14 (18)	2,3 (0,9)
Charlottenburg-Wdf.	2.652 (2.032)	11 (12)	2,0 (0,6)
Spandau	2.030 (1.357)	9 (8)	2,5 (0,6)
Tempelhof-Schöneberg	1.877 (1.471)	8 (8)	1,5 (0,4)
Lichtenberg	1.631 (1.006)	7 (6)	2,6 (0,4)
Friedrichshain-Kreuzbg.	1.473 (1.057)	7 (6)	1,3 (0,4)
Reinickendorf	1.436 (1.015)	6 (5)	1,8 (0,4)
Marzahn-Hellersdorf	1.373 (866)	6 (5)	3,2 (0,3)

---

437 Vgl. Amt für Statistik Berlin-Brandenburg: Statistischer Bericht: Einwohnerinnen und Einwohner im Land Berlin am 31. Dezember 2016 (wie Anm. 11), S. 6.
438 Vgl. ebd., S. 18, bzw. dass.: Statistischer Bericht: Einwohnerinnen und Einwohner im Land Berlin am 31. Dezember 2014 (wie Anm. 277), S. 18.

Stadtteil	polizeilich Angemeldete	Anteil an rumänischer Bevölkerung Berlins in %	Anteil an Bezirks-bevölke-rung in %
Pankow	1.287 (1.039)	6 (6)	1,8 (0,3)
Steglitz-Zehlendorf	1.152 (1.076)	5 (6)	1,5 (0,4)
Treptow-Köpenick	998 (642)	4 (3)	3,1 (0,3)
gesamt	23.117 (17.641)	100	2,1 (0,5)

Durchschnittlich leben in jedem Bezirk 1.900 rumänische Zugezogene. Die Bezirke Mitte, Neukölln und Charlottenburg-Wilmersdorf haben je über 2.500 rumänische EinwohnerInnen und gehören zu den bevorzugten Wohngegenden der Diaspora. In Treptow-Köpenick hingegen wohnen nicht einmal 1.000 Diaspora-Angehörige.

In Berlin schienen sich in der Vergangenheit lokale Zentren der Diaspora zu bilden. Mit steigender Anzahl der Diaspora-Angehörigen stieg auch der Anteil an der Gesamtbevölkerung des jeweiligen Bezirks.[439] Stadtviertel, in denen schon größere Diaspora-Gruppen lebten, zogen MigrantInnen aus Rumänien eher an als Bezirke mit wenig rumänischstämmiger Bevölkerung.

Dieser Trend scheint sich aktuell zu wandeln. Anhand der Beispiele Marzahn-Hellersdorf und Treptow-Köpenick, deren rumänische Bevölkerung im Vergleich zur Gesamtbevölkerung signifikant angestiegen ist, zeigt sich, dass Zuwandernde aus Rumänien zunehmend in Gegenden wohnen, die noch vor Kurzem als unattraktiv galten. Unverkennbar ist auch, dass sich der Anteil rumänischer MigrantInnen in allen Bezirken im Vergleich zu 2014 im Schnitt vervierfacht hat.

Von den TeilnehmerInnen der Umfrage gaben 76 an, in welchem Bezirk sie wohnen. Die meisten dieser Befragten kommen aus Mitte (17 Prozent) und Friedrichshain-Kreuzberg (16 Prozent), die wenigsten aus Tempelhof-Schöneberg (3 Prozent) und Spandau (1 Prozent).

---

439 Der Anteil rumänischer Diaspora-Angehörigen an der Gesamtbevölkerung des jeweiligen Bezirks hängt mit zwei Faktoren zusammen: einerseits mit dem Zuzug von Menschen aus Rumänien und andererseits mit dem Wachstum oder Schrumpfen der gesamten Bezirkseinwohnerzahl.

9.2.4 Persönliche Netzwerke der Diaspora-Angehörigen

Die Verbindung der Diaspora zur Gesellschaft des Zuwanderungslandes kann einen Hinweis darauf liefern, inwiefern sie dort Wurzeln geschlagen hat. Ich gehe davon aus, dass MigrantInnen zunächst und überwiegend Kontakt zu ihresgleichen suchen und der Kontakt zur Mehrheitsgesellschaft oder anderen Diaspora-Gruppen nachrangig ist.

Die Befragten (n = 83) wurden um Auskunft zu den Nationalitäten ihrer Bekannten in Berlin gebeten. Von den angegebenen Nationalitäten sollen hier drei Gruppen in den Blick kommen: deutsche und rumänische Staatsangehörige sowie sonstige (außereuropäische)[440] Nationalitäten.

Fast alle der Befragten (99 Prozent) haben Kontakt zu Deutschen. 83 Prozent gaben an, mit Landsleuten in Kontakt zu stehen. 70 Prozent der Antwortenden haben mindestens zu Menschen eines, maximal zu Menschen aller fünf übrigen Kontinente[441] Kontakt.

Die neue rumänische Diaspora hat wider Erwarten mehr Kontakt zu deutschen Staatsangehörigen in Berlin als zu ihresgleichen. Eine mögliche Erklärung dafür ist, dass die allermeisten von ihnen (95 Prozent)[442] berufstätig, StudentInnen, Freiwilligendienstleistende oder SchülerInnen sind und somit der tägliche Kontakt zur deutschen Mehrheitsbevölkerung zwangsläufig gegeben ist. Ein anderer Grund kann in den besseren Deutschkenntnissen dieser Gruppe liegen: wer die Sprache schon beherrscht, kommt auch eher mit Deutsch Sprechenden in Kontakt. Umgekehrt verbessert sich das Sprachniveau weiter.[443]

Ähnliche Ergebnisse lieferte die Untersuchung von minor. Dort wurde ebenfalls nach den Kontakten zu Deutschen, zu Landsleuten und zu internationalen Personen gefragt. Zu Deutschen hatten etwa 70 Prozent der Befragten mindestens einmal im Monat Kontakt, fast 30 Prozent hingegen fast

---

440   Der Fall, dass Befragte weder zu Deutschen noch zu RumänInnen, aber zu anderen EuropäerInnen Kontakt hatten, trat nicht auf.

441   Asien, Nordamerika, Südamerika, Afrika, Australien.

442   Wert bei der Grundgesamtheit: 92 Prozent.

443   25 Prozent derjenigen mit Kontakt zu Deutschen haben keine oder Grundkenntnisse und 75 Prozent sprechend fließend oder auf muttersprachlichem Niveau deutsch. In der gesamten Befragungsgruppe (n = 105) hatten 30 Prozent keine oder wenige Deutschkenntnisse und 70 Prozent gute oder muttersprachliche.

nie. Der Anteil derjenigen, die mit anderen Diaspora-Angehörigen Kontakt haben, ist mit drei Viertel der Befragten etwas höher. Umgekehrt verwundert es, dass das übrige Viertel so gut wie keinen Kontakt zu Landsleuten hat. Am höchsten ist die Zahl derjenigen, die mit internationalen Menschen in Kontakt steht, nämlich fast 80 Prozent.[444]

9.3 Die Beziehung der Diaspora zu Rumänien

Die neue rumänische Diaspora unterscheidet sich auch hinsichtlich ihrer Beziehung zum Herkunftsland von ihren Vorläuferinnen. Im Anschluss an Elena Tudor sind folgende Dimensionen der Verbindung mit dem Heimatland Rumänien relevant:

- die Besuche, die sie zu Hause machen oder von dort bekommen
- in Rumänien verbliebene Familienmitglieder
- ihr Geschmack beim Konsum (Essen, Filme, Musik)
- die Verbindungen, die sie zu den RumänInnen in der(selben) Diaspora haben
- die Sicht, die sie auf Rumänien und auf RumänInnen haben[445]

Im Rahmen dieser Untersuchung interessiert deshalb einerseits, wie viele der Befragten Angehörige in Rumänien haben und welcher Art ihre Verbindung zu ihnen ist, andererseits die Meinung der Ausgewanderten zur aktuellen Lage Rumäniens in Verbindung mit einer möglichen Rückkehr.

9.3.1 Angehörige in Rumänien

Insgesamt gaben 92 Prozent der Befragten (n = 77) an, noch Familienmitglieder in Rumänien zu haben. Von im Ganzen 55 verheirateten oder mit Partner lebenden ProbandInnen haben 14 die Frage nach dem Partner in Rumänien beantwortet, ein Fünftel von ihnen mit „ja". Von 70 Personen,

---

444 Vgl. KAPLON u.a.: Teil II - Expertise zur Arbeitsmarktintegration (wie Anm. 11), S. 311–313.
445 Vgl. Elena TUDOR: Romanian migrants between origin and destiantion: Attachment to Romania and views on return, in: EUCROSS (Hrsg.): The europeanisation of Everyday Life: Cross-Border Practices and Transnational Identifications Among EU and Third-Country Citizens, 2014, S. 45–61, hier S. 45.

die Eltern sind, haben 16 auf die Frage nach in Rumänien verbliebenen Kindern geantwortet, ein Fünftel von ihnen ebenfalls mit „ja". 71 Prozent der Befragten haben noch Eltern oder Schwiegereltern in der alten Heimat; Geschwister[446] haben noch 49 Prozent in Rumänien, Großeltern 40 und weitere Verwandte[447] 62 Prozent.[448] Der höchste Wert tritt bei in Rumänien gebliebenen Eltern auf; mit nur einem Zehntel ist der Wert für im Herkunftsland gebliebene PartnerInnen am niedrigsten.

Tabelle 3: Anteil der Befragten, die die Frage nach jeweils in Rumänien verbliebenen Familienangehörigen mit „ja" beantwortet haben.

in RO verbliebene Familienmitglieder	absolute Häufigkeit	relative Häufigkeit in %
EhepartnerIn oder LebensgefährtIn	3 / 14	21
Kinder und Stiefkinder	3 / 16	19
Eltern, Stief- und Schwiegereltern	55 / 77	71
Geschwister, Stief- und Halbgeschwister	38 / 77	49
Großeltern	31 / 77	40
weitere Verwandte	48 / 77	62
gesamt	71 / 77	92

9.3.2 Kontakt nach Rumänien

Welche Art von Verbindungen bestehen nun zwischen Berlin und Rumänien? Die UmfrageteilnehmerInnen (n = 81) hatten die Möglichkeit, sieben verschiedene Optionen anzukreuzen.

Am häufigsten, nämlich in 88 Prozent der Fälle, halten die Personen Kontakt durch persönliche Besuche. Dabei reist die Hälfte der Befragten ein Mal und ein Drittel zwei Mal pro Jahr nach Rumänien.

---

446 Auch Stief- und Halbgeschwister.
447 Onkel, Tanten, Cousins, Cousinen.
448 Dies sind Näherungswerte. Bei in Rumänien verbliebenen Eltern / Schwiegereltern, Geschwistern, Großeltern und weiteren Verwandten wurde anders als bei Kindern und Ehe- / Lebenspartnern pauschal davon ausgegangen, dass sie vorhanden sind. Die genannten Zahlen sind Mindestwerte; tatsächlich ist der Anteil jeweils höher anzusetzen, da nicht jeder Befragte Geschwister oder Großeltern hat(te).

Tabelle 4: Anteil der Befragten, die die jeweilige Form nutzen, um Kontakt nach Rumänien zu halten.

Kontaktform nach Rumänien	Häufigkeit in %
persönliche Besuche	88
Telefon	78
Skype	65
soziale Netzwerke	58
E-Mail / Post	40
Chat	36
Pakete / Geschenke	27

70 Prozent der ProbandInnen kreuzten an, per Telefon Kontakt zu halten; per Skype haben 65 Prozent der TeilnehmerInnen Kontakt nach Hause, über soziale Netzwerke 58 Prozent. E-Mail und Post nutzen zu diesem Zweck knapp 40 Prozent und Chatdienste 36 Prozent der Befragten.

Nur 27 Prozent gaben an, Pakete nach Rumänien zu senden. Waren die nach Hause geschickten Päckchen noch vor einigen Jahren Symbole eines neu entstehenden, fernfinanzierten Mittelstandes in Rumänien, so scheint die heutige Diaspora die zahlreichen Paketzusteller nicht mehr zu brauchen - entweder, weil die transnationalen Netzwerke, von denen für die Phase der rumänischen Arbeitsmigration gesprochen werden kann, nicht mehr auf diese Weise funktionieren oder weil die neue Diaspora auch eine neue Art transnationalen Vernetztseins aufweist.

Ebenfalls unerwartet niedrig fiel der Wert für die Rücküberweisungen aus: von den Antworten ($n = 70$) auf die Frage, ob sie Geld nach Rumänien schicken, lauteten lediglich sechs „ja". Eines der im öffentlichen Diskurs am häufigsten erwähnten Phänomene - die Rücküberweisungen ins Heimatland - spielt in der rumänischen Diaspora in Berlin die geringste Rolle.

9.3.3 Einschätzungen der Diaspora zur Lage Rumäniens

In der Umfrage wurde die Meinung der ProbandInnen ($n = 67$) zur zukünftigen Entwicklung Rumäniens erfragt. Manche antworteten umfangreicher als auf jede andere der offenen Fragen, was darauf schließen lässt, dass mit dem Thema ein Nerv getroffen wurde. Auch die Verweigerung der Antwort, die immerhin bei 15 ProbandInnen[449] zu beobachten war, kann Signal dafür sein, dass dies ein sensibles oder kompliziertes Thema ist. Es wurden die Ansichten zu den Bereichen Gesellschaft, Politik und Wirtschaft ermittelt. Die Einschätzungen zu den einzelnen Themenfeldern unterscheiden sich nicht signifikant voneinander.

Am wenigsten optimistisch ist die Diaspora in Bezug auf die rumänische Politik. Hier gehen nur rund 80 Prozent von einer positiven Entwicklung und fast 20 Prozent von Stagnation oder Verschlechterung aus. Für Gesellschaft und Wirtschaft geben mit jeweils ungefähr 85 Prozent etwas mehr eine positive Prognose ab, 10 Prozent erwarten hier Stagnation und mit nur 5 Prozent befürchten die wenigsten eine Verschlechterung der Situation in diesen Bereichen.

Wie ist die Situation bei der jungen Generation? Nur ein Viertel der Befragten zwischen 20 und 31 Jahren[450] hat die Frage nach der Zukunft ihres Herkunftslandes beantwortet. Die tendenziell optimistische Sicht in Bezug auf die Zukunft gleicht der der Gesamtbefragungsgruppe. Am wenigsten Hoffnung hat die junge Diaspora hinsichtlich der politischen Situation (nur 76 Prozent sehen Entwicklungsmöglichkeiten), wohingegen der Anteil bei gesellschaftlicher und wirtschaftlicher Entwicklung jeweils um zehn Prozentpunkte höher liegt.

Damit unterscheidet sich diese Teilgruppe der Diaspora von ihren in Rumänien lebenden Landsleuten. Wie eine Studie zur Situation der rumänischen Jugend im Jahr 2014 ergab, glaubt nur rund ein Viertel der 15- bis 29-Jährigen dort, dass die wirtschaftliche Situation sich in den kommenden Jahren verbessern wird, wohingegen etwa 40 Prozent Stagnation und ein Drittel Rückschritte annehmen.[451]

Insgesamt gehen die Meinungen innerhalb der Diaspora weit auseinander. Ein 1978 geborener Proband, der 2015 nach Deutschland kam, sieht die Zukunft seines Herkunftslandes düster:

---

449   Diese sagten z.B. „Nu comentez" (dt.: Kein Kommentar).
450   Dabei handelt es sich um das Alter, was alle zum 31.12.2016 erreicht haben werden. Diese Gruppe war Ende 2014 zwischen 18 und 29 Jahren alt, womit der Vergleich mit den Befragten in Rumänien ermöglicht werden soll.
451   Vgl. SANDU/STOICA/UMBREŞ: Romanian Youth: Worries, Aspirations, Values and Life Style (wie Anm. 390), S. 152.

Die Gesellschaft wird regredieren, weil das Bildungssystem immer mehr Analpha-
beten produziert. Die Politik wird von Leuten gemacht, die Schmiergeld geben und
nehmen, hat also keine Zukunft. Die Wirtschaft wird auf lange Sicht schwächer,
weil von einer Bevölkerung von 20 Mio. höchstens 4 Mio. Erwerbsbevölkerung
sind; ihre Zahl wird in Zukunft noch weiter sinken.[452]

Eine elf Jahre jüngere Frau, die seit 2013 in Deutschland lebt, ist optimis-
tischer:

> [...] Rumänien wird sich in die richtige Richtung entwickeln. Politisch wird zuneh-
> mend härter gegen Korruption vorgegangen werden und mit der Zeit werden gut
> ausgebildete Leute die offiziellen Posten nach Professionalitätskriterien besetzen.
> Wirtschaftlich habe ich noch keine großen Erwartungen. Ich glaube, dass sich die
> Gesellschaft langsam zu mehr Innovation hin öffnen wird.[453]

Die Gefragten sprechen folgende Themen an: Korruption (12), Bildung /
Bildungssystem (4), Emigration / Brain Drain (4), negative Demographie,
Gesundheitssystem, politische Klasse, Infrastruktur des Landes, Zivilge-
sellschaft, Arbeitsmarktsituation, Justiz / Rechtsstaatlichkeit, Protestbe-
wegungen, Nationalismus / Rechtspopulismus, Rückständigkeit, IT und
Volksmentalität / Werte (jeweils Einzelnennungen).

Mit Abstand am häufigsten kommt das Thema Korruption vor. Dies
kann auf ein starkes Problembewusstsein der Diaspora hindeuten.[454] Anzunehmen ist außerdem, dass Korruption ein Auswanderungsgrund war.

Dass manche TeilnehmerInnen auch das Thema Emigration erwähnen,
zeigt einen Widerspruch zwischen ihrer eigenen Auswanderung und ihrer
Wahrnehmung der negativen Folgen von Emigration für Rumänien. Ein
1981 geborener Mann, der 2000 nach Berlin kam, macht sich um die Entwicklung der Jugend und um das Schicksal der verlassenen Alten und Eltern
in Rumänien Sorgen. „Denn wir waren gezwungen, das Land zu verlassen",

---

452 Antwort auf Rumänisch, Übersetzung: JV.
453 Antwort auf Rumänisch, Übersetzung: JV.
454 Im Korruptionswahrnehmungsindex für 2015 lag das Herkunftsland Ru-
     mänien mit Rang 58 von 167 nur im Mittelfeld (Deutschland: Rang 10);
     vgl. Transparency International Deutschland e.V.: Corruption Per-
     ception Index 2015, 2016, URL: https://www.transparency.de/Tabellarisches-
     Ranking.2754.0.html (besucht am 04.02.2016).
     Hier stellt sich die Frage, ob und inwiefern die Diaspora-Situation Einfluss
     auf die Wahrnehmung von Korruption hat.

erklärt er. Ein Mehrwert werde im Land nicht erwirtschaftet, da die Grundlage fehle. „Alles, was gut ist, geht raus." Positiv bewertet er aber, dass sich durch die Öffnung der Grenzen die Mentalität der Menschen ändern könne, da sie sehen, was „hinter dem Zaun" sei.[455]

Ein sechs Jahre älterer Proband sieht kaum Entwicklungsmöglichkeiten, was er ebenfalls mit der andauernden Emigration in Zusammenhang bringt:

> Rumänien wird weiter Gehirne[456] für Europa exportieren und das ist auf lange Sicht eine ernsthafte Bremse.[457]

9.3.4 Rückkehrabsichten der Diaspora

Wie ist die rumänische Diaspora in Berlin einer eventuellen Rückkehr nach Rumänien gegenüber eingestellt? Hängt sie mit der Einschätzung über die zukünftige Entwicklung des Landes zusammen?

Die ProbandInnen konnten auf die Frage, ob sie selbst nach Rumänien zurückkehren wollen, auf sechs Weisen antworten. 5 Prozent der Befragten wollen auf jeden Fall zurückkehren, 15 Prozent wahrscheinlich. Ein Viertel der ProbandInnen gibt an, vielleicht zurückzugehen. Am meisten, nämlich zu 26 Prozent, antworteten die Befragten, mit „nein, wahrscheinlich nicht"; circa ein Fünftel sind sich sogar sicher, nicht zurückkehren zu wollen.

Die übrigen knapp 8 Prozent haben diese Frage noch nicht für sich entschieden. Fast die Hälfte der TeilnehmerInnen geben also an, nicht in ihr Herkunftsland zurückgehen zu wollen. Das Gegenteil ist nur bei einem Fünftel von ihnen der Fall. Damit scheint die Berliner Diaspora eine Gruppe von vorwiegend *dauerhaft* Ausgewanderten zu sein.

---

455 Antwort auf Rumänisch, Übersetzung: JV.
456 Rum.: „creiere".
457 Antwort auf Rumänisch, Übersetzung: JV.

Abbildung 6: Rückkehrabsichten von in Berlin lebenden rumänischen
Staatsangehörigen.

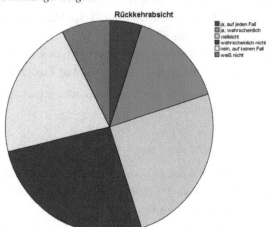

Warum sie zurück oder nicht zurück nach Rumänien wollen, begründen die Befragten sehr unterschiedlich. Einige geben an, ihr Land zu lieben, ihre Heimat zu vermissen und sich für die weitere Entwicklung dort verantwortlich zu fühlen. Andere können sich ein Leben in Rumänien nicht mehr vorstellen, haben sich in Berlin eine neue Heimat geschaffen und schätzen die Sicherheiten in Deutschland.

Jemand, der 2000 mit 19 Jahren nach Berlin kam, Geld nach Rumänien schickt und wahrscheinlich nicht zurück nach Rumänien geht, fragt:

> Was soll ich mit meinen Qualifikationen und meiner Erfahrung in Rumänien machen? [...] Rumänien will uns momentan nicht zurück. Es ist gut, dass wir jedes Jahr Milliarden ins Land schicken [...] Aber es ist noch besser, dass wir sind, wo wir sind. Millionen von Leuten in Rumänien verlassen sich auf die Hilfe derer aus dem Ausland. Ist das normal 2015?
> Vielleicht gehe ich im Alter zurück, meinen Geburtsort zu sehen und den Geschmack rumänischen Essens zu schmecken. Aber wer weiß, vielleicht ist es bis dahin genauso schlecht wie das deutsche Essen und die Menschen werden genauso kalt, ignorant und introvertiert sein wie hier [in Berlin, JV] [...][458]

Einige der Befragten (*n* = 67) erzählen, dass sie mit den im Ausland erworbenen Fähigkeiten einen Beitrag in Rumänien leisten wollen. Ein

---

458   Antwort auf Rumänisch, Übersetzung: JV.

1994 geborener Mann, der „auf jeden Fall" zurückkehren will, gibt an, am „Aufbau eines neuen Gesichts Rumäniens teilnehmen" zu wollen. Eine 2010 mit 30 Jahren nach Berlin gekommene Frau, die „vielleicht" zurück will, meint:

> [...] weil es meine Heimat ist [...] weil ich [...] meine Fähigkeiten und Erfahrungen auch zugunsten meiner Heimat nutzen sollte [...][459]

Auch ein 25-Jähriger, der 2010 kam, hofft, mit den in Deutschland gesammelten Erfahrungen „in Rumänien etwas Positives bewirken" zu können.

Tudor hat im Rahmen ihrer Untersuchung die Frage bearbeitet, wie die Migrationserfahrung die Einstellung gegenüber dem Heimatland Rumänien und den Wunsch, dorthin zurückzukehren, beeinflussen.[460] Ihr zufolge bleiben rumänische MigrantInnen aus folgenden Gründen im Ausland:

* PartnerIn möchte nicht zurückkehren
* besseres Einkommen im Ausland
* Familie gegründet in der Diaspora
* fehlende Perspektiven und Sicherheiten in Rumänien
* Rückkehr nur aus Alters- oder Geschäftsgründen
* hohes Maß an Transnationalisiertsein[461]

Tudors Ergebnisse werden im Wesentlichen durch die Antworten im Rahmen der durchgeführten Umfrage bestätigt. Auffallend ist die große Bandbreite der Antworten. Sie verweisen auf unterschiedliche Grade der Zufriedenheit mit dem Leben im Ausland und auf verschieden starke Bedürfnisse nach der rumänischen Heimat.[462]

---

459 Antwort auf Deutsch, orthographische Glättungen durch die Autorin.

460 Vgl. TUDOR: Romanian migrants between origin and destiantion: Attachment to Romania and views on return (wie Anm. 445).

461 „Higher transnationalism levels allow the accumulation of more resources and thus increases mobility further"; ebd., S. 59.

462 Wovon die Rückkehrwünsche im Einzelnen abhängen, müsste in einer eingehenderen Untersuchung eruiert werden. Hier sollen lediglich Tendenzen aufgezeigt werden.

In Bezug auf die Rückkehrabsicht spielt auch die Aufenthaltsdauer eine Rolle. Je länger jemand in der Diaspora lebt, desto seltener geht dieser Mensch in sein Heimatland zurück.[463]
Bei den in Berlin Befragten bestätigte sich dies. Diejenigen, die unter fünf Jahren in Deutschland sind, tendieren mit „vielleicht" noch am ehesten dazu, nach Rumänien zurückzukehren, wohingegen mit zunehmender Aufenthaltsdauer der Rückkehrwunsch abnimmt; wer länger als 16 Jahre in der Bundesrepublik ist, will „auf keinen Fall" zurückgehen.

Rückkehr und Rassismus

Ruxandra Trandafoiu hat bei ihren Untersuchungen zur rumänischen Online-Diaspora das Phänomen eines „intradiasporischen Rassismus" beobachtet:

> The Roma become „a certain category of strangers who must remain strangers" [...], even when Romanians and Gypsies are brought together by the experience of migration.[464]

Auch bei den hier untersuchten Antworten tauchen rassistische Attitüden auf. Ein 1978 geborener Angehöriger der türkischen Minderheit in Rumänien, der seit 2009 in Berlin ist und noch nicht entschieden hat, ob er zurückgeht, antwortet auf die Frage nach dem Grund seiner Rückkehr / Nichtrückkehr: „Țigani".[465]
Ein gleichaltriger Rumäne, der ebenfalls unsicher in Bezug auf seine Rückkehr ist, meint, Roma-Musik,[466] Respektlosigkeit, Misere und Dummheit seien zu sichtbar in Rumänien.

---

463 Dieser Trend zeigt sich bei nahezu allen Ausländergruppen. Siehe dazu auch die Zahlen des *Bundesamtes für Migration und Flüchtlinge* zu den Fortzügen von AusländerInnen nach Aufenthaltsdauer; vgl. BUNDESAMT FÜR MIGRATION UND FLÜCHTLINGE: Das Bundesamt in Zahlen 2014: Asyl, Migration und Integration (wie Anm. 7), S. 98.

464 TRANDAFOIU: Diaspora online: Identity politics and Romanian migrants (wie Anm. 32), S. 75.

465 Dt.: „Zigeuner". Der hier gewählte deutsche Ausdruck entspricht wörtlich dem rumänischen Begriff und ist in gleicher Weise pejorativ.

466 Rum.: „manele".

Beide gehören zu den wenigen ProbandInnen, die noch nicht wissen, ob sie zurück nach Rumänien gehen oder nicht. Interessant ist, dass sie ihre Nicht-Entscheidung mit den in Rumänien lebenden RomNja begründen. Trandafoiu erklärt derartigen Rassismus mit der Internalisierung des Migrantenstatus', der kompensiert werden müsse.[467]

Zwischenfazit

Die rumänische Diaspora in Berlin befindet sich zwischen Herkunftsland, Zielland und weltweiter rumänischer Diaspora. Zwei dieser Pole sind mittels einer stichprobenhaft durchgeführten Umfrage mit 125 TeilnehmerInnen näher untersucht worden.

Die Befragten sind im Schnitt zwischen 30 und 40 Jahren alt; tendenziell ledig ohne Kinder (jeweils mehr als 50 Prozent) und verfügen über einen Hochschulabschluss (knapp 75 Prozent).

Wie gestaltet sich die Beziehung zum Zuwanderungsland Deutschland im Großraum Berlin?

Die Diaspora ist in der Stadt tendenziell gut integriert[468] - obwohl der Start in Berlin nach Ansicht von rund 40 Prozent der Befragten mit großen Schwierigkeiten verbunden war.[469] Fast drei Viertel beherrschen die deutsche Sprache fließend oder auf muttersprachlichem Niveau. Etwa ebenso viele sind berufstätig als Angestellte oder Selbständige. Ein Arbeits- und Studienplatz war häufigster Grund, nach Berlin zu kommen, was die hohe Bedeutung des Faktors Arbeit bei der Migrationsentscheidung zeigt. Was den Kontakt zur deutschen Mehrheitsgesellschaft angeht, so ist diese Zahl hier sogar höher als beim Kontakt zu weiteren Angehörigen der rumänischen Community. Die Befragten leben verteilt über alle Berliner Bezirke. Mitte, Neukölln und Charlottenburg-Wilmersdorf stellen dabei mit je über 2.500 angemeldeten Personen den Hauptmagnet für rumänische MigrantInnen

---

467 Vgl. TRANDAFOIU: Diaspora online: Identity politics and Romanian migrants (wie Anm. 32), S. 75.

468 Hierbei sind die Indikatoren für Integration: Sprachkenntnisse, Arbeitsmarktintegration und soziale Integration.

469 Als größte Hindernisse wurden mangelnde Deutschkenntnisse, die schlechte Situation auf dem Wohnungsmarkt und komplizierte deutsche Bürokratie genannt.

in Berlin dar. Im Schnitt ist von 1.900 Diaspora-Angehörigen pro Bezirk auszugehen.

Wie lässt sich die Verbindung zum Herkunftsland Rumänien beschreiben? Die Befragten kommen aus allen Teilen Rumäniens - am meisten aus den Regionen Zentrum und Nordost. Zu über 90 Prozent haben sie noch Familienangehörige in der Heimat. Am häufigsten leben die Eltern[470] und entferntere Verwandte[471] noch dort.

Über die Hälfte der befragten Diaspora-Angehörigen gaben an, wahrscheinlich oder sicher nicht nach Rumänien zurückkehren zu wollen. Allerdings weisen die Antworten insgesamt eine große Varianz an Haltungen auf. Die Diaspora schwankt zwischen Heimatverbundenheit und Entfremdung.

Diese Ambivalenz spiegelt sich allerdings kaum in den Aussagen zu den Formen des Kontaktes nach Rumänien wider. Auch wenn jemand nicht zurückkehren will, bleibt er oder sie fast immer in Verbindung mit der Heimat. Nahezu alle Rumänienstämmigen in Berlin halten Kontakt nach Rumänien; rund die Hälfte fährt jährlich einmal dorthin auf Besuch. Dabei ist der persönliche Aufenthalt in der Heimat auch die häufigste Kontaktform. Wider Erwarten spielen Pakete und Rücküberweisungen für die Berliner Diaspora-Gruppe kaum eine Rolle.

Die eher unwahrscheinliche Rückkehr hängt wahrscheinlich auch mit den tendenziell pessimistischen Einschätzungen zur zukünftigen Entwicklung des Landes Rumänien zusammen. Für Wirtschaft und Gesellschaft haben etwa 80 Prozent Hoffnung auf Verbesserungen. Für das politische System herrscht indes weniger Optimismus, wobei die sehr häufig benannte Korruption ein Grund des Misstrauens der Diaspora ist.

10 Die Präsidentschaftswahl 2014

Am 2. November 2014 wurde die rumänische Diaspora sichtbar. Obwohl es sie bereits seit einigen Jahren und Jahrzehnten in den verschiedenen europäischen Staaten gab, war sie bisher nahezu unsichtbar gewesen. Dies hatte sich anlässlich der Wahl des zukünftigen Staatspräsidenten Rumäniens geändert - auch in Berlin.

---

470   Bzw. Schwieger- oder Stiefeltern.
471   Cousins, Cousinen, Onkels, Tanten.

Mitten in der Stadt warteten in langen Schlangen hunderte rumänische Staatsangehörige an zwei nasskalten Novembertagen darauf, ihre Stimme abzugeben. Immerhin ist die Ausübung des Wahlrechts im Ausland „das derzeit wichtigste Mittel der Diaspora zur Teilnahme am politischen Leben".[472]

Für das Kabinett Ponta wurde diese Wahl zu einem Debakel - zahlreiche Regierungsmitglieder verloren wegen Versagens bei der Organisation dieser Wahl ihre Posten. Denn der rumänische Staat hatte vor der Aufgabe gestanden, seinen StaatsbürgerInnen Zugang zu ihren demokratischen Grundrechten zu gewähren. Dabei ist es mit zunehmender Emigration der Bevölkerung immer weniger praktizierbar, dass der Kreis derjenigen, die rumänische Politik demokratisch legitimieren, auf die BürgerInnen innerhalb der Landesgrenzen beschränkt bleibt, beziehungsweise dies als der Normalfall angesehen wird und für andere Szenarien keine Lösungen bereit stehen.

> Im Hinblick auf den demokratischen Bedarf an Legitimationen entstehen immer dann Defizite, wenn sich der Kreis der an demokratischen Entscheidungen Beteiligten mit dem Kreis der von diesen Entscheidungen Betroffenen nicht deckt.[473]

Habermas hat in seinen Beobachtungen zum „europäischen Nationalstaat unter dem Druck der Globalisierung" vorausgesehen, was sich auch im Zusammenhang mit der rumänischen Präsidentschaftswahl 2014 zeigte: die Schwierigkeit demokratischer Legitimation nationaler Regierungen bei gleichzeitiger Transnationalisierung und Entterritorialisierung dieser Staaten. Rumänien versucht auf diese Frage Antworten zu finden.[474]

Im Hinblick auf diese Herausforderungen stellt sich die Frage, wie die rumänische Diaspora in Berlin gewählt hat. Welche Bedeutung hat diese Präsidentschaftswahl als Mobilisierungsereignis innerhalb der Diaspora?

---

472 BRUJAN: Rumänien zwischen Zuhause und Diaspora: Migration und ihre Auswirkungen auf Politik, Wirtschaft und Gesellschaft (wie Anm. 126), S. 46.
473 HABERMAS: Der europäische Nationalstaat unter dem Druck der Globalisierung (wie Anm. 145), S. 150.
474 Inwiefern die Einführung des Briefwahlverfahrens, was anlässlich der Parlamentswahlen 2016 erstmals angewendet wurde, eine Antwort darstellen kann, muss in einer eigenständigen Arbeit untersucht werden.

10.1 Erfahrungen der rumänischen Diaspora in Berlin

In Berlin befand sich eines der deutschlandweit fünf Wahllokale,[475] wo die Diaspora[476] ihre Stimme abgeben konnte. Es war in der Rumänischen Botschaft in der Dorotheenstraße eingerichtet worden.

Die TeilnehmerInnen der durchgeführten Umfrage (n = 81)[477] wurden danach gefragt, an welchem Tag sie an der Wahl teilgenommen und was sie bei der Wahl erlebt haben.

Ein (besonders) starkes Interesse an dieser Wahl lässt sich anhand der Antworten der Befragten nicht nachweisen. Die Einstellungen der Diaspora-Angehörigen zu dieser Wahl reichen von absolutem Desinteresse[478] bis hin zu unbedingtem Teilnahmewunsch.[479] Jeweils rund 40 Prozent der befragten WählerInnen waren an beiden Tagen zur Wahl gekommen. Ungefähr ebenso viele hatten gar nicht teilgenommen. Die übrigen 20 Prozent waren nur an einem der beiden Termine wählen gegangen.[480]

Diejenigen, die sich zur Stimmabgabe aufgemacht hatten, lassen sich anhand ihrer unterschiedlichen Erfahrungen in drei Gruppen einteilen:

- die, die die Organisation der Wahl gut fanden und keine Probleme hatten
- solche, die Schlange stehen mussten (bis zu zwei Stunden), aber keine weiteren Schwierigkeiten hatten
- diejenigen, die sehr lange anstehen mussten und größere Probleme beim Wählen hatten oder ihre Stimme nicht abgeben konnten

---

475 Gewählt werden konnte darüber hinaus in München, Stuttgart, Bonn und Hamburg.

476 Hier ist eine Einschränkung wichtig, denn die ebenfalls zur Diaspora gehörenden Deutschen mit rumänischem Migrationshintergrund, die keinen rumänischen Pass (mehr) besitzen, waren nicht stimmberechtigt.

477 Von diesen waren alle zum Wahltermin volljährig, sodass das nicht erreichte Wahlalter als Ursache der Nichtteilnahme ausscheidet.

478 „Mich interessieren die Wahlen in Rumänien nicht", sagt ein 38-Jähriger (Übersetzung: JV).

479 So meint ein Teilnehmer: „I was afraid that Ponta will become president so even if I was having the worst flu of my life I went to vote with 41 degrees of fever".

480 Der Anteil derer, die am zweiten Wahltag an die Urnen gegangen sind, war dabei mit 16 Prozent vier Mal größer als am ersten Tag (4 Prozent).

Die Erfahrungen ähnelten sich an den beiden Wahlterminen. Wenn sie sich an den ersten Wahltag erinnern, sagen circa 46 Prozent der Befragten, sie hätten sehr schlechte Erfahrungen gemacht und lange Schlange stehen müssen. Für den Termin zwei Wochen später sagen das Gleiche immer noch rund 43 Prozent.

Ein Proband aus Westrumänien meint:

> [...] Eine Unverschämtheit die Art, wie wir behandelt wurden. Man sah klar, dass die Wahl schlecht organisiert war, um der Diaspora eine Wahlteilnahme in größerem Umfang zu verwehren. Ich stand vier bis fünf Stunden in der Kälte und im Regen, aber habe am Ende gewählt.[481]

Jeweils 27 Prozent der ProbandInnen geben für den ersten Wahltag an, keine oder leichte Probleme gehabt zu haben. Diese Personen antworten bezüglich der Stichwahl am 16. November anders: ein Drittel meint nun, die Wahl sei gut verlaufen und nur ein Fünftel findet, dass leichte Komplikationen aufgetreten waren.

Außerdem haben 5 Prozent der Befragten beim zweiten Wahltermin außerhalb Berlins[482] gewählt. Eine 29- jährige Probandin etwa berichtet:

Abbildung 7: Teilnahme an der Präsidentschaftswahl 2014 von in Berlin lebenden rumänischen Staatsangehörigen.

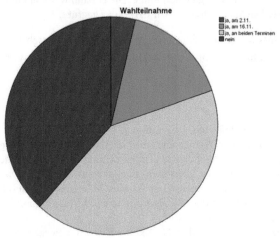

---

481 Antwort auf Rumänisch, Übersetzung: JV.
482 Sowohl in anderen deutschen und europäischen Städten als auch in Rumänien.

Ich habe am 2.11. versucht, in Berlin zu wählen, aber die Schlange war unendlich.
Am 16.11. habe ich morgens um 7 Uhr in Hamburg gewählt; ich musste nur fünf
Minuten warten.[483]

10.2 Die Wahl als vielfältiges Mobilisierungsereignis

Anlässlich der Wahl zum rumänischen Staatspräsidenten geriet die Diaspora
in Berlin in Bewegung. Eine Umfrageteilnehmerin spricht von einer „noch
nie dagewesenen Solidarität unter den Ausgewanderten". War sie vorher
überwiegend in den sozialen Netzwerken oder in kleinen Bekanntenkreisen
existent gewesen, ging die Diaspora nun auf die Straße. Man lernte sich
kennen, schloss Freundschaften und war durch ein gemeinsames Ziel, die
Teilnahme an der Wahl, geeint.

Ein 35-Jähriger beschreibt seine Erfahrungen als

[g]ut. Ich war ermutigt durch die Teilnahme anderer Rumänen und habe bei dieser
Gelegenheit sogar einen Freundeskreis gefunden.[484]

Eine Teilnehmerin aus den Karpaten erwähnt das Wir-Gefühl ebenfalls.
Sie sagt:

Ich ging beim ersten Mal gegen Mittag; es war sehr voll. Beim zweiten Mal ging ich
sehr früh; es war eine sehr gute Stimmung. Die U-Bahn war voll mit Party-Gästen
und rumänischen Staatsbürgern - wir haben uns gegrüßt.[485]

Das Gefühl des Marginalisiertseins, was Diaspora-Angehörige eint,[486] war
punktuell aufgehoben; vor allem in der Dorotheenstraße wurde angesichts

---

483   Antwort auf Rumänisch, Übersetzung: JV.
      Das Phänomen der Wählermigration in Abhängigkeit zu den gemachten Er-
      fahrungen sollte in einer eigenen Untersuchung bearbeitet werden. Cosoroabă
      berichtet beispielsweise von einem Ehepaar aus München, was - statt sich in
      der dortigen Schlange anzustellen - zum Wählen nach Milano (Italien) gefah-
      ren ist; vgl. COSOROABĂ: Wer hat und warum Klaus Johannis gewählt? Eine
      Wahlanalyse (wie Anm. 100).
      Vgl. dazu auch die beiden Grafiken zu den Wahlergebnissen im Anhang
      S. XVIII.
484   Antwort auf Rumänisch, Übersetzung: JV.
485   Antwort auf Deutsch, leichte sprachliche Glättungen durch die Autorin.
486   Vgl. BAUBÖCK: Diaspora und transnationale Demokratie (wie Anm. 16), S. 19.

hunderter wartender Menschen aus der unsichtbaren Minderheit die sichtbare Mehrheit.

Die WählerInnen zeigten durch ihr Warten vor der rumänischen Botschaft[487] auch, dass sie zur rumänischen Diaspora gehören. Für einen kurzen Moment war das Dilemma, gegenüber dem Ziel- und gleichzeitig gegenüber dem Herkunftsland loyal sein zu müssen,[488] außer Kraft gesetzt. Obwohl die WählerInnen teilweise schon seit mehreren Jahren oder Jahrzehnten in der Diaspora lebten,[489] stand die Loyalität gegenüber Rumänien in diesem Moment außer Frage. Insofern hatte die Wahl auch eine Entlastungsfunktion.

Schließlich fand Mobilisierung auch nach außen statt. In den sozialen Netzwerken machten Bilder vom Schlangestehen die Runde; Videos wurden gepostet, Empörung und Protest geäußert. Damit informierten sich die Diaspora-Angehörigen über Ländergrenzen hinweg gegenseitig. Das Internet dokumentierte und synchronisierte ihre Erfahrungen und verstärkte die Empörungswelle.[490] Eine Probandin spricht von „eine[r] unglaubliche[n] Welle von Social-Media-Aktivitäten zu diesem Thema".

Hans-Christian Maner berichtet in diesem Zusammenhang davon, dass über die sozialen Netzwerke auch die in Rumänien verbliebenen Verwandten und Bekannten der Diaspora mobilisiert worden seien.[491] Ştefan Cosoroabă geht ebenfalls davon aus, dass die Diaspora ihre Familienmitglieder in Rumänien mobilisieren konnte. Er erklärt es damit, dass in der kollektivistischen rumänischen Gesellschaft Beziehungen wichtiger seien

---

487 Siehe zur Schlange der Wartenden auch Abbildung 19 im Anhang.

488 Vgl. Moosmüller (Hrsg.): Interkulturelle Kommunikation in der Diaspora: Die kulturelle Gestaltung von Lebens- und Arbeitswelten in der Fremde (wie Anm. 20), S. 15.

489 Die 80 Befragten lebten im Schnitt schon neun Jahre in Berlin (Ankunftsjahr 2005).

490 Für diese Form der Informationsweiterleitung wurden in den sozialen Netzwerken Anleitungen zur Verfügung gestellt, was vor dem Urnengang zu tun sei (Freunde und Bekannte anrufen), wie sie zu überzeugen seien, dass Ponta der Falsche wäre und was bei Unregelmäßigkeiten beim Wahlvorgang zu tun sei (fotografieren, filmen, Verantwortliche informieren, Polizei rufen, Materialien auf *Facebook* stellen).

491 Vgl. Hans-Christian Maner: Die Präsidentschaftswahlen 2014 in Rumänien: „Revolution", „Novemberwunder", „Neuanfang"?, in: Südosteuropa Mitteilungen 55.1 (2015), S. 60–75, hier S. 71.

als Inhalte.[492] Von derartigen Aktivitäten berichten die Befragten aus Berlin jedoch nichts.

10.3 Wie die Diaspora gewählt hat

Im ersten Durchgang der Präsidentschaftswahlen 2014 haben insgesamt rund 9,7 Millionen rumänische BürgerInnen gewählt. Keiner der Kandidat-Innen erreichte die verfassungsmäßig vorgeschriebene absolute Mehrheit. Victor Ponta (PSD)[493] erhielt rund 40 Prozent der Stimmen, Klaus Johannis (PNL)[494] 30 Prozent und die weiteren KandidatInnen zusammen rund 30 Prozent.

Zwei Wochen später gaben ungefähr zwei Millionen mehr WählerInnen ihre Stimme ab. Die Wahlbeteiligung war dabei von vormals 53 Prozent auf nunmehr 64 Prozent angestiegen.[495] Bei der Stichwahl setzte sich Johannis mit 54 Prozent der Stimmen durch. Dass Ponta sein Ergebnis nur um fünf Prozentpunkte, Johannis seines jedoch um 25 Prozentpunkte steigern konn-te, zeigt, dass die Mehrheit der WählerInnen, die nun erstmalig teilnahmen oder die am 2. November andere KandidatInnen gewählt hatten, nun für Johannis gestimmt hatten.

Zur Registrierung der Diaspora-Stimmen wurde ein 48. Wahlbüro einge-richtet.[496] Obwohl zwischen 3,5 und 4 Millionen rumänischer Staatsangehö-riger im Ausland leben, wurden beim ersten Wahlgang aus der weltweiten Diaspora nur rund 161.000 Stimmen registriert. Diese Zahl stieg zwei

---

492   Vgl. Cosoroabă: Wer hat und warum Klaus Johannis gewählt? Eine Wahl-analyse (wie Anm. 100).
493   Rum.: Partidul Social Democrat, dt.: Sozialdemokratische Partei.
494   Rum.: Partidul National-Liberal, dt.: Nationalliberale Partei.
495   Vgl. Biroul Electoral Central: Situaţia prezenţei la urne. 16 noiembrie 2014: [Wahlbeteiligung. 16. November 2014], Bucureşti, 2014, url: http://www.bec2014.ro/rezultate-finale-16-noiembrie/ (besucht am 11.02.2016) und dass.: Statistica la nivel de secţie de votare. 16 noiembrie 2014: [Statistik nach Wahllokalen. 16. November 2014], Bucureşti, 2014, url: http://www.bec2014.ro/rezultate-finale-16-noiembrie/ (besucht am 11.02.2016). Betrach-tet man die Wahlbeteiligung im Verlauf des Wahltages, zeigt sich, dass sie proportional anstieg.
496   Daneben 41 Wahlbüros für die jeweiligen Kreise (rum. Judeţ) sowie sechs Büros für Bukarest.

Wochen später um mehr als das Zweifache auf immerhin 379.000 an. Im Vergleich zu Rumänien nahm die Wahlbeteiligung in der Diaspora sehr stark zu. Dabei verschoben sich die Gewichte zu Johannis' Gunsten. Hatte im ersten Wahlgang noch circa ein Viertel der Diaspora für Ponta gestimmt, sank dieser Anteil trotz gestiegener Stimmzahl im zweiten Wahlgang auf ein Zehntel.

In den fünf deutschen Wahlbüros haben am 2. November 8.198 und am 16. November 17.506 Personen ihre Stimme abgegeben. Johannis erhielt jeweils rund zehn Mal so viele Stimmen wie Ponta.

In Berlin lebten im November 2014 rund 12.000 stimmberechtigte rumänische Staatsangehörige.[497] 1.427 von ihnen gaben am 2. November ihre Stimme ab. In der Stichwahl waren mit 2.974 mehr als doppelt so viele Personen an den Urnen. Ponta bekam dabei 240 und Johannis 2.723 der 2.963 gültigen Stimmen. Von den Befragten (n = 62) gaben knapp 97 Prozent an, an mindestens einem der Wahltage Johannis gewählt zu haben. Die übrigen 3 Prozent hatten Ponta ihre Stimme gegeben.

Warum Johannis in Berlin gewählt wurde

Zwei Drittel der befragten Johannis-WählerInnen (n = 60) äußerten sich zu den Gründen ihrer Abstimmung. Obwohl die einzelnen Motive variieren, lassen sich Tendenzen erkennen.

Johannis wurden seine Erfolge als Bürgermeister von Sibiu / Hermannstadt und das damit verbundene positive Image zugute gehalten. Rund die Hälfte der befragten WählerInnen gaben ihm deshalb ihre Stimme.

Ein Proband, der der deutschen Minderheit Rumäniens angehört, schreibt:

Er war ein guter Bürgermeister mit guten Ergebnissen. Er steht für Reform.

---

497 Von den 13.695 AusländerInnen rumänischer Staatsangehörigkeit in Berlin waren Ende 2014 83 Prozent über 15 Jahre alt. Die Zahl von 12.000 ist eine Schätzung, da der aktuellste statistische Bericht zu den EinwohnerInnen Berlins mit der Einteilung der Altersgruppen (unter 15 / über 15 Jahre) keine genaueren Angaben zum Wahlalter zulässt; vgl. AMT FÜR STATISTIK BERLIN-BRANDENBURG: Statistischer Bericht: Einwohnerinnen und Einwohner im Land Berlin am 31. Dezember 2014 (wie Anm. 277), S. 21.

Johannis' Erfolge in der Kommunalpolitik sind für manche WählerInnen aus Berlin Anlass, ihm auch eine erfolgreiche nationale und internationale Politik zuzutrauen. Dabei spielt der Wunsch nach einer Verbesserung des Images Rumäniens im Ausland eine Rolle. Eine Befragte aus Südrumänien meint:

> Ich habe ihn als einen seriösen Kandidaten empfunden mit einem unbeschmutzten Image. Er versprach einen angemessenen Stil, das Land zu repräsentieren.[498]

Dass er in seinem Wahlkampf unter dem Slogan „România lucrului bine făcut"[499] auf deutsche Tugenden angespielt und diese bewusst eingesetzt habe - auch deswegen also gewählt wurde - ist eine weit verbreitete Annahme. Der Osteuropawissenschaftler Dietmar Müller etwa sagt, Johannis spiele mit dem Slogan „auf subtile, aber dennoch unmissverständliche Weise auf Qualitäten und Eigenschaften an, die in der mentalen Landkarte Rumäniens vornehmlich der Region Siebenbürgen und insbesondere den Deutschen zugeschrieben werden: Ehrlichkeit, Fairness, Arbeitsamkeit, Pünktlichkeit, Verlässlichkeit".[500] Auch Cosoroabă meint, Johannis nehme im Wahlkampf „den deutschen Mythos" auf.[501] Tatsächlich hat Johannis vermieden, beziehungsweise es bewusst abgelehnt, einen ethnischen Wahlkampf zu führen.[502]

---

498 Antwort auf Rumänisch, Übersetzung: JV.

499 Dt.: „Das Rumänien der gut gemachten Sache".

500 Dietmar MÜLLER: Geschichtsregionen und Phantomgrenzen, in: Hannes GRANDITS/Béatrice von HIRSCHHAUSEN/Claudia KRAFT (Hrsg.): Phantomgrenzen, Bd. 1 (Phantomgrenzen im östlichen Europa), Göttingen: Wallstein, 2015, S. 57–83, hier S. 81.

501 Vgl. COSOROABĂ: Wer hat und warum Klaus Johannis gewählt? Eine Wahlanalyse (wie Anm. 100).

502 Vgl. u. a. MANER: Die Präsidentschaftswahlen 2014 in Rumänien: „Revolution", „Novemberwunder", „Neuanfang"? (wie Anm. 491), S. 70.

Abbildung 8: Gründe der Johannis-WählerInnen.

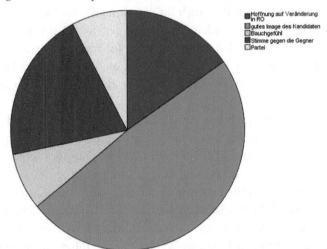

■ Hoffnung auf Veränderung in RO
▨ gutes Image des Kandidaten
☐ Bauchgefühl
■ Stimme gegen die Gegner
☐ Partei

Jedoch war auch seine Ethnie ein Grund, warum er in Berlin gewählt wurde. Dabei war es einigen wichtig, dass er Deutscher ist, wohingegen andere ihm ihre Stimme gaben, da er ein Minderheitenangehöriger ist. So begründet eine Ungarin aus Siebenbürgen ihre Wahl:

> [...] weil er einer ethnischen Minderheit angehört [...] dass er (allein schon wegen seiner Minderheits-Zugehörigkeit) seine Macht nicht missbrauchen wird.

Ein Fünftel der befragten Diaspora-Angehörigen wählte Johannis, damit Ponta nicht gewinnt. Im Sinne Cosoroabăs könnte man hier von einer „Wahl gegen das System"[503] sprechen. Eine 41-jährige Probandin sagt:

> Ich mochte wie und was er sprach. Ponta musste man entfernen. Es war die einzige Chance was zu ändern: jetzt oder nie.

Im Zusammenhang mit der Wahl gegen Ponta nennen viele Befragte die Gegensätzlichkeit der beiden Kandidaten. Johannis halten sie für einen seriösen, glaubwürdigen, kompetenten Politiker, wohingegen Ponta „incompetent, liar and stupid" sei.

---

503 COSOROABĂ: Wer hat und warum Klaus Johannis gewählt? Eine Wahlanalyse (wie Anm. 100).

Der drittwichtigste Grund, Johannis zu wählen, bestand für die Proband-Innen darin, dass sie mit ihm auch ihre Hoffnungen auf Veränderungen in ihrem Herkunftsland verbinden. Der Kampf gegen die Korruption und ein seriöser Politikstil sind Aufgaben, die eher Johannis als Ponta zugetraut werden. 15 Prozent der Befragten wählten aus Gründen der Hoffnung. Cosoroabă hat Ähnliches beobachtet und spricht von einer „Wahl der letzten Hoffnung".[504]

Schließlich spielt auch die politische Richtung, die Johannis vertritt, eine Rolle. Brujan meint, „dass die Diaspora eher rechts von der Mitte wähl[e]".[505] Ähnlich äußert sich Cosoroabă: die Diaspora wähle „konsequent liberal und antisozialistisch".[506]

Betrachtet man das Wahlergebnis in Berlin, treffen diese Aussagen zwar zu, aber für die Wahlentscheidung sind die politischen Parteien, denen die KandidatInnen angehören, von untergeordneter Bedeutung. Nur knapp 8 Prozent der befragten Johannis-WählerInnen wählten ihn wegen seiner Zugehörigkeit zur PNL.[507]

Johannis als Präsident der Diaspora?

Die Frage, inwiefern Johannis als Staatspräsident Verantwortung für seine Landsleute jenseits der rumänischen Staatsgrenze trägt, hängt damit zusammen, worauf sich die Aufgaben des Präsidenten beziehen. Erstreckt sich ihr Geltungsbereich auf das Staatsgebiet Rumäniens, so kann er per definitionem nicht Präsident der Diaspora-RumänInnen sein. Wenn man aber davon ausgeht, dass im Sinne Brujans auch die Diaspora ein Rumänien darstellt[508] - „Rumänien" also eher als entterritorialisierte Nation verstanden wird - so ist Johannis auch Präsident der Diaspora.

---

504 Cosoroabă: Wer hat und warum Klaus Johannis gewählt? Eine Wahlanalyse (wie Anm. 100).

505 Brujan: Rumänien zwischen Zuhause und Diaspora: Migration und ihre Auswirkungen auf Politik, Wirtschaft und Gesellschaft (wie Anm. 126), S. 47.

506 Cosoroabă: Wer hat und warum Klaus Johannis gewählt? Eine Wahlanalyse (wie Anm. 100).

507 Ein Proband gab an, immer für die PNL zu stimmen, eine andere Teilnehmerin äußert, nicht die PSD unterstützen zu wollen.

508 Vgl. Brujan: Rumänien zwischen Zuhause und Diaspora: Migration und ihre Auswirkungen auf Politik, Wirtschaft und Gesellschaft (wie Anm. 126), S. 35.

Ob und wie er ihr Präsident sein kann, hängt von seiner Machtfülle ab. Allgemein hat der rumänische Staatspräsident mehr Kompetenzen als der deutsche Bundespräsident, aber weniger als der französische Staatspräsident. Maner benennt vier verfassungsmäßige Aufgaben des Staatspräsidenten. Er sei

• Repräsentant Rumäniens nach innen und nach außen
• Garant der Unabhängigkeit, der Einheit und der territorialen Integrität des Landes
• Hüter über die Einhaltung der Verfassung
• Vermittler zwischen den Gewalten im Staat sowie zwischen Gesellschaft und Staat[509]

Drei dieser Aufgaben haben Relevanz für die Diaspora. Insofern Rumänien, wie eingangs beschrieben, als auch repräsentiert in seiner Diaspora gedacht werden kann, vertritt Präsident Johannis erstens neben dem Staatsgebiet zwischen Schwarzem Meer und Theiß auch die weltweite rumänische Diaspora. Zweitens hütet er kraft seines Amtes auch die Einhaltung jener Passagen der Verfassung, die die Rechte der RumänInnen weltweit betreffen. Schließlich kann er in seiner Rolle als Vermittler zwischen Staat und Gesellschaft Aushandlungsprozesse zwischen Diaspora und rumänischem Staat initiieren und voranbringen.

Johannis hat als Staatspräsident die Möglichkeit, die rumänische Außenpolitik aktiv mitzugestalten. Er kann an entsprechenden Regierungssitzungen teilnehmen oder ihnen vorsitzen und die Rolle des Botschafters einnehmen.[510] Da Diaspora-Angelegenheiten Aufgabe rumänischer

---

Auch bei der Ankündigung der Münchner Konferenz „Repatriot" ist die Rede von „zwei Rumänien: eines hier [in Rumänien, JV] und eines in der Diaspora". Allerdings heißt es dort weiter: „Wir wollen ein einziges Rumänien"; o. A.: Conferința Repatriot la München, in 26 februarie [Die Konferenz Repatriot in München am 26. Februar] (wie Anm. 165), Übersetzung: JV.

509 Vgl. MANER: Die Präsidentschaftswahlen 2014 in Rumänien: "Revolution", "Novemberwunder", "Neuanfang"? (wie Anm. 491), S. 62.
510 Vgl. Josef C. KARL: Außenpolitische und historische Herausforderungen für den neuen Präsidenten, Bad Kissingen, 25.04.2015.

Außenpolitik sind, gehört Diaspora-Politik somit zu einem wichtigen Feld von Johannis' Wirkens.

Anlässlich seines Antrittsbesuches in Deutschland kam Johannis am 26. Februar 2015 nach Berlin.[511] In einer gemeinsamen Pressekonferenz mit Kanzlerin Angela Merkel wurden aktuelle Herausforderungen der Kooperation angesprochen; auch Migration war ein Thema. Jedoch vermied Johannis den Terminus „Diaspora". Er bat um differenzierte Betrachtung der Auswandernden und hob den hohen Anteil hoch qualifizierter Kräfte hervor, was aber für Rumänien einen Verlust darstelle, den es wettzumachen gelte. Er sagte:

> Wir können das stoppen, wenn wir in Rumänien eine nachhaltige wirtschaftliche Entwicklung und bessere Gehälter - besonders für die Jugendlichen - erzielen und wenn wir durch Transparenz in den öffentlichen Ausschreibungen, aber auch, was die Karriere im privaten Raum betrifft, den Jugendlichen eine gute Chance, eine wirkliche Chance auf einen Lebenslauf in der öffentlichen oder in der privaten Ebene gewähren. Es gibt gute Zeichen; es gibt Jugendliche, die sich entscheiden, nach Rumänien zurückzukommen, weil sie glauben, dass diese Sachen jetzt auch bei uns möglich sind. Wir haben aber noch viel daran zu arbeiten.[512]

Damit machte er deutlich, dass Rumänien nicht so sehr eine Diaspora-Politik als viel mehr eine Diaspora-Rückkehr-Politik anstrebt. Die hier zugrundeliegende Argumentation - mehr Wirtschaftswachstum bedeute mehr RückkehrerInnen – lässt aber die Vielfalt von Auswanderungsgründen außer Acht, die sich beispielsweise innerhalb der rumänischen Diaspora in Berlin spiegelt.[513]

---

511 Im Online-Archiv der rumänischen Botschaft fehlt eine entsprechende Meldung, wohingegen ein drei Wochen später stattfindendes Rugby-Turnier in Nürnberg eine Meldung wert war; AMBASADA ROMÂNIEI IN REPUBLICA FEDERALĂ GERMANIA: Actualitatea Ambasadei [News der Botschaft], URL: http://berlin.mae.ro/local-news?page=3 (besucht am 28.01.2016).

512 DIE BUNDESREGIERUNG: Pressekonferenz von Bundeskanzlerin Merkel und dem rumänischen Präsidenten, Johannis: Mitschrift Pressekonferenz, Berlin, 26.02.2015, URL: http://www.bundesregierung.de/Content/DE/Mitschrift/Pressekonferenzen/2015/02/2015-02-26-merkel-johannis.html;jsessionid=A3B7E649A54AB53E4F1A3DA3B743B2EE.s3t1 (besucht am 08.01.2016).

513 Siehe dazu Kapitel 9.2.1 in diesem Buch.
     Anlässlich eines zweiten Besuches des Präsidenten in Berlin am 9. September 2016 war die Diaspora kein Thema. Gesprochen wurde über aktuelle Herausforderungen der Europäischen Union; vgl. AMBASADA ROMÂNIEI IN

Zwischenfazit

Die Diaspora in Berlin hat ähnlich wie in anderen europäischen Städten zehn Mal häufiger Johannis ihre Stimme gegeben als Ponta. Allerdings kann angesichts der Angaben aus dem Fragebogen nicht von einem besonders hohen politischen Interesse innerhalb der Diaspora gesprochen werden. Diejenigen, die wählen gegangen waren, machten ganz unterschiedliche Erfahrungen; teils mussten sie stundenlang Schlange stehen, teils verlief der Wahlvorgang reibungslos.

Ob Johannis der richtige Mann für das Amt des Staatspräsidenten ist, wird sich in den kommenden Jahren zeigen. Er hat mit seiner Wahl jedenfalls bestätigt, was auch die Wahl eines seiner Vorgänger, Băsescu, gezeigt hatte: Wahlkampagnen sind erfolgreicher, wenn sie auch online betrieben werden.[514] Die Diaspora ist dabei Hauptadressatin. Johannis siegte, weil er ihre wachsende politische Bedeutung nicht unterschätzt hat.

Schließlich spielen soziale Netzwerke eine immer größere Rolle. Sie verbinden als Wahlkampfplattformen KandidatInnen und WählerInnen standortunabhängig miteinander, ermöglichen den WählerInnen, sich innerhalb der lokalen Diaspora zu organisieren, von anderen Diaspora-Gruppen zu lernen und die in Rumänien lebenden Verwandten zu mobilisieren. Ihr Potential liegt darin, dass sie eine „diasporische Öffentlichkeit"[515] ermöglichen - auch in Berlin.

REPUBLICA FEDERALĂ GERMANIA: Actualitatea Ambasadei. Vizita de lucru a preşedintelui României, Klaus Iohannis, la Berlin [News der Botschaft. Arbeitsbesuch des Präsidenten Rumäniens, Klaus Johannis, in Berlin], URL: http://berlin.mae.ro/local-news/1192 (besucht am 29.06.2017).

514 Vgl. TRANDAFOIU: Diasporic micropolitics: Lessons from the Romanian diaspora in Europe and North America (wie Anm. 57), S. 4.

515 Ebd.

IV Fazit

Von neuen Formen migrantischen Lebens zu sprechen, bedeutet, die Auflösung nationaler Identität, die Aneignung eines europäischen Wertekanons und den Abschied klarer Herkunfts- und Zuwanderungsstrukturen zu benennen. Wer heute mit rumänischem Pass lebt, kennt die vermeintliche rumänische Heimat nicht unbedingt selbst. Wer heute nach Berlin geht, kommt in eine europäische Metropole. Niemand kommt aus „Rumänien" nach „Deutschland", sondern jemand kommt aus einem EU-Staat, wo unter anderem Rumänisch gesprochen wird, in einen anderen EU-Staat, wo unter anderem Deutsch gesprochen wird. Auch wenn die politischen und administrativen Strukturen hier wie dort diesen Entwicklungen hinterherhinken, sind die neuen Formen migrantischer Existenz längst Realität - auch in der rumänischen Diaspora in Berlin.

Die Diaspora als heterogener Personenkreis

Die Diaspora Berlins hat eine rund 150-jährige Geschichte im Spannungsfeld von Herkunftsland, Zielstadt und weltweiter Diaspora. Sie wächst und diversifiziert sich aktuell in Berlin mit nie dagewesener Geschwindigkeit - allein zwischen 2010 und 2016 hat sich die Zahl rumänienstämmiger Menschen in Berlin fast verfünffacht.[516] Die Heterogenität dieser Diaspora zeigt sich an mehreren Faktoren:

- dem rechtlichen Status: Es leben in Berlin rumänische Staatsangehörige mit und ohne materielles EU-Freizügigkeitsrecht,[517] beziehungsweise

---

516 Vgl. AMT FÜR STATISTIK BERLIN-BRANDENBURG: Statistischer Bericht: Einwohnerinnen und Einwohner im Land Berlin am 31. Dezember 2010 (wie Anm. 269), S. 15 und DASS.: Statistischer Bericht: Einwohnerinnen und Einwohner im Land Berlin am 31. Dezember 2016 (wie Anm. 11), S. 18. Vgl. dazu auch Kapitel 7.4 dieses Buches.

517 Ein Freizügigkeitsrecht haben BürgerInnen eines anderen EU-Staates grundsätzlich in den ersten drei Monaten ihres Aufenthaltes in Deutschland. Danach ist dieses Recht an bestimmte Voraussetzungen geknüpft. Es gilt jedoch generell so lange wie es nicht von der Ausländerbehörde entzogen wurde; vgl. BUNDESMINISTERIUM DER JUSTIZ UND FÜR VERBRAUCHERSCHUTZ/juris

Daueraufenthaltsrecht,[518] deutsche Staatsangehörige mit rumänischem Migrationshintergrund und deutsche SpätaussiedlerInnen aus Rumänien.

• der ethnischen Zusammensetzung: In Berlin leben RumänInnen, Ungar-Innen, Deutsche, RomNja, TürkInnen und Angehörige weiterer nationaler Minderheiten Rumäniens.

• der derzeitigen Beschäftigung: Angehörige der rumänischen Diaspora üben - wie Angehörige der Mehrheitsgesellschaft auch - die verschiedensten Berufe aus als Angestellte und Selbständige; sie sind StudentInnen, RentnerInnen, Arbeitssuchende und SchülerInnen.

• dem Zuwanderungszeitpunkt: Rumänische MigrantInnen kamen zu allen Zeiten nach Berlin - die meisten jedoch nach 1989; von denen kamen wiederum die meisten nach 2014.

• den Auswanderungsbedingungen: Manche trafen die Migrationsentscheidung nicht selbst, sondern kamen zusammen mit ihren Eltern; andere entschieden sich selber zur Ausreise.

• der Nutzung des Internets: Manche aus der rumänischen Diaspora in Berlin halten über soziale Netzwerke Kontakt zu Verwandten und Freunden in Rumänien, vernetzen sich vor Ort, nehmen am medialen Diskurs Rumäniens teil und nutzen es gewerblich; anderen fehlt der Zugang zum Internet.

• dem Interesse an Politik und Wahlverhalten: Manche Diaspora-Angehörigen haben die Wahlereignisse gespannt verfolgt und persönlich um die Stimmabgabe gekämpft, wohingegen ein anderer Teil der Diaspora gar kein Interesse daran hatte.

• dem Rückkehrwunsch: Ein Teil der Diaspora möchte auf jeden Fall, ein anderer Teil auf keinen Fall zurück in die Heimat; die meisten jedoch sind unsicher und unentschieden, ob sie gehen oder bleiben wollen.

GMBH: Gesetz über die allgemeine Freizügigkeit von Unionsbürgern: FreizügigG/EU, 30.7.2004, URL: http://www.gesetze-im-internet.de/bundesrecht/freiz\ textunderscoregg\textunderscoreeu\textunderscore2004/gesamt.pdf (besucht am 04.03.2016).

518 Dieses erwirbt man nach fünf Jahren rechtmäßigen, dauerhaften Aufenthaltes in Deutschland.

Die Diaspora als neue Form migrantischen Lebens

Neu ist zuerst, dass die politischen Rahmenbedingungen eine solch vielfältige Diaspora überhaupt ermöglichen. Bisher war Migration nur unter bestimmten Voraussetzungen wie Aussiedlung, Flucht, Arbeit und Studium denkbar. Nun sind die Grenzen und der Arbeitsmarkt so weit geöffnet, dass Migration von Rumänien nach Deutschland voraussetzungslos möglich ist. Die neue Diaspora besteht aus jenen rumänischen MigrantInnen, die seit 2014 nach Berlin zuzogen. Sie sind mobile UnionsbürgerInnen, wodurch ihr Zuzug auch Anzeichen einer sich weiter vertiefenden europäischen Integration ist.

Weiterhin hat die Diaspora das Internet für sich entdeckt. Zwar sind längst nicht alle Rumänienstämmigen in Berlin mit dem Medium vertraut, aber anhand der Zahl der allein auf *Facebook* existierenden Online-Gruppen von RumänInnen in Berlin zeigt sich, dass Teile der Diaspora das Medium ausgiebig nutzen. Dies ist eine Entwicklung der letzten Jahre, die auch mit der Verbreitung internetfähiger Smart Phones und den immer geringeren Kosten dafür zusammenhängt.[519] Die notwendigen Aushandlungsprozesse zwischen Herkunftsland, Zielland und weltweiter Diaspora werden durch das Internet eine neue Dimension erreichen.

Neu ist auch das wachsende politische Gewicht der Diaspora. Das zeigte sich zuletzt bei der Präsidentschaftswahl 2014 als soziale Netzwerke zur Steigerung der Empörung und Mobilisierung von WählerInnen genutzt wurden.

In Bezug auf das gemeinsame Herkunftsland Rumänien herrscht in der Diaspora geradezu oppositionelle Stimmung. Die Erlebnisse vor der Auswanderung und die Nachrichten aus Rumänien, die sie seither erreichen, sind Auslöser dieser Haltung. Sie verfestigen bei Diaspora-Angehörigen den Wunsch, nicht in die Heimat zurückzukehren - und dennoch zur Verbesserung der Verhältnisse dort beizutragen. Dies geschieht zunehmend durch zivilgesellschaftliche, demokratische Einmischung in die Politik des Herkunftslandes. Die Diaspora sucht und schafft Einflussmöglichkeiten, um Protest an den verkrusteten politischen Strukturen Rumäniens zu äußern.

---

519 Mittlerweile gibt es für mobile Endgeräte die App *myRO*, mit der die Orientierung im jeweiligen Zuwanderungsland und die Vernetzung von Diaspora-Angehörigen erleichtert werden soll; vgl. GOOGLE PLAY: MyRO. Diaspora pe Telefonul tău [Die Diaspora auf deinem Telefon], URL: https://play.google.com/store/apps/details?id=co.opes.myro (besucht am 28.01.2016).

Dort - auch das ist neu - können die politisch Verantwortlichen die Stimme der Diaspora nicht länger ignorieren. Die Verfassung und der Verwal-
tungsapparat sind immer noch hauptsächlich auf eine nationalistische, an
Rückkehr und Kultur orientierte Diaspora-Politik hin angelegt. Ähnliches
gilt für die staatlich geförderten administrativen, kulturellen und religiösen
Außenposten in der Welt. Die globalisierte und europäisierte Wirklichkeit
von Millionen Diaspora-Angehörigen steht der politischen Realität Rumäniens diametral entgegen. Dieser Widerspruch wird sich in den kommenden Jahren - spätestens jedoch bei der nächsten Wahl - weiter bemerkbar
machen. Auf die rumänische Politik zu warten, dürfte keine Option für
die Diaspora sein. Vielmehr deutet sich an, dass sie den Wandel hin zu
einer offeneren rumänischen Politik und Gesellschaft selbst in die Hand zu
nehmen bereit ist.[520]

Von der Diaspora zur europäischen Bürgerschaft

MigrantInnen, die teils schon Jahrzehnte, teils erst ganz kurz in Berlin
leben und die rumänische Staatsbürgerschaft haben oder hatten, wurden
im Rahmen dieser Arbeit unter dem Begriff der „rumänischen Diaspora"
zusammengefasst. Im Verlauf der Untersuchung zeigte sich jedoch, dass
die Homogenität, die er suggeriert, nicht oder nur teilweise beobachtbar
ist. Außerdem ist Lou Bohlens Kritik am Diaspora-Begriff zuzustimmen,
wenn sie sagt, er basiere auf einem veralteten Konzept von Zugehörigkeit
oder Nicht-Zugehörigkeit.[521] Wer zu dieser Diaspora-Gruppe gehört, kann
zwar anhand des Kriteriums (ehemaliger) Staatsbürgerschaft definiert werden; jedoch eröffnen Online-Foren und soziale Netzwerke neue Wege, um
Zugehörigkeit zu konstruieren. Die Grenzen sind auch deshalb fließend,
weil vorhandene Strukturen - wie das *Rumänische Kulturinstitut* - und sich
neu bildende Strukturen - wie informelle Stammtische und Treffen - sich
zunehmend der Mehrheitsgesellschaft, beziehungsweise den Sympathisant-
Innen der rumänischen Diaspora öffnen.

---

520 Man beachte dazu u.a. die Antworten auf die Frage, warum sie zurück nach
     Rumänien gehen wollen; vgl. im Anhang S. L.
521 Vgl. Lou BOHLEN: Kulturtransfer in Diasporagemeinschaften, Stuttgart,
     27.11.2015.

Mit dem Diaspora-Begriff konnte auf die vielfältigen Lebenslagen von Menschen mit rumänischem Pass in Berlin hingewiesen werden. Er half, eine bis dahin nur in Teilen sichtbare Gruppe sichtbarer zu machen. Davon ausgehend sind nun neue Konzepte zu suchen, mit denen die verschiedenen Lebenssituationen und Teilgruppen innerhalb der Diaspora - die neuen Formen migrantischen Lebens - in den Blick genommen werden können.

Mit Begriffen wie „ArbeitsmigrantInnen", „Armutsflüchtlingen" oder „WanderarbeiterInnen" wurde (und wird) der Zweck der Migration in den Fokus gestellt. „Diaspora" löst sich davon und rückt die Situation in der Fremde - das Zerstreutsein, das Fern-der-Heimat-Sein und den eventuellen Rückkehrwunsch - ins Zentrum der Aufmerksamkeit, basiert also auf der Dichotomie von „Heimat" und Fremde.

Die Bedeutung nationalstaatlich gefasster Räume nimmt vor dem Hintergrund der Europäisierung jedoch ab und gleichzeitig verstärken sich Virtualisierungs- und Internationalisierungstendenzen bei MigrantInnen aus Rumänien. Manche wollen gar nicht als rumänische MigrantInnen wahrgenommen werden. Andere halten an Erinnerungen aus Rumänien fest und versuchen in der Fremde ihre Kultur und Sprache zu bewahren. Die Gegensätze innerhalb der Diaspora fordern zur Suche nach neuen Begriffen auf. Denkbar wäre beispielsweise, von „mobilen EuropäerInnen" zu sprechen. Damit würden Menschen weder auf ihren Zweck (arbeiten), noch auf ihr Tun (migrieren) reduziert, sondern im Mittelpunkt stünde die Tatsache, BürgerInnen der Europäischen Union zu sein - etwas, was sie nicht nur untereinander, sondern auch mit der Mehrheitsgesellschaft gemein haben.

Habermas meint:

> Heute ist der eigentliche Paradigmenwechsel der Europäischen Gemeinschaft - weg vom Nationalstaatendenken hin zur europäischen Sicht - zwar noch nicht endgültig vollzogen, aber ein erhebliches Stück vorangekommen.[522]

Diesen Weg gilt es weiter zu gehen - und zwar im Zusammenleben mit inner- und außereuropäischen MigrantInnen.

---

522 Jürgen HABERMAS: Europa: Vision und Vorum, in: Blätter für deutsche und internationale Politik 2007, S. 517–520, URL: https://www.blaetter.de/archiv/jahrgaenge/2007/mai/europa-vision-und-votum (besucht am 05.09.2015), hier S. 517.

Anhang

Tabellen, Fotos und weitere Materialien

Großregionen Rumäniens

Abbildung 9: Karte mit den 8 Großregionen, bzw. 41 Kreisen und der Hauptstadt Rumäniens. Die Regionen tragen hier andere Namen.[523]

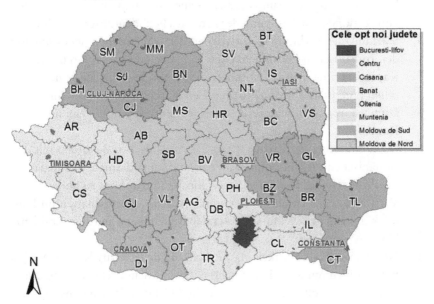

523 Quelle: HOTNEWS.RO/ESRI ROMANIA: Reorganizarea administrativ-teritorială a României, URL: https://www.kristofer.ro/wp-content/uploads/2011/06/Harta-regiuni-Romania.jpg (besucht am 29.06.2017).

Ziele rumänischer Diaspora Politik

1. Konservierung, Entwicklung und Festigung der rumänischen Identität
2. Verbreitung des Bildes Rumäniens im europäischen und internationalen Rahmen
3. Verbreitung des Bildes aller Rumänen und der rumänischen Gemeinschaften[524] in den Residenzländern
4. Verbreitung rumänischer kultureller und spiritueller Werte in der Öffentlichkeit der Länder, wo rumänische Gemeinschaften existieren
5. Innere Festigung der rumänischen Gemeinschaften und Unterstützung von Aktionen zur Festigung der rumänischen identitären [sic] Werte
6. Stärkung der Verbindungen zwischen den rumänischen Behörden und den rumänischen Persönlichkeiten [sic], die jenseits der Grenze leben
7. Kapitalisierung[525] des politischen, ökonomischen, sozialen und kulturellen Potentials der rumänischen Gemeinschaften, was sie durch ihre Dimension und Dynamik besitzen, zugunsten Rumäniens und aller Rumänen
8. Konsolidierung der Partnerschaft der rumänischen Behörden mit den rumänischen Organisationen im Ausland, um adäquate Lösungen für die Probleme der Rumänen mit Wohnsitz im Ausland zu finden
9. Verwertung des Potentials der rumänischen Gemeinschaften im Hinblick auf die Entwicklung bilateraler Beziehungen mit den Residenzländern
10. Nutzung der Möglichkeiten, die sich aus dem Status Rumäniens als EU-Mitglied mit allen Rechten ergeben, mit dem Ziel der Verbreitung rumänischer kultureller Werte und der Stärkung der rumänischen Gemeinschaften aus der Nachbarschaft und der Emigration [sic]
11. Ermunterung von Initiativen der rumänischen Gemeinschaften, die auf die freie und voraussetzungslose Manifestation der Zugehörigkeit zur Rumänität [sic] abzielen[526]

---

524 Im Original: „comunități românești".
525 Im Original: „Valorificarea".
526 Ministerul Afacerilor Externe: Strategia privind Relația cu Românii de Pretutindeni [Strategie zur Beziehung mit den Rumänen von überall]: 2013–2016 (wie Anm. 118), S. 8f, Übersetzung: JV.

Der ehemalige rumänische Diaspora-Minister

Abbildung 10: Hinweis des damaligen Ministers für die Beziehungen mit den Rumänen von überall, Dan Stoenescu, zu einem Video-Chat mit der Diaspora: „Nur noch eine Stunde bis ich mit euch von Facebook direkt in Kontakt trete. Wir erwarten Ihre Fragen in der Kommentarleiste des Videos! [...]".[527]

---

527 Quelle: FACEBOOK: Dan Stoenescu, URL: https://www.facebook.com/Dan-Stoenescuofficial/?fref=ts (besucht am 05.03.2016).

Geschichte und Wachstum der Diaspora

Abbildung 11: Anstieg der rumänienstämmigen Wohnbevölkerung in Berlin von 2010 bis 2016 (nur rumänische Staatsangehörige) in absoluten Zahlen.[528]

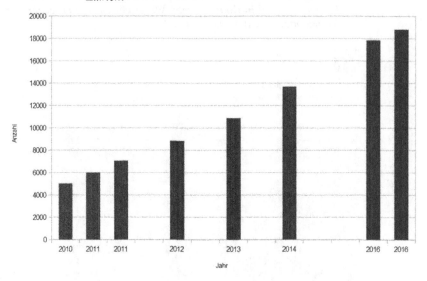

528   Quelle: Landesamt für Statistik Berlin-Brandenburg.

Abbildung 12: Anstieg des Anteils rumänischer Staatsangehöriger am
Ausländeranteil in der BRD zwischen 1983 und 2013 in
Prozent.[529]

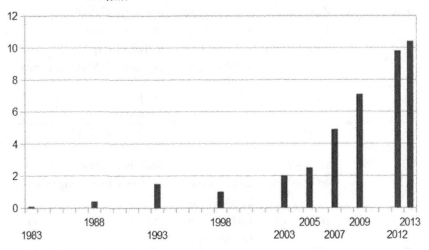

529   Quelle: Statistisches Bundesamt.

Tabelle 5: Phasen der rumänischen Diaspora in Berlin mit Größe der Zuwanderer-
gruppe (nur rumänische Staatsangehörige) und besonderen Merkmalen.

Diaspora-Phase	Zeitraum	Größe Diaspora	besondere Merkmale
kulturell-politische Diaspora	19. Jh. -	69 (1877)	Elitenmigration
	frühes 20. Jh.	522 (1899)	jüdische Diaspora
		3.500 – 4.500 (1940)	Legionäre / „Volksdeutsche"
	Mitte 20. Jh.	-	Flucht (RumänInnen) / Aussiedlung
arbeits- und studien-orientierte Diaspora	1990 – 1995	-	Flucht (RomNja) / Aussiedlung
	1996 – 2001	-	Studienmigration
	2002 – 2006	2.383 (2003)	Studien- / Arbeitsmigration
		2.440 (2004)	-
	2007 – 2013	5.024 (2010)	Studien- / Arbeitsmigration
		10.880 (2013)	-
pluralisierte Diaspora	seit 2014	17.641 (2014)	Studien- / Arbeitsmigration / Eliten /
		18.814 (2016)	RomNja-Diaspora

Abbildung 13: Anteil der Befragten, die im jeweiligen Jahr nach Berlin kamen (n = 104).

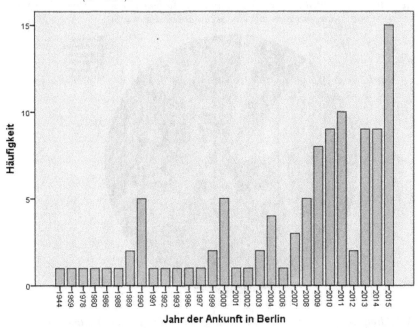

Abbildung 14: Anteil der Befragten, die in den jeweiligen Zuwanderungsphasen nach Berlin kamen (n = 104).

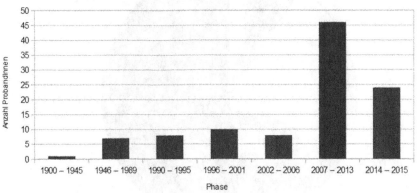

Tätigkeiten der Diaspora

Abbildung 15: Anteilsmäßige Darstellung der Tätigkeiten der Berliner Diaspora-Angehörigen mit Hochschulabschluss (n = 80).

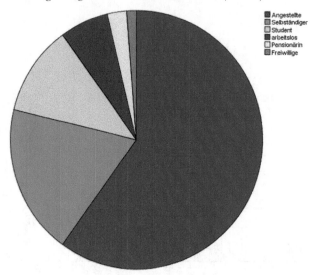

■ Angestellte
■ Selbständiger
☐ Student
■ arbeitslos
☐ Pensionärin
▨ Freiwillige

Abbildung 16: Anteilsmäßige Darstellung der Tätigkeiten der Berliner Diaspora-Angehörigen ohne Hochschulabschluss (n = 31).

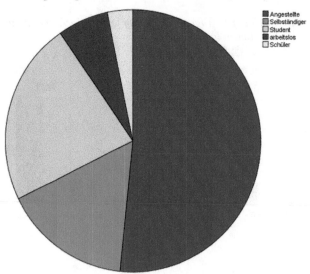

■ Angestellte
■ Selbständiger
☐ Student
■ arbeitslos
☐ Schüler

Zurechtfinden in Berlin

Abbildung 17: Anfängliches Zurechtfinden in Berlin mit Bekannten von 1 = „sehr leicht" bis 5 = „sehr schwer".

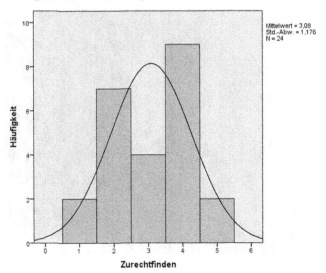

Abbildung 18: Anfängliches Zurechtfinden in Berlin ohne Bekannte von 1 = „sehr leicht" bis 5 = „sehr schwer".

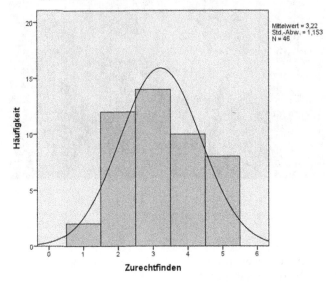

Die rumänische Botschaft

Abbildung 19: Schlange vor der rumänischen Botschaft in der Dorotheenstraße anlässlich der Präsidentschaftswahl am 16.11.2014.[530]

Abbildung 20: Gedenkstunde am 06.11.2015 vor der rumänischen Botschaft anlässlich der Bukarester Brandkatastrophe.[531]

---

530 Quelle: Ágnes Simon, privat.
531 Quelle: Marion Vogel, privat.

Rumänischer Laden in Neukölln

Abbildung 21: Mit neuen Fotos wird der rumänische Laden von Berlin-Neukölln im sozialen Netzwerk Facebook beworben.[532]

David Caraian hat 24 neue Fotos hinzugefügt.
28. Dezember 2015 um 11:05 ·

Astazi Va Asteptam La Magazinul Roamnesc Din Berlin Neukolln Sonennallee 149 /12059 Cu Produse Noi Si Proaspete 100% Romanesti Pt mai multe detali Sunati la Nr de Telefon ▮▮▮▮▮▮▮▮!

+20

👍 Gefällt mir   💬 Kommentieren   ➦ Teilen

32 Personen gefällt das.

23 Mal geteilt

---

532 Quelle: FACEBOOK: David Caraian (wie Anm. 360).

Abbildung 22: Außenseite des Flyers des rumänischen Ladens aus Neukölln.

Abbildung 23: Innenseite des Flyers des rumänischen Ladens aus Neukölln.

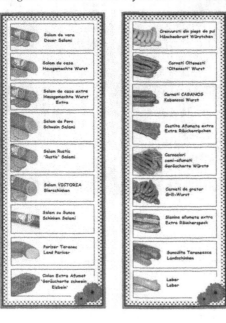

Rumänisches Restaurant in Hermsdorf

Abbildung 24: Flyer des rumänischen Restaurants Baron *in Hermsdorf.*

Abbildung 25: Facebook-*Seite des rumänischen Restaurants* Baron.[533]

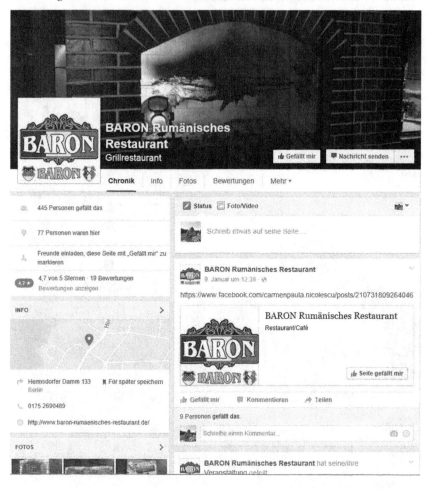

_____

533   Quelle: FACEBOOK: BARON Rumänisches Restaurant (wie Anm. 352).

Facebook-Gruppen der Diaspora

Abbildung 26: Die geschlossene Facebook-Gruppe „Romani in Berlin" am 19.12.2015.[534]

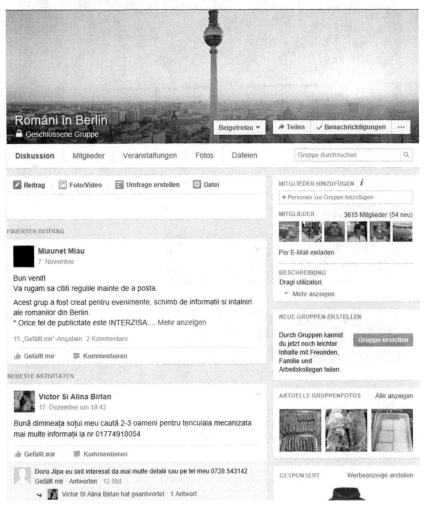

---

534 Quelle: FACEBOOK: Romani in Berlin (wie Anm. 368).

Abbildung 27: Die öffentliche Facebook-*Gruppe „Romani in Berlin amicii*
Schwares Meer" am 19.12.2015.[535]

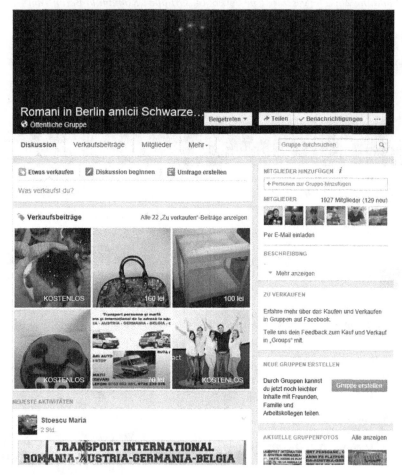

Tabelle 6: Anzahl der Beiträge (Posts) nach Themen im Beobachtungszeitraum 1. bis 31. Dezember 2015 in den größten Facebook-Gruppen „Romani din Berlin" und „Romani in Berlin amicii Schwarzes Meer" mit Beziehungsrichtung.

Beziehungsrichtung	Inhalt	Romani din Berlin	Romani in Berlin amicii Schwarzes Meer
Residenzland	Arbeitsplatz- / Dienstleistungssuche oder -angebot	16	10
	Produkt- / Geschäftssuche oder -angebot	19	21
	Fragen zu Bürokratie / Rechtslage DE	5	3
	Wohnungsgesuche oder -angebote	5	1
Herkunftsland	Mitfahrgelegenheiten / Transport RO - DE	8	174
	Politische Inhalte RO	0	2
	Religiöse Inhalte RO	0	4
Diasporagemeinde	Veranstaltungshinweise	5	4
	Links zu Diaspora-Seiten	1	4
	Suche Personen / Kontakte	3	2
	Grüße / Glückwünsche	10	6
	Nachrichten / Unterhaltung RO und weltweit	0	106
	Sonstiges	0	4
	Gesamtposts	72	341

Präsidentschaftswahl 2014

*Abbildung 28: Erfahrungen der Diaspora bei der Wahl zum rumänischen
Staatspräsidenten am 02.11.2014 (n = 30).*

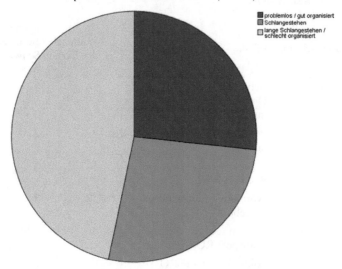

*Abbildung 29: Erfahrungen der Diaspora bei der Wahl zum rumänischen
Staatspräsidenten am 16.11.2014 (n = 40).*

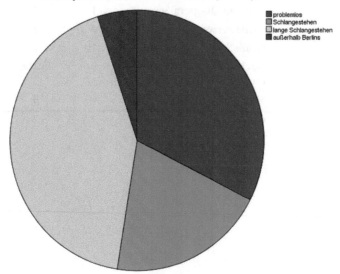

Klaus Johannis auf *Facebook*

Abbildung 30: Klaus Johannis nutzte im Wahlkampf die Werbestrategie der persönlichen Empfehlung. Auf dreierlei Weise konnten SympathisantInnen Flagge zeigen, indem sie ihr Profilbild entsprechend anpassten.[536]

 Klaus Iohannis hat 3 neue Fotos zu dem Album „Cred, susţin, votez!" hinzugefügt.

29. Oktober 2014 ·

Pentru că ne-aţi cerut-o în repetate rânduri, am pregătit pentru voi imagini personalizate prin care vă puteţi arăta susţinerea pentru Klaus Iohannis. Vă invităm să le setaţi ca fotografii de profil pe paginile voastre!

Haideţi să le arătăm că suntem puternici, că, împreună, suntem o singură voce!

Echipa Online Klaus Iohannis

👍 Gefällt mir   💬 Kommentieren   ↪ Teilen

2545 Personen gefällt das.   Top-Kommentare ▾

523 Mal geteilt

---

536 Quelle: FACEBOOK: Klaus Iohannis, URL: https://www.facebook.com/klausiohannis/?fref=ts (besucht am 05.03.2016).

Die Umfrage

Aufruf zur Teilnahme

Abbildung 31: Flugblatt mir QR-Code zur Online-Umfrage.

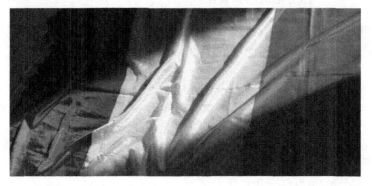

Rumänische Diaspora in Berlin*
Diapora română din Berlin*

Umfrage / Studiu

Participați acum!
Jetzt teilnehmen!

* Alle aus Rumänien stammenden BerlinerInnen / Toți cetățeni români stabiliți in Berlin

Der Fragebogen

Abbildung 32: Fragebogen S. 1.

Rumänische Diaspora in Berlin / Diaspora română din Berlin

Herzlich Willkommen! / Bine ați venit!

Sehr geehrte Dame, sehr geehrter Herr,

Sie sind (oder waren) rumänischer Staatsbürger und leben in Berlin?

Dann lade ich Sie herzlich ein, die folgenden Fragen zu beantworten!
Sie werden anonymisiert im Rahmen einer Studie zur rumänischen Diaspora in Berlin verwendet.

Die Beantwortung der Fragen dauert ca. 15 Minuten.

Sie können auf Deutsch oder Rumänisch antworten.

Herzlichen Dank für Ihre Unterstützung!

Janka Vogel, Universität Jena

Stimată doamnă, stimate domnule,

sunteți (sau ați fost) cetățean român și trăiți în Berlin?

Atunci aș dori să vă invit să participați la un studiu despre diaspora română din Berlin.
În acest sens vă rog să completați următorul chestionar. Datele vor fi anonimizate.

Va dura ca. 15 minute să răspundeți la următoarele întrebări.

Puteți să răspundeți în limba germană sau română.

Vă mulțumesc pentru ajutorul Dvs.!

Janka Vogel, Universitatea din Jena

Personenbezogene Daten / date personale (1)

Geschlecht / sex

○ männlich / masculin

○ weiblich / feminin

Geburtsjahr / anul nașterii

[   ]

Geburtsort / locul nașterii

Regierungsbezirk / Județ

[   ]

Ethnie / etnie

○ rumänisch / română   ○ ungarisch / maghiară

○ Rom(ni) / roma   ○ deutsch / germană

○ andere / altele [   ]

Abbildung 33: Fragebogen S. 2.

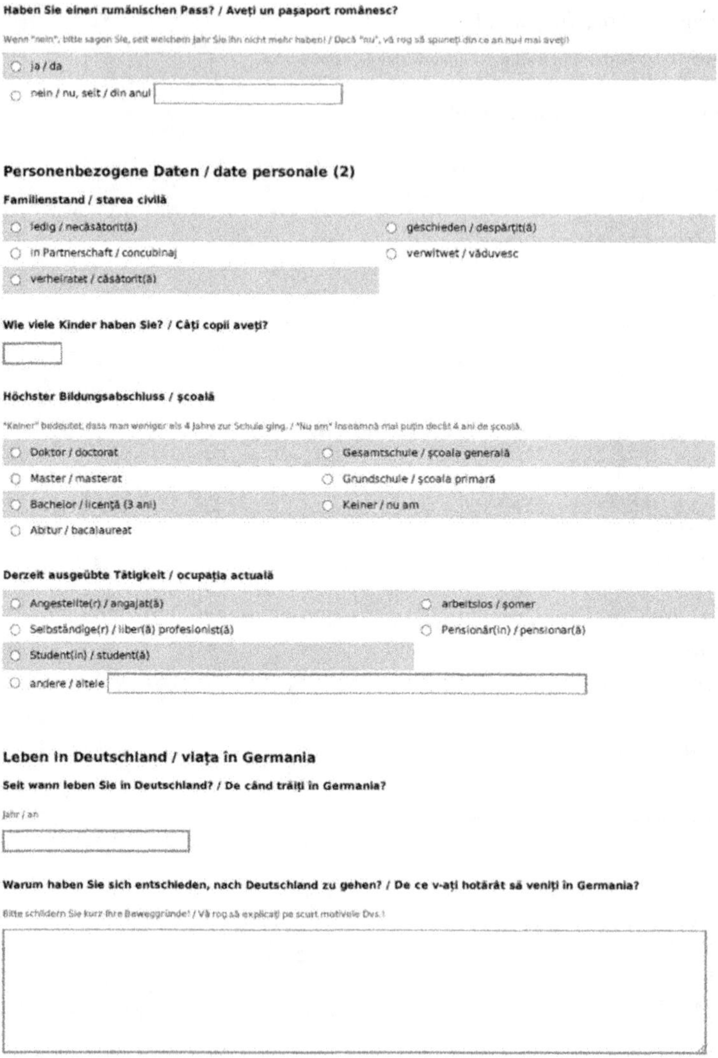

Haben Sie einen rumänischen Pass? / Aveți un pașaport românesc?

Wenn "nein", bitte sagon Sie, seit welchem Jahr Sie ihn nicht mehr haben! / Dacă "nu", vă rog să spuneți din ce an nu-l mai aveți!

○ ja / da

○ nein / nu, seit / din anul [   ]

Personenbezogene Daten / date personale (2)

Familienstand / starea civilă

○ ledig / necăsătorit(ă)   ○ geschieden / despărțit(ă)

○ in Partnerschaft / concubinaj   ○ verwitwet / văduvesc

○ verheiratet / căsătorit(ă)

Wie viele Kinder haben Sie? / Câți copii aveți?

[   ]

Höchster Bildungsabschluss / școală

"Keiner" bedeutet, dass man weniger als 4 Jahre zur Schule ging. / "Nu am" înseamnă mai puțin decât 4 ani de școală.

○ Doktor / doctorat   ○ Gesamtschule / școala generală

○ Master / masterat   ○ Grundschule / școala primară

○ Bachelor / licență (3 ani)   ○ Keiner / nu am

○ Abitur / bacalaureat

Derzeit ausgeübte Tätigkeit / ocupația actuală

○ Angestellte(r) / angajat(ă)   ○ arbeitslos / șomer

○ Selbständige(r) / liber(ă) profesionist(ă) ○ Pensionär(in) / pensionar(ă)

○ Student(in) / student(ă)

○ andere / altele [   ]

Leben in Deutschland / viața în Germania

Seit wann leben Sie in Deutschland? / De când trăiți în Germania?

Jahr / an

[   ]

Warum haben Sie sich entschieden, nach Deutschland zu gehen? / De ce v-ați hotărât să veniți în Germania?

Bitte schildern Sie kurz Ihre Beweggründe! / Vă rog să explicați pe scurt motivele Dvs.!

[   ]

Abbildung 34: Fragebogen S. 3.

Wie würden Sie Ihre Deutschkenntnisse einschätzen? / Cum ați descrie cunoștințele Dvs. de limba germană?

○ keine / nu am   ○ fließend / fluent

○ Grundkenntnisse / cunoștințele de bază   ○ Muttersprache / limba maternă

Leben in Berlin / viața la Berlin

Warum sind Sie nach Berlin gekommen? / De ce ați venit la Berlin?

Bitte erläutern Sie kurz Ihre Gründe! / Vă rog să explicați pe scurt motivele Dvs.!

Wie haben Sie sich anfangs zurecht gefunden? / Cum v-ați descurcat la început?

Hatten Sie vor Ihrer Ankunft Verwandte, Freunde oder Bekannte in Berlin? / Înainte de a veni, ați avut rude, prieteni sau cunoștințe în Berlin?

Bitte geben Sie bei "Ja" alle Formen an (z.B. 2 Brüder, 1 Tante, Mutter, Oma)! / Dacă "Da", vă rog să scrieți toate formele (de ex. 2 frați, 1 mătușă, mama, bunica)!

○ nein / nu

○ ja / da

Wo leben Sie in Berlin? / Unde locuiți în Berlin?

Postleitzahl / cod poștal

Zu Menschen welcher Herkunft haben Sie in Berlin Kontakt? / De unde provin oamenii, cu care aveți contact în Berlin?

☐ Europa

☐ Asien / Asia

☐ Nordamerika / America de Nord

☐ Südamerika /America de Sud

☐ Afrika / Africa

☐ Australien / Australia

☐ Ich kenne die Nationalitäten meiner Bekannten nicht. / Nu știu naționalități prietenilor mei.

Abbildung 35: Fragebogen S. 4.

Wie hoch ist ihr geschätztes monatliches Einkommen? / Care este estimatul venit lunar a Dvs.?

Dazu gehören alle Arten von Einkommen, wie z.B. Löhne, Arbeitsentgelte, Honorare, JobCenter-Bezüge, Kindergeld, Sozialhilfe, Wohngeld, usw. / Sumă lunară care conține toate veniturile, ca de exemplu salariile, onorarii, ajutor social (JobCenter), alocația pentru copii, alt ajutor social, etc.

○ < 500 €

○ 500 - 1.000 €

○ > 1.000 €

Beziehung zum Herkunftstland / relația cu țara de origine

Wer ihrer Angehörigen lebt (noch) in Rumänien? / Cine dintre rudele Dvs. (mai) trăiește în România?

☐ Partnerin oder Ehepartnerin / partener(ă) sau soțul / soția

☐ Kinder und Stiefkinder / copii și copii vitregi

☐ Eltern und Schwiegereltern / părinți și socrii

☐ Geschwister und Halbgeschwister / frați, surori și cei vitregi

☐ Großeltern / bunici

☐ weitere Verwandte / alte rude

☐ keine mehr / nimeni

Schicken Sie Geld nach Rumänien? / Trimiteți bani în România?

Wenn "ja", bitte geben Sie die ungefähre monatliche Summe in Euro an! / Dacă "da", vă rog să precizați suma lunară în Euro!

○ nein / nu

○ ja / da: [   ]

Wie halten Sie Kontakt mit den zu Hause Gebliebenen in Rumänien? / Cum țineți legătura cu cei rămași acasă în România?

☐ persönliche Besuche / vizite   ☐ Skype

☐ Pakete und Geschenke / colete și cadouri   ☐ Chatdienste / servicii chat (What's App, ...)

☐ Telefon   ☐ Soziale Netzwerke / rețele sociale (Facebook, Twitter, ...)

☐ Email / Post / poștă

☐ anders / altele [   ]

Wie oft pro Jahr fahren Sie nach Rumänien? / De câte ori pe an mergeți în România?

Bitte tragen Sie eine Zahl ein! / Vă rog să scrieți un număr!

[   ]

Präsidentschaftswahl 2014 / alegerile prezidențiale din 2014

Haben Sie bei der Präsidentschaftswahl 2014 ihre Stimme abgegeben? / Ați votat la alegerile prezidențiale din 2014?

○ ja, am 2. November / da, pe data de 2 noiembrie

○ ja, am 16. November / da, pe data de 16 noiembrie

○ ja, am 2. und am 16. November / da, pe data de 2 și 16 noiembrie

○ nein / nu

Abbildung 36: Fragebogen S. 5.

Was haben Sie bei der Wahl erlebt? / Ce experiențe ați avut la alegeri?

Bitte beschreiben Sie kurz! / Vă rog să descrieți pe scurt!

Wen haben oder hätten Sie gewählt? / Cu cine ați sau ați fi votat?

○ Victor Ponta

○ Klaus Iohannis

○ jemand anderes / altcineva

Warum haben Sie diesen Kandidaten / diese Kandidatin gewählt? / Dece ați votat cu acest candidat / această candidată?

Rumänien / România

Wie wird sich Rumänien Ihrer Meinung nach in Zukunft entwickeln? / După părerea Dvs., cum se va dezvolta România în viitor?

Bitte sagen Sie ihre Meinung zu den Bereichen Gesellschaft, Politik und Wirtschaft! / Care este opinia Dvs. despre domeniile: societate, politică și economie!

Möchten Sie selbst wieder dorthin zurückkehren? / Doriți să vă întoarceți vreodată?

	ja, auf jeden Fall / da, neapărat	ja, wahrscheinlich / da, probabil	vielleicht / poate	wahrscheinlich nicht / nu cred	nein, auf keinen Fall / sigur, nu	weiß ich nicht / nu știu
Einschätzung / părere	○	○	○	○	○	○

Warum wollen Sie wieder zurück oder nicht zurück nach Rumänien? / De ce intenționați să vă întoarceți sau să nu vă întoarceți în România?

Bitte erläutern Sie kurz! / Vă rog să explicați pe scurt!

Abbildung 37: Fragebogen S. 6.

Auf Wiedersehen! / La revedere!

Vielen Dank für Ihre Teilnahme!

Möchten Sie die Ergebnisse der Umfrage erfahren?
Haben Sie weitere Fragen zu der Studie?

Dann senden Sie eine Email an: janka.kathrin.vogel@uni-jena.de!

Mulțumesc pentru participarea Dvs.!

Doriți să aflați rezultatele?
Aveți mai multe întrebări despre acest studiu?

Va rog să scrieți un email către: janka.kathrin.vogel@uni-jena.de!

Antworten auf die offenen Fragen des Fragebogens

Warum haben Sie sich entschieden, nach Deutschland zu gehen?

ID	Antwort
1	Ich habe hier jemanden kennengelernt.
2	Pentru a studia in alt mediu academic decat cel din Romania
3	Ca-s boss
4	Am hotarat sa vin in Gemania pentru ca imi place mentalitatea oamenilor de aici.
5	o parte din familie , locuieste in berlin
6	Familiäre Gruende
7	Pentru a imi efectua studiile masterale
8	Lipsa oportunitatilor profesionale
9	Deschiderea unei afaceri
11	Ich wurde bereirs in Rumänien engagiert, aufgrund des Fachkräftemangels im Bereich Orchestermusiker in der DDR.
12	Masterstudium und Partner in Deutschland
13	Wegen meinem Mann Arbeitsplatz
14	Ehe.
15	Motive personale - partenerul de viata este cetatean german.
16	Pentru ca prietena mea si-a gasit aici un job in medicina.
18	Am venit aici la studiu, dupa care am ramas sa lucrez.
20	Am venit dupa fratii si surorile mele , plus am un copil mic care are nevoie de medici care isi fac meseria cu adevarat.
21	Studium. Arbeit

22	Weil meine Mutter hier wohnte.
23	Viitor mai bun pentru copilul meu
25	Studii
27	Pentru a munci si ami face o familie←
28	Familie, Prieteni, Sigurata viitor, Egalitate de sanse,etc.
29	Partenerul meu a primit un post temporar in Germania.
31	Pt ca nu puteam trai cu salariile din tara.
32	Studium und Beruf
33	Parinti mei au fost cumparati de fratele tatalui din germania
34	Studium
35	Für eine besseren Zukunft.
36	Calitatea vietii este mai buna decat in Romania.
39	Ich wollte die Promotion in Deutschland durchführen.
40	Am avut un contract pt 1 an jumate. Acum sunt in cautarea unui alt loc de munca
41	Majoritatea romanilor si comportamentul lor m-a facut sa parasesc tara, am vrut civilizatie, si am ajuns intr-un fel de Istanbul (Berlin). Din lac in put.
42	Un loc de munca pe baza de acord interinstitutional
43	Beruf, Medizin
44	Viele Möglichkeiten etwas im leben zu schaffen. Eine bessere Zukunft.
45	Pentru universitate
46	Situatia financiara.
47	Am venit in 2006 in germania pentru casa muncesc
48	e lege pentru toata lumea
49	Asa mi-a fost soarta.
50	Sisteme de sanatte si educatie mai bune
52	- nu am avut perspective in tara; - m-am saturat de coruptie, furt, pile, haos, mizerie, incultura etc. Romania anilor 90 nu mai era tara mea, nu ma mai puteam identifica cu ea si nici cu mare parte din concetateni; - am vrut sa traiesc intr-o tara civilizata si sa castig un ban cinstit, care sa imi permita sa imi ajut familia ramasa in Romania

56	De bine ce este in Romania
58	Bin in Berlin verliebt!
59	M-am mutat aici cu partenerul meu (German)
62	Heirat
63	Pentru a avea o noua experienta de viata, de a trai intr-o alta tara, iar aici aveam un grup de suport pentru a ma integra mai usor (prieteni) si cunostinte de baza ale limbii germane.
64	Die Eltern sind ausgewandert.
66	Ich habe ein Deutsche hier geheiratet.
68	Um die Frage, warum gerade Deutschland und nicht ein anderes Land, zu beantworten, war es wichtig, dass ich die deutsche Schule besucht habe, dass ich schon im Kindergarten angefangen habe Deutsch zu lernen und ich nach der 12. Klasse das deutsche Abitur abgelegt habe. Ich fühlte also zu Deutschland durch die Sprache eine tiefere Verbindung als zu anderen Ländern und die Tatsache, dass ich das deutsche Abi abgelegt hatte, bedeutete, dass der Studienanfang weniger bürokratisch sein sollte. Ich habe mich entschieden nach Deutschland zu ziehen, weil ich mein Studium anfangen wollte und die deutschen Unis besser sind als die rumänischen. Also war die erste Motivation der Gedanke, dass ich hier eine bessere Ausbildung bekommen werde. Zusätzlich wünschte ich mir mehr Selbstständigkeit, also die Möglichkeit mein Leben selbst zu gestalten. Meine Absicht war, irgendwann nach Rumänien zurückzukehren und das, was ich in Deutschland gelernt habe so gut wie möglich einzusetzen. Ich habe diese Absicht immernoch. Es ist aber sehr unklar, wann das geschehen wird.
69	Um zu studieren. Die Universitaet hat mir ein Stipendium angeboten was bei anderen Universitaeten in Europa oder in der USA nicht der Fall war.; Das Program war hoch interessant mit guter wissenschaftlichen Literatur. Die Schwerpunkte des Studiums waren auch genau wo ich mich entwickeln wollte.
70	Aussiedlung
71	Ich habe gehairatet, und mein Man whonte in Deutschland.
72	Mit Familie (Eltern) - Spaetaussiedler
74	- um zu promovieren; - weil ich schon immer mal für längere Zeit nach Deutschland kommen wollte

75	m-am angajat ca programator in germania
76	My job sent me here/Locul de munca m-a adus in Berlin/Mein Arbeit.
77	um neue Chancen zu finden, um zu studieren und zu arbeiten
78	Mi-am dorit libertate (sunt gay) si o viata lipsita de prea multe griji.
79	Gut bezahlte Arbeit; Unguenstige Arbeitsbedingungen in Rumaenien; Korruptes Gesundheitssystem
80	Studium
82	Studium
83	Mein Vater ist 1989 vor der Revolution aufgrund der dortigen Situation nach Deutschland und die Familie ist 1990 nachgekommen.
84	Erst war das Ziel Deutsch zu lernen, dann entschied ich mich für das Studium, dann die Liebe, die Arbeit und so verlagerte sich meinen Lebensmittelpunkt nach Deutschland
86	erasmus
87	Studiu licenta, taxa de scolarizare foarte mica.
88	Studium
89	Ich bin zum Masterstudium gekommen und wollte danach Berufserfahrung sammeln.
90	zum wandern, arbeiten, etwas Neues erfahren
91	Weil ich in Deutschland meinen Master abschliessen möchte.
92	Ich habe geheiratet.
94	Familienzusammenführung. Vater 3 Jahre zuvor geflüchtet.
95	Spätaussiedler
96	Zufall
97	Heirat
98	Meine Eltern sind mit mir ausgewandert, selbst entschieden habe ich nicht.; Die Motive waren klar: Wir hatten als Sachsen die Möglichkeit und sind gegangen. ; Das Leben sollte freier und besser werden. Gerade mein Vater hat unter den ; Securisten gelitten.
99	Ehe.
100	Historische Gegebenheit
101	Aus beruflichen Gründen
102	Meine Eltern haben das damals entschieden.

104	Durch negative Erfahrungen nach der Revolution
105	Deutsch zu lernen ; Weiterbildung (professionell)
106	Am venit la munca,deoarece in Romania nu aveam un salariu direct proportional cu munca depusa
108	Studii
109	Pentru banii..
110	sotul lucreaza pentru o companies din Germania, ulterior m-am mutat si eu aici.
111	Pentru a avea un venit mai bun
112	Pentru o viata mai decenta pt. copilul meu
113	Pentru a/i asigura copilului o viata mai buna
115	Pentru viitorul meu.
116	Pentru un viitor mai bun special pt copii.
117	in speranTa unui trai mai bun
118	Wegen einer Erasmus-Stipendium bin ich hier bis Ende Februars.
119	Din cauza situatiei foarte grele atunci in Republica Moldova, unde traiam. Am obtinut o bursa DAAD pentru Germania.
120	Am venit la o petrecere , si mi-a placut.
121	Zu wollen, eine Änderung vornehmen/ Din dorinta de a face o schimbare.
122	Ausreise mit den Eltern
123	zum Studium
125	pt viitorul copiilor mei ,aici cred ca v-or putea sa-si realizeze visurile ,pt ca GERMANIA da mai multa siguranta pt viitor.

Warum sind Sie nach Berlin gekommen?

ID	Antwort
4	Pentru ca imi plac orasele mari si Berlinul este mai ieftin decat alte orase din Germania.
6	Fam. Gruende
7	Partenerul meu locuia deja aici
8	Rude apropiate locuiesc de foarte multa vreme in Berlin
9	Afaceri

12	Masterstudium in Frankfurt (Oder)
14	Ehe
15	Motive personale - partenerul de viata este cetatean german.
16	La Berlin am ajuns dupa mai multi ani de locuit in Brandenburg, in cautraea unui job.
18	Ptr un curs de master la humboldt
20	Aici se afla fratii mei
21	studium
22	Weil meine Mutter hier wohnte.
23	M-a ajutat familia
25	Studii
26	Pentru a munci
27	La neamuri si am ramas aici
28	Oras Cool.
29	Postul primit de partenerul de viata este in Berlin.
31	Am venit cu o firma din Romania si cand am ajuns aici nu ne astepta nimeni.
32	Hatte hier eine Praktikumsplatz
33	Ich wurde von der Anwaltskammer Hamburg kurz vor der Währungsunion mit der damaligen DDR aufgefordert, in Berlin zu arbeiten, da die damaligen Kombinate in Aktiengesellschaften bzw. GmbH umgewandelt wurden und es kaum Anwälte gab, die bereit waren, in der DDR zu arbeiten
34	Studium. Ich habe mein Stipendium für Studium an der Humboldt Universtität bekommen.
35	Für Studium
36	Imi place Berlinul.
39	Ich wohne eigentlich in Frankfurt (Oder), komme aber am Sonntag zur Kirche nach Berlin. In Frankfurt (Oder) habe ich eine Arbeitsstelle in einem Forschungsinstitut gefunden…
40	Pentru ca aici am avut contract
41	aici a fost locul de munca
42	Aici era locul de munca.; Berlinul imi place foarte mult.
43	für die Stadt

44	persönliche Gründe.
45	Practica in startup.
46	Aici am gasit de lucru.
47	Pentru prima oara cand am venit in acesta tara am venit la berlin pentru ca am crezut ca aici as putea gasi mai usor un loc de munca
48	la munca si pentru o noua scoala
49	Am fost student.
50	Am primit o oferta de job
59	M-am stabilit aici cu partenerul meu, am decis ca este un oras atractiv pentru doi tineri.
62	hEIRAT
63	Am venit aici deoarece aveam nevoie de experienta de a trai intr-o alta tara, iar aici este mai usoara integrarea deoarece am prieteni care sa ma ajute in acest sens.
68	Ich wusste, dass Berlin keine sehr teuere Stadt ist (bzw. zur Zeit meiner Ankunft keine teuere Stadt war) und, dass ich dadurch hier finanziell auch selbstständig zurechtkommen kann. Zusätzlich hatte die FU den Status Ëliteuniversitätërlangt und das hat mich angelockt.
69	Ich habe mich immer in Berlin gut gefuehlt. Als ich das erste Mal Berlin besucht habe in 2002, war ich beeindruckt wieviel man hier baut und dieses Gefuehl von Prosperitaet und Dynamic schaetze ich sehr an dem Ort wo ich lebe.
71	Mein Mann whonte in Berlin.
72	Zum studieren
74	weil ich hier viel mehr Freunde und Bekannte hatte, als anderswo in Deutschland
75	pentru a lucra ca programator
76	The office of my company is in Berlin/Firma are biroul in Berlin.
77	ist die Stadt, in der ich mich wohl fühle. Ich hatte auch vor, Film zu studieren, und die dffb in Berlin war die beste Möglichkeit, das zu machen (ich studiere aber jetzt doch etwas anderes)
78	Mi-a placut atmosfera, lumea, orasul :)
79	Ich kannte die Stadt schon von frueheren Aufenthalten; Hier habe ich Arbeit gefunden

80	Studium
82	HU Berlin
83	Meine Frau kommt aus Brasilien und Berlin ist der Ort, an dem man sich als Ausländer am schnellsten zurecht findet.
84	Um Deutsch zu lernen und um zu studieren
86	Erasmus
87	Am venit sa studiez.
88	Ich dachte, es wäre angenehmer als Ausländer in Berlin zu leben.
89	Ich wurde hier für das Masterstudium akzeptiert. Inzwischen kann ich mir nicht vorstellen, woanders zu leben.
90	Arbeit und Vielfalt
92	Mein Mann wohnte schon hier.
94	Vater hatte hier ein Job.
95	Anzioehungskraft der Großstadt, größere Offenheit und Toleranz
97	Heirat
98	Zum Studium. Aber eigentlich, weil mir die Stadt so wahnsinnig gut gefallen hat 2001. So viele Nischen, Abenteuer, Patina. Toll!
99	Arbeit
101	Aus beruflichen Gründen
102	Zum Studieren und danach hier geblieben, weil in dieser Stadt nicht nur Prägungen und Atmosphären von Ost- und Westdeutschland zu finden sind, sondern damit auch irgendwie Ost- und Westeuropa hier in einer Weise präsent sind wie in kaum einer anderen Stadt.
104	Bin hier stecken geblieben
105	Größer Stadt
106	Pentru ca in Berlin mi am gasit de munca
108	Studii
111	Este un oras frumos, linistit si ma simt bine
112	Mai multe posibilitati, fiind capitala Germaniei
113	Un prieten din Berlin ma convins sa aleg Berlinul
114	Munca
115	Matusa locuia in Berlin
116	Sora mea locuia in Berlin.

119	In Berlin am primit un loc la doctorantura.
120	sa organizam petreceri in club ori in aer liber.
121	Mein Mann hat eine Jobangebot.
122	wegen Freunden
123	herausragendes Bildungssystem und sehr gute berufliche Aussichten
125	pt a munci si pt viitorul copiilor mei.

Wie haben Sie sich anfangs zurechtgefunden?

ID	Antwort
1	Schwer.... mit der Zeit habe ich mich daran gewöhnt
4	Relativ bine, pentru ca am avut o suma de bani pe care m-am bazat la inceput, plus noroc sa gasesc o camera intr-un WG foarte repede.
6	Da ich kein deutsch konnte, war das ziemlich schwer
7	A fost relativ usor, datorita sustinerii din partea partenerului meu si datorita faptului ca in cadrul programului masteral, m-am putut integra rapid intr-un nou colectiv.
8	M-am integrat destul de repede in societatd
9	Bine
12	sehr gut
14	es ging so ;-)
15	Inceputul in Germania a insemnat o sedere de 6 luni in Duisburg, NRW.; ; Perioada aceasta a fost foarte grea, deoarece cunosteam limba doar la un nivel minimal si, in plus, nu m-am simtit dorita in acea comunitate. Exista prejudecati la adresa romanilor, lucru care m-a afectat emotional si mi-a limitat dorinta de socializare. ; ; ; In Berlin m-am descurat putin mai bine, dar mi-a luat luni bune de zile pana cand m-am simtit relaxata.
16	La inceput a fost destul de confuz. Pe de o parte am avut probleme din cauza limbei, pe de alta parte am incercat sa lucrez independent, ceea ce a fost confuz (nu doar pentru mine, ci si pentru autoritati) si a ridicat mai multe probleme.
18	Ok
20	Fara ajutorul lor nu as fi reusit
21	Gut
22	Schwer

23	Destul de greu
25	Excelent
26	Greu, dar bine
27	Greu ca ori ce nou inceput
28	ok
29	Nu am intampinat probleme deosebite dar a fost greu sa gasesc un job la nivelul meu de pregatire. Am fost surprins de atitudinea conservatoare a potentialilor angajatori, toate firme germane.
31	FF greu.
32	Durch ihre Größe war die Stadt am Anfang etwas verwirrend. Durch Bekannte und durch das Studium habe ich mich bald begonnen, zurechtzufinden. Die Sprache war dabei sehr wichtig.
33	Anfangs war es nicht ganz leicht, weil die Verhältnisse in Berlin total anders waren als in Hamburg. Die Straßen und Häuser waren in einem schrecklichen Zustand. Es gab zwischen Ost- und West-Berlin keine Telefonverbindung. Die Mentalität und Arbeitsmoral der Menschen war gewöhnungsbedürftig.
34	Alles war in Ordnung, da ich schon Deutsche Sprache, mehr oder wenig, konnte. Es gab einige Schwierigkeiten mit der Bürokratie, aber nicht so dramatisch.
35	Jeder Anfang fällt schwer ein.
36	La inceput a fost dificil. A fost greu sa gasesc chirie. Am intampinat dificultati in rezolvarea chestiilor administrative, birocratice.
39	Unkompliziert... ich habe vorher in Stuttgart gewohnt...
40	Foarte greu dar am avut ceva sprijin din partea firmei la care am lucrat.
41	am avut o firma de relocare
42	Bine, fara probleme deosebite.
43	gut
44	Sehr schwer aber ich habe es geschafft.
45	Ok, desi cu bani putini, facand practica imediat dupa universitate.
46	Greu
47	Mam descurcat greu pentru ca nu stiam limba germana
48	foarte greu

49	Cu greu.
50	inca sunt la inceoput, e destul de greu pt o familie, totul dureaza f mult (sa gasesti apart, gradinita etc)
58	War nicht einfach!
59	a fost putin greu sa gasim un apartament.
62	Es ging gut, dank der eigenen Initiative
63	Sunt inca la inceput si este dificila integrarea datorita limbii si a sistemului birocratic pe care nu-l inteleg in totaliate.
68	Anfangs war es schwierig. Ich befand mich oft in sehr ungewohnten Situationen und ich erlebte einen Kulturschock, der mich dazu gebraht hat, meine tiefsten Ãœberzeugungen und die Werte, mit denen ich aufgewachsen bin, zu hinterfragen. Ich hatte damit richtig große Probleme, erlebte eine Depression und musste mein Studium für ein Semester unterbrechen. Ich fühle aber, dass diese Erfahrung, so unangenehm sie auch war, langfristig für mich nützlich ist, weil ich meiner Meinungen und Entscheidungen besser bewusst bin. Auch mit dem Wetter hatte ich anfangs Probleme, da die Sonne in Berlin im Vergleich zu Bukarest viel weniger scheint und die Sommer nicht heiß genug sind. Inzwischen habe ich mich aber angepasst und ich fühle mich langsam hier zuhause. Das hat aber wirklich seine Zeit gebraucht.; ; *Anmerkung zur Frage nach dem Einkommen: Das ist sehr variabel. Dreieinhalb Jahre lang habe ich ein Stipendium bekommen (900 Euro), dann habe ich gearbeitet (650 Euro). Zurzeit habe ich keinen Job und kein Einkommen, aber wenn ich eine Stelle habe, dann verdiene ich üblicherweise über 500 Euro im Monat.
69	Die Universitaet hat alles leichter gemacht.
71	Sehr gut.
72	Ich lebte bereits 6 Jahre in Deutschland (BW)
74	Ziemlich gut. Ich hatte Unterstützung durch meine WG und auch durch Freunde, damals hatte ich auch noch einen Partner aus Berlin, der mir auch ein bisschen geholfen hat.
75	totul a mers bine :)
76	Now it's the beginning :) and it is quite easy and exciting/Acum sunt la inceput si este usor si interesant.

77	nicht so einfach; wir hatten ein bisschen Geld gespart, haben aber nicht so einfach Arbeit gefunden; mit der Sprache war mir am Anfang auch schwer
78	A fost foarte greu, mai ales ca-mi trebuia permis de munca. Am reusit sa raman din cauza facultaTii.
79	Foarte bine
83	Sehr gut.
84	Es war nicht einfach, manichmal sogar richtig anstrengend aber ich hatte auch schöne Momente, ich war sehr neugierig und wissbegierig und das hat sich als herausgestellt
86	Berlin e un oras indeajus de international pentru a nu avea probleme de integrare sau comunicare
87	Extrem de greu, nu cunoasteam pe nimeni si nici nu vorbeam germana foarte bine.
88	Am Anfang war alles ziemlich schwierig, denn ich war alleine und noch sehr jung. Die Bürokratie war einfach zu bewältigen. In der Universität allerdings war es anfangs wegen Diskriminierung einer Dozentin sehr holperig.
89	Ganz gut. Ich konnte die Sprache sprechen und ich hatte Freunde, die mir geholfen haben.
90	als ich am Anfang als au-pair in einer netten Familie gerarbeitet habe, war's ziemlich leicht mich wohl zu fuehlen. Die Sprache war nicht eine Barriere, obwohl ich fast kein Deutsch konnte, die Burocratie sollte ich nicht kaempfen, und die Leute allgemein machten alles noch angenehmer.
92	Ziemlich gut.
94	Kulturschock!!!
95	Guter Anschluss über Freunde, Universiät
97	Relativ gut, da ich schon vorher als Stipendiat einen Einblick in den hiesigen Gepflogenheiten bekam.; Arbeitsmäßig war es in den ersten beiden Jahren schwierig aber dann ging es gut.
98	Bestens.
99	A fost ok.
101	Der Anfang war sehr schwer. Ich sprach kein Deutsch und die Berliner sprachen damals kaum Englisch.
102	Gut.

104	Dank meine Fremdsprachenkenntnisse gut
105	Sehr, sehr schwer. Auto Unfall, keine Versicherung, Auto kaputt, kein Job (ich konnte kein Deutsch), ich brauchte eine Wohnung, etc.
106	Foarte greu datorita faptului ca nu stiam germana
111	normal
112	Bine
113	Destul de bine
114	Bine
115	Ok.
116	F. greu
119	La inceput nu a fost simplu, in special din cauza necunoasterii limbii germane.
120	la inceput nu am stiut pe nimeni , nu am avut nici un contact , am dormit prin parcuri .
121	Der Anfang was ein bisschen schwer aber jetzt alle sind ok.
122	ganz gut
123	es dauerte eine Weile, bis ich neue Leute kennengelernt habe
125	destul de bine pana in prezent .

Was haben Sie bei der Wahl erlebt?

ID	Antwort
1	Ich musste sehr lange warten. Hab aber trotzdem geschafft.
4	Nu ma intereseaza alegeriile din Romania.
7	In Berlin s-a putut vota relativ bine. A trebuit sa astept mai mult decat la alte alegeri, dar fiind la localul de vot devreme, nu am avut probleme.
8	Am incercat sa votez pe 2.11 in Berlin insa coada era interminabila. Pe 16.11 am votat in Hamburg la ora 7 dimineata, a tb sa astept doar 5 min
9	Nu am avut experiente
14	am stat vreo 30 de minute la coada

15	A trebuit sa stau circa o ora la coada, dar situatia a fost acceptabila. Am inteles ca autoritatile nu se asteptasera la in numar atat de mare de votanti si ca au trebuit sa se adapteze noii situatii. ; ; Problema, din punctul meu de vedere, este ca nu exista obligatia declararii intrarii /mutarii in Germania a cetatenilor romani. Astfel, nu exista o evidenta clara a numarului de romani din Germania.
16	Buna. Am fost incurajat de participarea altor romani si chair am format un cerc de prieteni cu oczia asta.
18	Am stat la coada foarte mult.
21	Positiv
23	Cozile care nu se mai terminau
25	Atmosfera civilizata in ciuda numarului mare de participanti
28	ok..cu copil mic
29	Nimic din ce a aparut in mass-media. Totul a decurs normal.
32	Die Wahl war besser organisert als in anderen deutschen Städten. Nach langer Zeit war die Gruppe der Rumänen in Berlin wieder etwas deutlicher sichtbar.
33	relativ fair
34	Zu viele Menschen, sehr schlecht organisiert.
36	Buna, am fost de dimineata cand era coada de asteptare mica.
39	In Berlin war alles OK
40	A fost OK
41	coada
42	Statul la coada a durat peste doua ore, dar au putut vota toti.
43	lange Wartezeiten
45	Coada lunga, dezamagitor. Cei de aici s-au descurcat bine cu atatia oameni, dar erau prea putini - era prost organizat de dinainte.
50	am votata in tara
52	- ce sa mai zic... o nesimtire, modul in care am fost tratati, se vedea clar ca votul a fost atat de prost organizat, incat sa nu permita diasporei sa voteze in numar mare. Am stat 4–5 ore in frig si ploaie, dar am votat pana la urma.
58	Schlechte ehrfarung
59	asteptare lunga
63	In perioada alegerilor eram in Romania.

68	Lange in der Schlange gewartet, war aber nicht dramatisch. Ich war mit meinen Freunden da und wir haben uns unterhalten.
69	Sehr schlecht. Lange schlange fuer 6 zu 8 Stunden. Auch die Deutsche Polizei hat uns nach Hause geschickt in der Hoffnung dass am Abend wenigere Leute kommen und dann konnte man ruhig waehlen. Das war nicht der Fall.
71	Ich bin sehr früh zur Botschaft gefahren, als ich in die Dorotheenstrasse eingebogen bin jemand hat mich auf rumänisch begrüsst.
74	- eine noch nie dagewesene Solidarität unter den Ausgewanderten (nicht nur in Berlin); - eine unglaubliche Welle von Social-Media-Aktivität zu diesem Thema; - die Dreistigkeit der Ponta-Regierung bzgl. Wahlfälschung und der Wahllokale im Ausland; - nach langer Zeit wieder eine Art kollektive Hoffnung der rumänischen Bürger bzgl ihrer politischen Zukunft; - die Betonung der deutschen Tugenden in der rumänischen Diskussion; - die Tatsache, dass in einem osteuropäischen Land ein Angehöriger einer ethnischen Minderheit DIE Repräsentationsfigur werden kann (in RO hat der Präsident mehr Kompetenzen, als in DE); - ziviles Engagement auf hohem NIveau (friedlich, trotzdem wirkungsvoll), sowohl in RO als auch in der Diaspora - betrachte ich persönlich als ein Glied in der Kette des zivilen Ungehorsams, die in Rumänien zum ersten Mal im Fall Rosia Montana zum Erfolg führte
76	I was afraid that Ponta will become president so even if I was having the worst flu of my life I went to vote with 41 degrees of fever.; Mi-a fost teama sa nu iasa Ponta presedinte si am fost la vot desi am avut febra.
77	ich war ziemlich aufgeregt von was es in Rumänien am Laufend war und hatte Angst, dass Ponta gewinnt.
78	Coada imensa la ambasada, dezorganizare.
79	Proasta organizare; Injosire; Aglomeratie
84	Eine 3 stundige Schlange
87	Foarte bine organizat.
88	Da ich sehr früh in der Wahllokale war, musste ich nicht warten. Das Prozedere war jedoch langsam und mir wurde vor Ort falsche Auskunft erteilt.

89	Elend lange Schlangen und schlechte Organisation seitens der Botschaft.
90	3 stunden lang schlange
92	Ich ging beim ersten mal gegen Mittag, es war sehr voll, zweiten mal ging ich sehr früh, es war eine sehr gute Stimmung, die U-Bahn war voll entweder mit party Gäste oder mit rumänische Staatsbürger, wir haben uns gegrüßt.
97	Die unmögliche lange Schlange.
98	Ich hing den ganzen Tag am Internet und habe rumänisches Fernsehen verfolgt. Es war sehr aufregend und auch empörend zu sehen, wie mit der Diaspora in den Wahllokalen umgegangen wurde. Dass das Folgen haben würde, habe ich zumindest gehofft. Ich habe mich sehr für die Rumänen gefreut, dass sie sich das vom bestehenden System nicht haben bieten lassen. ; Meine Daumen waren Richtung Johannis gedrückt und bin seit diesem Tag sein Fan fb.
99	War alles in Ordnung.
105	Ich war mit dem Arbeit nach Italien. Ich könnte nicht wählen.
123	sehr lange Schlange und schlechte Organisation

Warum haben Sie diesen Kandidaten / diese Kandidatin gewählt?

ID	Antwort
1	Nach Gefühl. … nee…; verschiedene Gründe dafür
7	Datorita imaginii inca nepatate dar si ca vot negativ impotriva lui V. Ponta
8	Speranta unei schimbari
9	Liberal
15	L-am vazut ca pe in candidat serios, cu o imagine nepatata, care promitea un stil sobru de a reprezenta tara.
16	E prea complicat pentru a raspunde.
21	Serios
23	Pentru a se schimba ceva in Romania
25	Confidential
28	De ce nu?

32	Er war ein guter Bürgermeister mit guten Ergebnissen. Er steht für Reform.
33	weil ich ihn noch als Bürgermeister vor vielen Jahren in Sibiu erlebt habe und ihn als sehr zuverlässig und ehrlich schätze
35	Bauchgefühl
36	A fost mai convingator. Am considerat ca are calitati mai bune fata de celalalt candidat.
39	Weil ich immer für PNL abstimme…
40	Ponta nu este o optiune. Johannis a facut treaba buna la Sibiu si are o imagine externa mai buna
41	ca sa nu mi se usuce mana, ca in 2000, dar deja nu arata prea bine mana mea
42	Speranta ca va disparea coruptia si dorinta unui proiect stabil si credibil.
43	Hoffnung ohne Grund
45	Pentru ca 1. nu as vota niciodata cu plagiatorul si coruptul de Ponta; 2. Iohannis si ce a reusit el pana acum chiar merita.
47	Este o persoana mai tanara
52	Pentru ca e neamt si nu e Victor Ponta! Intre el si Victor Ponta e o diferenta ca intre un arivist si un gentleman. Nu am crezut in promisiunile lui Iohannis si nici nu m-a interesat ce promite (eu de la Romania si politicienii de acolo in special nu mai astept nimic, din 2000 de cand am plecat). M-au uitat la el ca om si politician si asta imi doresc eu in varful statului roman: civilizatie, eleganta, chibzuinta, decenta si integritate. Imi mai doresc si capacitate de a conduce si viziune, dar constat ca dl. Iohannis nu prea are asa ceva. Si asa e mai bine cu el, decat cu Ponta sau cu Basescu - aia ne-au facut si ne fac de ras in strainatate!
58	Gegen ponta gewählt
59	pentru ca ceilalti doi reprezinta niste grupuri incapabile
68	War glaubwürdiger, sein Name war nicht mit Skandalen assoziiert und vor allem:; - hatte er eine konsequente Haltung, die seine Aussagen bekräftigt hat und; - sein Verhalten war näher an dem, was man von einem Politiker erwartet, hat nicht beleidigt und keine schmutzige Wahlkampagne geführt so wie Ponta

69	Ich mochte wie und was er sprach. Ponta musste man entfernen.; Es war die einzige Chance was zu aendern: jetzt oder nie.
71	Weil die anderen Clowns sind.
72	Der bislang fähigste und am wenigsten korrupte Politiker des Landes
74	- weil die Alternative unter jeder Kritik war; - weil er einer ethnischen Minderheit angehört; - weil ich die Hoffnung hatte, dass er tatsächlich gegen die Korruption ankämpfen wird und dass er Rumänien auf der internationalen politischen Bühne wieder salonfähiger macht; - dass er (allein schon wegen seiner Minderheits-Zugehörigkeit) seine Macht nicht missbrauchen wird
75	e neamt :)
76	Because Ponta is incompetent, liar and stupid.; Pentru ca Victor Ponta este incompetent, mincinos si prost.
77	cu oricine as fi votat, motivul era in principiu ca sa nu iasa celalalt - pentru ca din pacate nu prea aveam cu cine vota, nimeni nu se ridica la asteptarile mele.
78	Pentru ca era unica varianta pentru mine.
79	Hat mich ueberzeugt; Ich kenne Hermannstadt und die Ergebnisse seiner Arbeit; Um ein Desaster zu verhindern
84	Um eine Veränderung auf die politische Bühne in Rumänien zu bewirken
87	Ca sa nu iasa Ponta.
88	Im 1.Wahlgang habe ich Monica Macovei gewählt, da sie das beste Programm und die beste Erfahrung für dieses Amt hatte. Im 2. Wahlgang habe ich für Klaus Iohannis abgestimmt. Die Gründe dafür waren einerseits die Nähe zu meinen politischen Ansichten, andererseits um den Sieg Pontas zu verhindern.
89	Weil ich mir frischen Wind auf der politischen Szene in Rumänien erhofft habe. Neues Gesicht, neues Glück. Außerdem wollte ich nicht die PSD unterstützen.
90	aus der hoffnung auf eine positive aenderung
92	Ich bin an der Meinung dass das war eigentlich das einzige vernünftige Wahl.
97	Es ist sehr gut unabhängig von der Nationalität die LeiStunde zu schätzen, das sehe ich auch umgekehrt für die Leute von hier

98	Ich hätte ihn gewählt, weil er anders zu sein scheint, weil er Hoffnung macht.
99	Mal was anderes wählen. ..
102	Ich habe sein gute Arbeit als Bürgermeister von Hermannstadt mitbekommen und hätte ihm dieses Amt zugetraut.
114	Placere
121	Ic hab' das is eine gute Variante geglaubt

Wie wird sich Rumänien Ihrer Meinung nach in Zukunft entwickeln?

ID	Antwort
1	Es wird sich leider nicht entwickeln. Korruption wird immer da sein....
4	Societatea va involua, pentru ca sistemul educativ scoate din ce in ce mai multi analfabeti.
	Politica este facuta de oameni care dau si iau spaga constant, deci nu are nici un viitor.
	Economia, pe termen lung va scadea pentru ca, dintr-o populatie de 20 de mil. de locuitori produc valoare maxim 4 mil., iar numarul persoanelor care vor munci in viitor va fi din ce in ce mai mic.
7	Situatia se va ameliora, dar incet
8	Greu de spus
14	in der richtige Richtung!
15	Consider ca Romania se va indrepta in directia cea buna. ; ;
	Politic, se va combate si mai insistent coruptia si in timp, oameni pregatiti vor ocupa posturi oficiale pe criterii de merit.; ;
	Economic, nu am inca asteptari foarte mari.; ; Cred ca incet, societatea se va deschide mai mult catre inovatie.
16	Va ajunge alte tari est europene din urma. Va fi mai bine, dar intotdeauna va fi in urma altor tari.
20	Din ce in ce mai rau
21	Zu langsam
23	Economia e la pamant, politica prea corupta si societatea cred ca s-a resemnat
25	Nu comentez

27	O parere proasta despre ce se intampla in tara
28	Incet si Bine
29	Pro Europa
32	Es gibt viel Potential, sowohl wirtschaftlich als auch von den geografischen und kulturellen Gegebenheiten her. Ein großes Problem ist der Brain-Drain und die negative Demographie. Die massive Korruption und die schlechte gesundheitliche Versorgung ebenfalls.
33	Ich denke, dass Rumänien sich gut entwickelt, da die jungen Menschen sehr gut ausgebildet sind und ehrgeizig ihre Ziele verfolgen. Ich glaube auch, dass die koruption rückläufig ist
35	Man hofft nur gutes.
36	Din punct de vedere social si economic, cred ca Romania va evolua. Din punct de vedere politic, in prezent pare sa stagneze si nu prevad mari modificari in viitor.
39	Es wird sich nichts ändern...
40	Se va dezvolta lent. Vom avea in continuare o politica de doi bani, coruptia nu se elimina atat de simplu pe cat am vrea iar investitiile straine nu cred ca vor fi spectaculoase. Romania va exporta in continuare creiere pt Europa si asta este o frana serioasa pe termen lung.
41	raiul fara teroristi
42	Societatea va evolua catre o educatie civica de un nivel mai bun.; Politica va renunta cu greu la privilegiile abuzive, dar se va schimba simtitor in 10 ani.; Economia va evolua semnificativ, daca nu va exista o criza internationala.
43	Genau wie früher
45	Bine, sunt multe lucruri care merg din ce in mai bine, si unele chiar mai bine decat in restul lumii (internetul, domeniul IT). Autostrazile care se construiesc or sa ajute la aducerea fabricilor in Romania. Societatea e prea negativista, dar incet o sa se schimbe, sper, si asta.
46	Greu
47	Cred ca bine
48	nu am idei

49 | Romania are sanse bune.

50 | E pe o panta ascendenta, dar schimbarea are loc greu

52 | Politica: nu se schimba mare lucru, politica e infiltrata de corupti, arivisti, incompetenti si securisti (fost si actuali). Politica in Romania e un business si nu un serviciu adus societatii. Cea mai mare problema o vad in incompetenta oamenilor din administratie (la toate nivelele), traficul de influenta, lipsa de viziune si capacitate, coruptia (da, aici se mai schimba ceva... sa vedem cat tine). Deci nu am un pronostic optimist pt. urmatorii 10 ani. ; ;

Societate: nu vad o directie in societate, ma ingrijoreaza dezvoltarea generatiei tinere, dar si soarta batranilor si parintilor parasiti (ca am fost fortati sa plecam din tara). Nu exista o societate civila autentica, noi nu suntem un popor cu initativa, ne lasam dusi cu zaharelul de unii mai guralivi si smecheri. Positiv vad ca se mai schimba mentalitatile si cu deschiderea granitelor se mai schimba si societata, ca vede cum e dincolo "de gard". In rest, multe din probleme tarii sunt defapt probleme ale noastre ca popor. De comportament si de abordare. Vreau sa scapam de traditiile si metehnele bolnavicioase, inapoiate si vreau sa nu mai fim atit de creduli la tot felul de chestii, de la moaste si pana la promisiuni electorale. Suntem un popor debusolat, din dec. 1989 si pana azi. Habar nu avem ce inseamna sa fim stat membru al UE si cetateni europeni. In unele sate si orase se traieste asa de inapoiat, ca o sa le trebuie decenii sa se dezmeticeasca si civilizeze.; ;

Economie: economia merge pe spinarea fortei de munca ieftine. Atita timp cit chestia asta functioneaza, o sa fie si de lucru. Dar sa producem valoare adaugata nu prea putem. Nu avem cu ce. Tot ce e bun, pleaca in afara. O problema va ramane si in urmatorii 20–50 de ani: nu o sa avem autostrazi, iar infrastructura o sa fie mai mult carpita, decat moderna. Cine face afaceri cu statul are de unde fura. In rest, mai ramane agricultura, baza de subzistenta a poporului roman. Incetul cu incetul o sa creasca nivelul de trai, nivelul salariilor, dar tot la coada UE vom ramane. Rezervorul de munca ieftina, cu preturi ca in vest.

58 | Keine zukunft

59 | Romania are potential de dezvoltare: cel mai rapid se va face simtita societatea civila care devine din ce in ce mai activa datorita, in primul rand, tinerilor care sunt mai constienti de drepturile pe care trebuie sa si le apere; ;

Din punct de vedere politic nu vor fi schimbari in viitorul apropiat: clasa politica este si va fi corupta pentru mult ani. ;

din punct de vedere economic probabil vor fi cresteri de nivel dar nu vor reflecta starea de bine a populatiei; este o problema in directa legatura cu clasa politica.

63 | Cred ca Romania se dezvolta si merge in directia buna, dar va fi nevoie de multi ani pentru ca sistemul sa se schimbe si coruptia sa dispara sau sa fie la un nivel mai mic decat este in prezent.

68 | Diese ist eine gute Frage. Es gibt mehrere Prozesse, die gleichzeitig ablaufen. Auf der einen Seite gibt es gute Zeichen aus der Justiz und aus der Zivilgesellschaft. Außerdem gibt es viele intelligente junge Leute, die frei und kreativ denken und ich hoffe, dass sie in irgendeiner Form irgenwann das Sagen haben werden. Es stimmt aber auch, dass viele von ihnen Rumänien für immer verlassen. Auf der anderen Seite finde ich, dass der Verfall des Bildungssystems in Rumänien sehr deutlich zu spüren ist. Allgemeinbildung und das Interesse für kulturelle Themen sind meiner Meinung nach gesunken, der öffentliche Diskurs und oft der Umgang der Menschen miteinander ist dominiert von Beleidigungen. Ich mache mir auch Sorgen wegen der immer klareren Rechts-Tendenz des Mainstreams und wegen der wachsenden Anzahl ungebildeter und schlecht inforierter Nationalisten. Dies hat einigermaßen auch etwas mit dem wachsenden Einfluss der Orthodoxen Kirche zu tun. Allgemein glaube ich, dass sich innerhalb der rumänischen Gesellschaft Spannungen aufbauen.

In der Politik mag es positive Entwicklungen geben, aber ich denke, dass sich wenig verändern wird, solange das heutige überzentralisierte System aufrecht bleibt. Ich wünsche mir mehr Regionalpolitik, aber es gibt im Moment keine realistischen Aussichten.

69 | Nu exista nicio intentie de dezvoltarei n Romania. Totul e apatic.; Mai rau ca niciodata in ultimii 100 de ani.

71 | Das weiss ich nicht.

72 | Positiv auf allen Ebenen

74 | Keine Ahnung. Sie hängt auch sehr von der Zukunft Europas ab und diese ist im Moment sehr ungewiss.; Auf jeden Fall ist Rumäniens politische Richtung zur Zeit besser, als während aller anderen Regierungen seit 1989.

75 | incet incet va fi mai bine , doar rabdare si multa munca

76 | Politics is the worse part of Romania. Once the politicians will change and improve the other sectors will improve. And hopefully, this will happen in the next 10 years.;

Socially, Romanians need to open their minds a bit and understand that each has to do something for the community to improve the environment the society.;

Economically, Romania will catch up quite fast with the Eastern European countries due to the low prices in services and high standards in IT which eventually will turn Romania into a hub for services (it is happening already). Once the infrastructure will be fully developed the growth should be stable and long-lasting.

77 | Ich glaube Rumänien hat einen sehr langen Weg bevor sich etwas positiv entwickeln kann. Ich glaube es werden immer wieder tragische Geschehnisse kommen, die nicht passieren dürfen (wie z.B. was diese Woche in dem Club passiert ist), was aber noch lange die Gesellschaft nicht ändern wird.

78 | O sa fie din ce in ce mai bine, acum ca-i inchid pe astia, dar o sa dureze.

84 | Wie sich entwickeln wird das Land ist schwer zu sagen. Was ich mir wünsche ist dass der Nationalismus abnimt, Vorurteile und Diskriminierung abgebaut werden und Vorallem auf die politische und gesellschaftliche Ebennen mehr Miteinander als gegeneinander aggiert wird.

87 | Dupa incidentul din Clubul Colectiv, au inceput multe manifestatii stradale care s-au soldat cu demisia premierului Ponta. Am incredere ca Romania se va dezvolta in mai bine de acum incolo.

88 | Ich bin sehr optimistisch: jedes Mal wo ich da bin, merke ich wieviel sich alles geändert hat. Die Gesellschaft ist reifer geworden und die wirtschaftliche Lage ist viel besser.

89	In Rumänien hat sich eine neue Generation von gut ausgebildeten und politisch interessierten jungen Menschen kristallisiert. Diese hat ihre Stimme schon bei den Protesten gegen das Bergbauprojekt Rosia Montana, bei den Präsidentschaftswahlen 2014 sowie in den letzten Tagen als Reaktion zum Brandunfall im Club Colectiv hörbar gemacht. Diese Generation unterstützt auch ein Generationswechsel in der Politik. Es ist wohl absehbar, dass in den nächsten Jahren viele Änderungen in der Politik stattfinden werden.; Im Bereich Wirtschaft kenne ich mich nicht aus.
90	Solange die Buerger ihrer Macht nutzen, wird alles sich entwickeln, fuer Menschen, nicht nur fuer Corporations.
92	Ich habe keine Ahnung, vielleicht nur Hoffnung.
94	Keine Ahnung...
95	Hoffentlich stärker europäisch, Ãœberwindung von Korruption und alter Seilschaften, Stärkung des Rechtsstaates
97	Positiv aber sehr langsam.
98	Das kann ich nicht beurteilen.
99	Eher positiv würde ich sagen.
101	Die strukturellen Defiziten werden überwunden. Die Rechtslage wird stabiler. Infolge dessen wird sich die wirtschaftliche Lage bessern.
102	Wenn viele junge, gut ausgebildete Leute in Rumänien bleiben und innovative Ideen in die Gesellschaft Rumäniens einbringen, dann kann es gut werden. Es braucht dafür allerdings einen langen Atem und hängt auch von globalen Zusammenhängen ab.
105	Leider Weiss ich nicht mehr.
106	Foarte greu,datorita coruptiei
108	Incet, spre bine.
111	Normal ca si celelalte tari din U.E.
112	mi-e imposibil sa spun, dar in orice caz, greu.
113	Nu stiu
114	Bine
115	Nu prea grozav.
116	F. f. f. greu.

119	este greu de spus, dar cred ca Europa de Est la moment are sanse pentru dezvoltare mult mai bune decit Europa de Vest, care in urmatorii 20 de ani se va schimba totalmente la nivel de structura etnica si religioasa.
121	Ich will nichs sagen.
123	weniger Korruption und hoehere Arbeitsqualitaetsstandards

Warum wollen Sie wieder zurück oder nicht zurück nach Rumänien?

ID	Antwort
1	Vielleicht wenn ich Rentnerin werde. ... werde ich mehr Lebensqualität in Rumänien haben
4	Nu vreau sa mai traiesc in sistemul corupt din Romania.
7	Datorita stilului de viata familiar si datorita familiei si prietenilor din tara.
8	Experienta acumultata in afara granitelor Romaniei m-a determinat sa ma intristez de fiecare data cand ma intorc. Romania e din ce in ce mai saraca, oamenii de fiecare data mai superficiali, tristi.
9	Doresc sa investesc
14	die lebensquali ist hier besser.
15	Intentionez sa ma intorc la o varsta mai inaintata, probabil cand parintii vor fi foarte batrani, sa le fiu aproape, daca va fi posibil.; ; Imi doresc, in acelasi timp, sa contribui la bunul mers al lucrurilor in tara, chiar daca intr-o masura limitata. ; ; Sunt atasata de Romania ca spatiu geografic, ma atrage climatul si....de ce nu....un soi de magnetism energetic.
16	Pentru ca Germania o cam ia pe cai gresite. Nu se mai respecta munca, sunt prea multi straini care nu adera la cultura germana, pentru ca limba este prea grea.
18	Nu stiu inca.
20	Nu mai am pe nimeni acasa
21	Ich vermisse die Heimatland
23	Nu m-as intoarce atata timp cat in Romania nu se schimba nimic, m-as intoarce pentru ca oriunde in lumea asta am fi nu o sa fim acceptati ci tolerati, asta e minusul
27	La batranete

28	Viata, casa si masa imi sunt in Berlin.
29	M-am globalizat
32	Es ist meine Heimat. Ich habe nach wie vor gute Beziehungen dahin. Das Land ist schön und hat Potential.
33	Ich liebe das Land, die Menschen und insbesondere das Essen. Ich glaube auch, dass ich dort günstiger als in Deutschland leben kann. Außerdem würde ich gerne bei der Entwicklung der Gesellschaft behilflich sein
35	Hier ist meine Zukunft gesichert.
36	Nu am decis inca daca ma voi intoarce sau nu, dar nu exclud aceasta posibilitate.
39	Ich bin zu alt das Leben dort neu anzufangen...
40	Intentionez sa imi dezvolt propria afacere aici unde mediul de business este mai sanatos. In romania m-au ingropat marile firma care nu mi-au platiti serviciile prestate. Aici o iau de la zero
41	manelele, Tigania, nesimTirea, lipsa de respect, mizeria si prostia sunt prea la vedere.
42	Locul de munca din tara este stabil. Este mai usor sa traiesti intre conationali.; Daca nu m-as intoarce ar fi pentru ma exaspereaza lipsa generala de reactie la aspectele negative ale interactiunii sociale si mentalitatea ancorata in feudalism.
43	weil ich Berlin liebe
45	Ma identific mai mult cu Germania si valorile germane. Romania inca ma intristeaza
46	Sunt roman si trebuie sa ajut la dezvoltarea economica a Romaniei!
47	Nu cred ca este momentul acuma
48	Tigani
49	Imi iubesc tara
50	Nivelul de trai e mai scazut, si cel de sanatate si educatie sunt f proaste.

52 | Ce sa fac eu cu calificarile mele si cu experienta mea in Romania? Vreau sa fiu luat la misto sau sa fiu luar de prost? Evident ca nu. Romania nu ne vrea inapoi, momentan. E bine ca trimitem miliarde in tara in fiecare an care merg iN TVA si in consum, dar e mai bine ca suntem unde suntem. Milioane de oameni in Romania se bazeaza pe ajutorul celor din afara. E normal asta in 2015?; ; Poate mai intorc la pensie, ca sa imi revad locurile natale si sa savurez gustul mancarii de acasa - da cine stie pana atunci poate o sa fie la fel de proasta ca mancarea din Germania si oamenii vor fi la fel de reci, ignoranti si introverititi ca aici. Cine stie ce se intampla in 20 de ani?

58 | Ich bin ein Berliner!

59 | Pentru ca pot face o schimbare dupa experienta adunata calatorind si locuind in alte tari. Probabil il voi convinge pe prietenul meu sa ne mutam la un moment dat acolo.

63 | M-as intoarce in cazul in care nu as reusi sa ma integrez aici, daca nu as simti ca am o viata cu sens, un job bun, prieteni.

68 | - Da sind die Orte und die Menschen, die ich am meisten Liebe; - Vielleicht kann ich durch die Erfahrung, die ich in Deutschland gesammelt habe, in Rumänien etwas Positives bewirken ; - Ich bin ein Einzelkind und ich werde mich irgendwann um meine Eltern kümmern müssen

69 | E normal ca fiecare om sa traiasca aproape de familia lui si in cultura lui.; E normal ca fiecare tara sa isi dezvolte potentialul si sa poata oferi un standard de viata calitativ cetatenilor lui.; Imi lipseste spiritul si cheful de viata in strainate desi la Berlin ma simt bine.; In Uniunea Europeana atat barbatii, cat si femeile sunt deprimati si si-au pierdut atat simtul umorului, cat si pofta de viata chiar daca ies la restaurante si fac conversatie.

71 | Ich habe dort kein Zuhause mehr.

72 | Ich liebe Berlin

74 | - weil es meine Heimat ist; - weil ich denke, dass ich von meine Fähigkeiten und Erfahrungen auch zugunsten meiner heimat nutzen sollte; - weil mich doch noch sehr viele emotionale Bände da hinziehen

75 | vom vedea ce aduce viitorul

76	I do not have a desire to go back but it is not something I would refuse neither. It depends on where my job will take me.
77	ich identifiziere mich mit dem Land nicht mehr und es passieren zu viele Sachen, die mit meiner politischen Orientierung nichts zu tun haben.
78	Imi place la Berlin :)
84	Weil eine homosexuelle Lebensführung ist in Rumänien nach wie vor stigmatisiert.
87	Depinde unde imi voi gasi de lucru dupa terminarea studiilor.
88	Ich möchte gerne bei meinen Eltern sein. Mir fehlen außerdem die Sprache, die religiöse Gemeinde und allgemein das Zugehörigkeitsgefühl.
89	Prinzipiell schließe ich keine Variante aus. Ich würde gerne in Deutschland bleiben, genauer gesagt, in Berlin. Wenn mich aber mein Weg doch irgendwann zurück nach Rumänien führen sollte, dann gehe ich auch zurück.
90	Wanderlust!
92	Ich habe hier eine Familie, meine Muttersprache ist nicht rumänisch, mein Kind spricht kein rumänisch, ich sehe das als eine große Schwierigkeit.
94	Berlin ist meine Heimat.
95	Ich bin als KInd nach Deutschland gekommen, Berlin ist meine Heimat
97	Familiäre Gründen
98	Ich bin nicht Idealist genug, um mit einem mir dort angebotenen Gehalt auskommen zu wollen. Sollte sich aber einmal eine finanzielln interessante Möglichkeit bieten, würde ich gern eine Weile wieder dort sein.
99	Cand o sa ies la pensie...eventual.
100	zu alt und keine Verbindungen mehre
102	Eventuell für zeitweilige Projektarbeit, weil die Region Siebenbürgen viel Potenzial hat.
105	Ich liebe Rumänien...
106	Pentru ca in Romania am familia,prietenii si rudele
108	Suntem si vom ramane straini aici.

111	Decat in vizita
112	Viitorul este mai sigur, aici in Germania.
113	Nu stiu.
115	Economia, Politica lasa de dorit.
116	Economia Tarii lasa de dorit la fel si Politica.
119	Depinde de evolutia evenimentelor in Germania.
121	Ich bin rumanisch und ich vermisse meine Land.
123	ich will an den Aufbau eines neuen Gesichts Rumaeniens teilnehmen

Tabellenverzeichnis

1   Diaspora-Departement 50
2   RumänInnen in den Berliner Bezirken 135
3   Familienangehörige in Rumänien 139
4   Arten von Kontakten nach Rumänien 140
5   Phasen der rumänischen Diaspora in Berlin VI
6   Nutzung von *Facebook*-Gruppen durch Diaspora-Angehörige XVII

Abbildungsverzeichnis

1   Drei Beziehungsrichtungen der Diaspora 25
2   Herkunftsregionen von in Berlin lebenden rumänischen
    Staatsangehörigen 122
3   Familienstand von in Berlin lebenden rumänischen
    Staatsangehörigen 124
4   Höchster Bildungsabschluss von in Berlin lebenden rumänischen
    Staatsangehörigen 128
5   Tätigkeiten von in Berlin lebenden rumänischen
    Staatsangehörigen 130
6   Rückkehrabsichten von in Berlin lebenden rumänischen
    Staatsangehörigen 144
7   Teilnahme an der Präsidentschaftswahl 2014 von in Berlin
    lebenden rumänischen Staatsangehörigen 151
8   Gründe der Johannis-WählerInnen 157
9   Regionen und Kreise Rumäniens I
10 Video-Chat mit dem Diaspora-Minister III
11 Wachstum der rumänischen Diaspora IV
12 Wachstum des Anteils rumänischer Staatsangehöriger am
    Ausländeranteil V
13 Ankunftsjahr der Befragten VII
14 Anzahl der Befragten in Zuwanderungsphasen VII

15 Tätigkeiten von Diaspora-Angehörigen mit
   Hochschulabschluss..VIII

16 Tätigkeiten von Diaspora-Angehörigen ohne Hochschulabschluss..... VIII

17 Zurechtfinden in Berlin mit Bekannten...IX

18 Zurechtfinden in Berlin ohne Bekannte..IX

19 Präsidentschaftswahl 2014.. X

20 Gedenkstunde 2015.. X

21 *Facebook*-Werbung für den rumänischen Laden in Neukölln............XI

22 Flyer Rumänischer Laden Außenseite...XII

23 Flyer Rumänischer Laden Innenseite..XII

24 Flyer Restaurant *Baron*...XIII

25 *Facebook*-Seite des rumänischen Restaurants von Berlin.............. XIV

26 *Facebook*-Gruppe „Romani in Berlin"..XV

27 *Facebook*-Gruppe „Romani in Berlin amicii Schwarzes Meer"....... XVI

28 Erfahrungen bei der Wahl am 2.11.2014..................................... XVIII

29 Erfahrungen bei der Wahl am 16.11.2014.................................... XVIII

30 Wahlwerbung auf *Facebook* via Profilbild.................................. XIX

31 Flugblatt... XX

32 Fragebogen S. 1... XXI

33 Fragebogen S. 2..XXII

34 Fragebogen S. 3...XXIII

35 Fragebogen S. 4...XXIV

36 Fragebogen S. 5..XXV

37 Fragebogen S. 6...XXVI

Literatur

7 Days: Die Nr. 1 Croissant der Welt!, url: http://www.7days.com/de/croissants/croissant/ (besucht am 28.06.2017).

AMBASADA ROMÂNIEI in Republica Federală Germania: Actualitatea Ambasadei. Clubul Academic Berlin - seara dedicată lui I. L. Caragiale [News der Botschaft. Akademischer Club Berlin - I.L.Caragiale-Abend], url: http://berlin.mae.ro/local-news/945 (besucht am 20.06.2016).

Dies.: Actualitatea Ambasadei [News der Botschaft], url: http://berlin.mae.ro/local-news?page=3 (besucht am 28.01.2016).

Dies.: Actualitatea Ambasadei. Vizita de lucru a preşedintelui României, Klaus Iohannis, la Berlin [News der Botschaft. Arbeitsbesuch des Präsidenten Rumäniens, Klaus Johannis, in Berlin], url: http://berlin.mae.ro/local-news/1192 (besucht am 29.06.2017).

Dies.: Actualitatea Ambasadei. Vizita delegaţiei Comisiei pentru comunităţile de români din afară graniţelor ţării, 25–26 noiembrie 2015 [News der Botschaft. Besuch der Delegation der Kommission für die rumänischen Gemeinschaften außerhalb der Grenzen, 25.–26. November 2015], url: http://berlin.mae.ro/local-news/1104 (besucht am 24.06.2016).

Dies.: Actualitatea Ambasadei. Ziua Naţională a României [News der Botschaft. Nationaler Tag der rumänischen Kultur], url: http://berlin.mae.ro/local-news/1100 (besucht am 28.01.2016).

Dies.: Comunitatea românească. Parohii româneşti din Germania [Rumänische Gemeinschaft. Rumänische Pfarreien in Deutschland], url: http://berlin.mae.ro/node/287 (besucht am 27.06.2016).

Dies.: Comunitatea românească. Prezenţe culturale româneşti [Rumänische Gemeinschaft. Rumänische Kulturstandorte], url: http://berlin.mae.ro/node/763 (besucht am 27.06.2016).

Dies.: Home. Comunitatea românească [Rumänische Gemeinschaft], url: http://berlin.mae.ro/node/286 (besucht am 27.06.2016).

Dies.: Home. Scurt istoric al relaţiilor diplomatice [Geschichtlicher Abriss zu den diplomatischen Beziehungen], url: http://berlin.mae.ro/node/221.

Dies.: Prezenţe instituţionale. Institutul Cultural Român „Titu Maiorescu" [Einrichtungen. Das Rumänische Kulturinstitut „Titu Maiorescu"], url: http://berlin.mae.ro/node/226 (besucht am 27.06.2016).

DIES.: Relații bilaterale. Cadru juridic [Bilaterale Beziehungen. Rechtliches], URL: http://berlin.mae.ro/node/170 (besucht am 26.06.2016).

DIES.: Relații bilaterale. Relații culturale [Bilaterale Beziehungen. Kulturelle Beziehungen], URL: http://berlin.mae.ro/node/169 (besucht am 29.01.2016).

AMT FÜR STATISTIK BERLIN-BRANDENBURG: Statistischer Bericht: Einwohnerinnen und Einwohner im Land Berlin am 31. Dezember 2010, hrsg. v. AMT FÜR STATISTIK BERLIN-BRANDENBURG, Potsdam, 2011.

DASS.: Statistischer Bericht: Einwohnerinnen und Einwohner im Land Berlin am 31. Dezember 2014, hrsg. v. AMT FÜR STATISTIK BERLIN-BRANDENBURG, Potsdam, 2015, URL: https://www.statistik-berlin-brandenburg.de/publikationen/stat\textunderscoreberichte/2015/SB\textunderscoreA01-05-00\textunderscore2014h02\textunderscoreBE.pdf (besucht am 21.01.2016).

DASS.: Statistischer Bericht: Einwohnerinnen und Einwohner im Land Berlin am 31. Dezember 2016, hrsg. v. AMT FÜR STATISTIK BERLIN-BRANDENBURG, Potsdam, 2017, URL: https://www.statistik-berlin-brandenburg.de/publikationen/stat\textunderscoreberichte/2017/SB\textunderscoreA01-05-00\textunderscore2016h02\textunderscoreBE.pdf (besucht am 09.06.2017).

DASS.: Statistisches Jahrbuch Berlin 2014, neue Ausgabe, Potsdam: Amt für Statistik Berlin-Brandenburg, Referat 75 Presse und Öffentlichkeitsarbeit, 2014.

AMTSGERICHT CHARLOTTENBURG: Rumänische Kolonie Berlin: Vereinsregister 95 VR 2371 Nz +1998: Sammelmappe 46–65 und Sammelmappe 66–78, 1968–1984.

DASS.: Rumänische Kolonie Berlin: Vereinsregister 95 VR 3615 +1942: Sammelmappe 1–24 (Blätter 1–10), 1922–1956.

ANDERSON, Benedict: Exodus, in: Critical Inquiry 20.2 (1994), S. 314–327.

DERS.: Imagined communities: Reflections on the origin and spread of nationalism, Rev. and extended ed, London und New York: Verso, 1991.

ANGHEL, Remus Gabriel: Better Legal or Illegal? Transnationalism and Status Paradoxes at Migrants from Romania in Nuremberg and Milan, Diss., Bielefeld: Universität Bielefeld, 2009, URL: https://www.academia.edu/1029022/Better\textunderscoreLegal\textunderscoreOr\textunderscoreIllegal\textunderscoreTransnationalism\textunderscore and\textunderscoreStatus\textunderscoreParadoxes\textunderscoreat\ textunderscoreMigrants\textunderscorefrom\textunderscoreRomania\ textunderscorein\textunderscoreNuremberg\textunderscoreand\textunderscoreMilan (besucht am 18.02.2016).

DERS.: Romanians in Western Europe: Migration, status dilemmas, and transnational connections, Plymouth: Lexington Books, 2013.

ANGHEL, Remus Gabriel und Irina CULIC: Ethnicity in Migration: Romanian Immigrants at Home and Abroad, in: Studia Universitatis Babeş-Bolyai – Sociologia LVII.2 (2012), S. 3–8.

BARON: Under construction, URL: http://www.baron-rumaenisches-restaurant.de/ (besucht am 28.06.2017).

BADE, Klaus J. und Jochen OLTMER: Flucht und Asyl seit 1990: Grundlagedossier Migration, hrsg. v. BUNDESZENTRALE FÜR POLITISCHE BILDUNG, 2005, URL: http://www.bpb.de/gesellschaft/migration/dossier-migration/56443/flucht-und-asyl-seit-1990 (besucht am 17.01.2016).

BAIERSDORF, Paul, Ingrid BĂLTĂGESCU und Richard WAGNER: Wege zwischen Rumänien und Berlin, Berlin: Der Beauftragte des Senats von Berlin für Integration und Migration, 2004.

BALAN, Magdalena: Infiinţare consulat românesc implicit secţie-vot în Frankfurt am Main: [Einrichtung eines rumänischen Konsulates mit einem Wahllokal in Frankfurt am Main], 2015, URL: https://www. petitieonline.com/infiinare\textunderscoreconsulat\textunderscoreromanesc\textunderscorei\textunderscoresectie\textunderscorede\textunderscorevot\textunderscorein\textunderscorefrankfurt\textunderscoreammain (besucht am 27.06.2017).

BASCH, Linda, Nina GLICK-SCHILLER und Cristina SZANTON BLANC: Nations Unbound: Transnational Projects, Postcolonial Predicaments, and Deterritorialized Nation-States, London: Routledge, 1994.

BAUBÖCK, Rainer: Diaspora und transnationale Demokratie, in: Isolde CHARIM (Hrsg.): Lebensmodell Diaspora (Kultur und soziale Praxis), Bielefeld: transcript, 2011, S. 19–34.

BAUER, Markus: Mehr als Bettler und Hütchenspieler: Rumänen in Berlin, in: Der Tagesspiegel 24.09.2012, URL: http://www.tagesspiegel.de/berlin/rumaenen-in-berlin-mehr-als-bettler-und-huetchenspieler/7170552.html (besucht am 16.02.2016).

BAYERISCHES LANDESAMT FÜR STATISTIK: Bevölkerung in Bayern am 31.12.2014 nach Staatsangehörigkeit und Geschlecht: per Email zugesandte Daten, 2015.

BECK, Ulrich und Edgar GRANDE: Jenseits des methodologischen Nationalismus: Außereuropäische und europäische Variationen der Zweiten Moderne, in: Soziale Welt 61 (2010), S.187–216.

BEZIRKSAMT NEUKÖLLN VON BERLIN ABTEILUNG BILDUNG, SCHULE, KULTUR UND SPORT: 2. Roma-Statusbericht: Entwicklung der Zuzüge von EU-Unionsbürgern aus Südosteuropa Berlin - Neukölln, hrsg. v. BEZIRKSAMT NEUKÖLLN VON BERLIN ABTEILUNG BILDUNG, SCHULE, KULTUR UND SPORT, Berlin, 2012.

DASS.: 4. Roma-Statusbericht: Kommunale Handlungsstrategien im Umgang mit den Zuzügen von EU-Unionsbürgern aus Südosteuropa Berlin - Neukölln, hrsg. v. BEZIRKSAMT NEUKÖLLN VON BERLIN ABTEILUNG BILDUNG, SCHULE, KULTUR UND SPORT, Berlin, 2014, URL: http://www. berlin.de/imperia/md/content/baneukoelln/bischuku/4.romastatusberichtmai2014.pdf?start\&ts=1428930358\&file=4.romastatusberichtmai2014.pdf (besucht am 10.06.2017).

BIROUL ELECTORAL CENTRAL: Situaţia prezenţei la urne. 16 noiembrie 2014: [Wahlbeteiligung. 16. November 2014], Bucureşti, 2014, URL: http://www.bec2014.ro/rezultate-finale-16-noiembrie/ (besucht am 11.02.2016).

DASS.: Statistica la nivel de secţie de votare. 16 noiembrie 2014: [Statistik nach Wahllokalen. 16. November 2014], Bucureşti, 2014, URL: http:// www.bec2014.ro/rezultate-finale-16-noiembrie/ (besucht am 11.02.2016).

BIROUL NAŢIONAL DE STATISTICĂ AL REPUBLICII MOLDOVA: Recensâmăntul populaţiei şi al locuinţelor 2014. Principalele rezultate als RPL 2014 [Bevölkerungs- und Wohnungszählung 2014. Hauptergebnisse], Chisinau, 2014, URL: http://www.statistica.md/public/files/Recensamint/Recensamint\textunderscorepop\textunderscore2014/Rezultate/Nota\textunderscoreinformativa\textunderscoreRPL\textunderscore2014.pdf (besucht am 26.06.2017).

BISMARCK, OTTO VON ET AL.: Berliner Vertrag, Berlin, 13.07.1878.

BLEES, JOHANNA UND CONSTANTIN, LAURENTIU, OVERBECK, MARA: Inwiefern dient die Musik der Lautari als Ausdruck ihrer Identität? unveröffentlichter Forschungsbericht, 31.08.2015.

BÖCKH, Richard: Berliner Städtisches Jahrbuch für Volkswirtschaft und Statistik, Berlin: Verlag von Leonhard Simion, 1877.

DERS.: Statistisches Jahrbuch der Stadt Berlin, Berlin: P. Stankiewiez Buchdruckerei, 1902.

BOHLEN, Lou: Kulturtransfer in Diasporagemeinschaften, Stuttgart, 27.11.2015.

BOIA, Lucian: România, ţara de frontieră a Europei: [Rumänien, Grenzland Europas], 4., Bucureşti: Humanitas, 2012.

BRENNBERGER, Iris: Noch ist nicht klar, weshalb das Dach des rumänischorthodoxen Gemeindezentrums einstürzte: Große Anteilnahme für die beiden Toten, in: Berliner Zeitung 6.08.2009, URL: http://www.berlinerzeitung.de/noch-ist-nicht-klar--weshalb-das-dach-des-rumaenisch-orthodoxen-gemeindezentrums-einstuerzte--grosse-anteilnahme-fuer-die-beiden-toten-gedenk-gottesdienst-im-unglueckshaus-15194228 (besucht am 27.06.2017).

BRÜCKER, Herbert: Der Sozialbetrug ist ein Mythos: Migration, in: ZEIT Online 29.08.2014, URL: http://www.zeit.de/wirtschaft/2014-08/migration-armutszuwanderung-bulgarien-rumaenien (besucht am 28.01.2016).

BRUJAN, Lucian: Rumänien zwischen Zuhause und Diaspora: Migration und ihre Auswirkungen auf Politik, Wirtschaft und Gesellschaft, in: Südosteuropa Mitteilungen 55.1 (2015), S. 32–49.

BĂSESCU, Traian: Comunicat de Presă [Pressemitteilung], Bucureşti, 26.01.2006, URL: http://www.presidency.ro/pdf/date/7048\textunderscorero.pdf (besucht am 14.11.2015).

BUNDESAMT FÜR MIGRATION UND FLÜCHTLINGE: Das Bundesamt in Zahlen 2014: Asyl, Migration und Integration, 2015, URL: http://www.bamf.de/SharedDocs/Anlagen/DE/Publikationen/Broschueren/bundesamt-in-zahlen-2014.pdf?\textunderscore\textunderscoreblob=publicationFile (besucht am 18.02.2016).

DASS.: Das Bundesamt in Zahlen 2015: Asyl, Migration und Integration, 2016, URL: http://www.bamf.de/SharedDocs/Anlagen/DE/Publikationen/Broschueren/bundesamt-in-zahlen-2014.pdf?\textunderscore\textunderscoreblob=publicationFile (besucht am 09.06.2017).

BUNDESMINISTERIUM DER JUSTIZ UND FÜR VERBRAUCHERSCHUTZ und juris GMBH: Gesetz über die allgemeine Freizügigkeit von Unionsbürgern: FreizügigG/EU, 30.7.2004, URL: http://www.gesetze-im-internet.

de/bundesrecht/freiz\textunderscoregg\textunderscoreeu\textunderscore2004/gesamt.pdf (besucht am 04.03.2016).

CEHAN, Sorin: Scandal la Congresul Diasporei. După 9 ani de pregatiri, organizarea s-a dovedit catastrofală [Skandal beim Diaspora-Kongress. Nach 9 Jahren Vorbereitung zeigte sich eine katastrophale Organisation], in: Ziarul românesc. Zeitung für Rumänen in Deutschland III.12 (8.07.2016), S. 2–4.

CENTRAL INTELLIGENCE AGENCY: Rumanian Refugee Organizations in Germany, Paris, 14.02.1955, URL: https://www.cia.gov/library/readingroom/docs/SIMA\%2C\%20HORIA\%20\%20\%20VOL.\%202\textunderscore0063.pdf (besucht am 04.06.2017).

CHARIM, Isolde (Hrsg.): Lebensmodell Diaspora: Über moderne Nomaden, 1. Aufl (Kultur und soziale Praxis), Bielefeld: transcript, 2011.

CHERNICHENKO, Stanislav: Definition of Minorities: Second Working Paper, 1997.

CHIPITA: Mittel- & Osteuropa, URL: http://www.chipita.com/el-de/about-us/mapfocus/?act=3 (besucht am 28.06.2017).

CHIRIAC, Marian: Provocărila diversității. Politici publice privind minoritățile naționale și religioase în România [Herausforderungen der Vielfalt. Politik für die nationalen und religiösen Minderheiten in Rumänien] (Seria Diversitate etnoculturală în România), Cluj 2005.

CODREANU, Constantin: Luptăm pentru unire. Programul politic „Reunirea – Proiect de țară" [Wir kämpfen für die Vereinigung. Politisches Programm „Wiedervereinigung - Landesprojekt"], URL: http://constantincodreanu.ro/ (besucht am 26.06.2017).

CODREANU, Corneliu Zelea: Eiserne Garde, in: Hagen OSTRAU (Hrsg.): Eiserne Garde, Sibiu / Hermannstadt [Berlin]: [Brunnen-Verlag], 2007 [1939], S. 11–185.

COSOROABĂ, Ştefan: Wer hat und warum Klaus Johannis gewählt? Eine Wahlanalyse, Bad Kissingen, 24.04.2015.

CĂRTĂRESCU, Mircea: Die Flügel: Roman, Wien: Zsolnay, Paul, 2014.

DERS.: Rumäniens deutscher Traum: Für die Rumänen ist Deutschland das große Vorbild. Euroskepsis ist ein Luxus, den sie sich nicht erlauben, in: Die Zeit 30.12.2014, URL: http://www.zeit.de/2015/01/rumaeniendeutschland-vorbild-praesidentschaftswahl/komplettansicht (besucht am 18.12.2015).

DAHMEN, Wolfgang: Rumänien nach 1989, in: Uwe HINRICHS, Thede KAHL und Petra HIMSTEDT-VAID (Hrsg.): Handbuch Balkan, Bd. neue Folge Band 23 (Slavistische Studienbücher), Wiesbaden: Harrassowitz Verlag, 2014.

DAILY MAIL REPORTER: Romanian president praises contrymen for doing British jobs in attack on 'lazy Westerners', in: Mail Online 6.08.2010, URL: http://www.dailymail.co.uk/news/article-1300807/Romanian-president-Traian-Basescu-praises-countrymen-claiming-British-benefits.html (besucht am 17.03.2015).

DEPARTAMENTUL POLITICI PENTRU RELAŢIA CU ROMÂNII DE PRETUTIN-DENI: Acţiuni proprii ale Departamentului Politici pentru Relaţia cu Românii de Pretutindeni [Eigene Projekte des DPRRP], URL: http://www.dprp.gov.ro/proiecte/actiuni-proprii-ale-departamentului-politici-pentru-relatia-cu-Romanii-de-pretutindeni-in-anul-2013/ (besucht am 15.06.2017).

DASS.: Mesajul ministrului delegat pentru relaţiile cu românii de pretutin-deni […] cu ocazia Zilei Culturii Naţionale [Ansprache des Diaspora-Ministers anlässlich des Tages der nationalen Kultur], URL: http://www.dprp.gov.ro/mesajul-ministrului-delegat-pentru-relatiile-cu-Romanii-de-pretutindeni-dan-stoenescu-cu-ocazia-zilei-culturii-nationale/(besucht am 15.06.2017).

DASS.: Ministerul pentru Românii de pretutindeni. Homepage [Diaspora-Minister], URL: http://www.dprp.gov.ro/ (besucht am 23.06.2017).

DASS.: Programul de tabere "ARC" 2013 [Ferienlager-Programm "ACR" 2013], URL: http://www.dprp.gov.ro/programul-de-tabere-arc-2013-seria-a-xi-a/ (besucht am 15.06.2017).

DASS.: Proiecte finanţate de către Departamentul Politici pentru Relaţia cu Românii de Pretutindeni în anul 2015 [Vom DPRRP in 2015 geförderte Projekte], Bucureşti, 2016, URL: http://www.dprp.gov.ro/wp-content/uploads/2015/12/Proiecte-DPRRP-2015.pdf (besucht am 15.06.2017).

DEUTSCHE GESELLSCHAFT FÜR INTERNATIONALE ZUSAMMENARBEIT GMBH: Migration und Entwicklung, URL: https://www.giz.de/fachexpertise/html/9697.html (besucht am 10.06.2017).

DIE BEAUFTRAGTE DER BUNDESREGIERUNG FÜR MIGRATION, FLÜCHTLINGE UND INTEGRATION: 10. Bericht der Beauftragten der Bundesregierung für Migration, Flüchtlinge und Integration über die Lage der Ausländerinnen und Ausländer in Deutschland, hrsg. v. DIE BEAUFTRAGTE DER

BUNDESREGIERUNG FÜR MIGRATION, FLÜCHTLINGE UND INTEGRATION, Berlin, 2014, URL: http://www.bundesregierung.de/Content/Infomaterial/ BPA/IB/10\textunderscoreAuslaenderbericht\textunderscore2015.pdf?\ textunderscore\textunderscoreblob=publicationFile\&v=3 (besucht am 17.10.2015).

DIE BUNDESREGIERUNG: Pressekonferenz von Bundeskanzlerin Merkel und dem rumänischen Präsidenten, Johannis: Mitschrift Pressekonferenz, Berlin, 26.02.2015, URL: http://www.bundesregierung.de/Content/DE/ Mitschrift/Pressekonferenzen/2015/02/2015-02-26-merkel-johannis.html; jsessionid=A3B7E649A54AB53E4F1A3DA3B743B2EE.s3t1 (besucht am 08.01.2016).

DIEKMANN, Andreas: Empirische Sozialforschung: Grundlagen, Methoden, Anwendungen, Orig.-Ausg., [21.] Aufl., vollst. überarb. u. erw. Neuausg, Bd. 55678 : Rowohlts Enzyklopädie (Rororo), Reinbek bei Hamburg: Rowohlt-Taschenbuch-Verl, 2010.

DĂDÎRLAT, Alexandru: Das Bild der rumänisch-orthodoxen Diasporagemeinden im öffentlich-rechtlichen Fernsehen Rumäniens, unveröffentlichte Masterarbeit, 2014.

EUROPÄISCHE KOMMISSION: A European Agenda on Migration: Communication from the Commission to the European Parliament, the Council, the European Economic and Social Committee and the Committee of the Regions, Brüssel, 2015, URL: http://ec.europa.eu/ dgs/home-affairs/what-we-do/policies/european-agenda-migration/ background-information/docs/communication\textunderscoreon\ textunderscorethe\textunderscoreeuropean\textunderscoreagenda\ textunderscoreon\textunderscoremigration\textunderscoreen.pdf (besucht am 26.12.2015).

FACEBOOK: BARON Rumänisches Restaurant, URL: https://www.facebook. com/baronrumanischerestaurant/?fref=nf (besucht am 28.06.2017).

DASS.: Bucatereste Romaneste Berlin-Catering, URL: https://www.facebook. com/bucatareasaromancuta1972/ (besucht am 28.06.2017).

DASS.: Consiliul Românilor de Pretutindeni, URL: https://www.facebook. com/ConsiliulRomanilor/ (besucht am 24.06.2017).

DASS.: Dan Stoenescu, URL: https://www.facebook.com/DanStoenescuofficial/? fref=ts (besucht am 05.03.2016).

DASS.:DavidCaraian,URL: https://www.facebook.com/caraiandavid23?fref=ts (besucht am 05.03.2016).

DASS.:KlausIohannis,URL: https://www.facebook.com/klausiohannis/?fref=ts (besucht am 05.03.2016).

DASS.: Preparate proaspete Berlin by Ilie Radu, URL: https://www.facebook. com/Preparate-proaspete-Berlin-by-Ilie-Radu-1096543700386172/ (besucht am 28.06.2017).

DASS.: Prăvălia. Romanian Delights, URL: https://www.facebook.com/ PravaliaRomanianDelights/?pnref=story (besucht am 28.06.2017).

DASS.: Romani din Berlin, URL: https://www.facebook.com/groups/14518 01268464956/?fref=ts (besucht am 05.03.2016).

DASS.: Romani in Berlin amicii Schwarzes Meer, URL: https://www.facebook. com/groups/457936424290338 (besucht am 28.06.2015).

DASS.: Romani in Berlin, URL: https://www.facebook.com/groups/113315108 725964/?fref=ts (besucht am 31.12.2015).

FLICK, Uwe: Qualitative Sozialforschung: Eine Einführung, vollst. überarb. und erw. Neuausg. 2007, 4. Aufl, Bd. 55694 (Rowohlts Enzyklopädie), Reinbek bei Hamburg: Rowohlt-Taschenbuch-Verl., 2011.

FORSCHUNGSGESELLSCHAFT FLUCHT UND MIGRATION: Rumänien: Vor den Toren der Festung Europa, Bd. Heft 2 (Hefte der Forschungsgesellschaft Flucht und Migration), Berlin: Verlag der Buchläden, 1996.

GABANYI, Anneli-Ute: Rumänien, in: Jahrbuch der europäischen Integration 2007, S. 381–384.

DIES.: Rumänien, in: Jahrbuch der europäischen Integration 2009, S. 405– 408.

GLICK SCHILLER, Nina, Linda BASCH und Cristina SZANTON BLANC: From Immigrant to Transmigrant: Theorizing Transnational Migration, in: Ludger PRIES (Hrsg.): Transnationale Migration, Bd. 12 (Soziale Welt), Nomos Verlagsgesellschaft, 1997.

GOOGLE PLAY: MyRO. Diaspora pe Telefonul tău [Die Diaspora auf deinem Telefon], URL: https://play.google.com/store/apps/details?id=co.opes.myro (besucht am 28.01.2016).

HABERMAS, Jürgen: Der europäische Nationalstaat unter dem Druck der Globalisierung, in: BLÄTTER FÜR DEUTSCHE UND INTERNATIONALE POLITIK (Hrsg.): Der Sound des Sachzwangs, Bonn / Berlin: edition Blätter, 2006, S. 148–159.

HABERMAS, Jürgen: Europa: Vision und Vorum, in: Blätter für deutsche und international Politik 2007, S. 517–520, URL: https://www.blaetter. de/archiv/jahrgaenge/2007/mai/europa-vision-und-votum (besucht am 05.09.2015).

HAN, Petrus: Theorien zur internationalen Migration: Ausgewählte inter-disziplinäre Migrationstheorien und deren zentralen Aussagen, Bd. 2814 (UTB), Stuttgart: Lucius & Lucius, 2006.

HELLER, Wilfried: Demographie, Migration und räumliche Entwicklung, in: Thede KAHL, Michael METZELTIN und Mihai-Răzvan UNGUREANU (Hrsg.): Rumänien, Bd. Teilband 1, Wien: Lit Verlag GmbH & Co. KG, 2008, S. 39–62.

DERS.: Ethnizität in der Transformation: Zur Situation nationaler Minderhei-ten in Rumänien, Bd. 21 (Wiener Osteuropa Studien), Wien: Lit, op. 2006.

HERBSTRITT, Georg: Entzweite Freunde: Rumänien, die Securitate und die DDR-Staatssicherheit 1950 bis 1989, Bd. v. 47 (Analysen und Dokumente der BStU), Göttingen: Vandenhoeck & Ruprecht, 2016.

HESSISCHES STATISTISCHES LANDESAMT: Ausländer in Hessen am Jahresen-de 2012 bis 2014 nach ausgewählten Staatsangehörigkeiten, Wiesbaden, 2015, URL: http://www.statistik-hessen.de/themenauswahl/bevoelkerung-gebiet/landesdaten/auslaendische-bevoelkerung-in-hessen/staatsangehoe-rigkeiten/index.html (besucht am 17.02.2016).

HORVÁTH, István: Migrația internațională a cetățenilor români după 1989 [Internationale Migration rumänischer Staatsangehöriger nach 1989], in: Traian ROTARIU und Vergil VOINEAGU (Hrsg.): Inerție și schimbare. Dimensiuni sociale ale tranziției în România [Trägheit und Veränderung. Soziale Dimensionen des Wandels in Rumänien] (Collegium. Sociologie, antropologie), S. 199–222.

DERS.: Rumänien, in: HAMBURGISCHES WELTWIRTSCHAFTSINSTITUT (Hrsg.): Focus Migration, 2007, S. 1–10.

HORVÁTH, István und Remus Gabriel ANGHEL: Migration and Its Conse-quences for Romania, in: Südosteuropa 57.4 (2009), S. 386–403.

DIES. (Hrsg.): Sociologia migrației. Teorii si studii de caz românești: [Mig-rationssoziologie. Theorien und rumänische Fallstudien], Iași: Polirom, 2009.

HOTNEWS.RO: Diaspora alături de manifestanții #Colectiv, URL: http://www.hotnews.ro/stiri-esential-20566476-fotogalerie-diaspora-alaturi-manifestantii-colectiv.htm (besucht am 14.11.2015).

HOTNEWS.RO und ESRI ROMANIA: Reorganizarea administrativ-teritorială a României, URL: https://www.kristofer.ro/wp-content/uploads/2011/06/Hartaregiuni-Romania.jpg (besucht am 29.06.2017).

IHLAU, Olaf und Walter MAYR: Minenfeld Balkan. Der unruhige Hinterhof Europas, Siedler Verlag, 2009.

I.ISTOCKIMG: stock illustration Romania, URL: http://i.istockimg.com/file%7B/_%7Dthumbview%7B/_%7Dapprove/61785316/1/stock-illustration-61785316-Romania.jpg (besucht am 10.02.2016).

INFORMATION UND TECHNIK NORDRHEIN-WESTFALEN: Ausländerstatistik (AZR): Ausländische Bevölkerung (Anzahl), hrsg. v. INFORMATION UND TECHNIK NORDRHEIN-WESTFALEN, Düsseldorf, 2016.

INSTITUTUL CULTURAL ROMÂN: Direcția Românii din afară granițelor [Abteilung Rumänen außerhalb der Grenzen], URL: http://icr.ro/pagini/directiaromanii-din-afara-granitelor (besucht am 27.06.2017).

INSTITUTUL NAȚIONAL DE STATISTICĂ: Rezultate definitive ale Recensământului Populației și al Locuințelor - 2011 (caracteristici demografice ale populației) [Endergebnisse der Bevölkerungs- und Wohnungszählung 2011 (demografische Charakteristiken)], 2011, URL: http://www.recensamantromania.ro/wp-content/uploads/2013/07/REZULTATE-DEFINITIVE-RPL\textunderscore2011.pdf (besucht am 03.10.2015).

INTERNET ARCHIVE WAYBACK MACHINE: Suchbegriff: https://ro.wikipedia.org/, URL: https://archive.org/web/web.php (besucht am 10.06.2017).

DIES.: Suchbegriff: http://www.ieh.ro/, URL: https://web.archive.org/web/20141001000000*/http://www.ieh.ro/ (besucht am 24.06.2017).

IONESCU, Sinziana: Primul Congres al Românilor de Pretutindeni a început cu un scandal. Autoritățile de la București le-au cerut delegaților, din senin, 500 de semnături [Der erste Kongress der Rumänen von überall begann mit einem Skandal. Die Bukarester Regierenden forderten von den Delegierten ganze 500 Unterschriften], in: adevărul 13.05.2016, URL: http://adevarul.ro/locale/constanta/primul-congres-romanilor-pretutindeni-inceput-scandal-autoritatile-bucuresti-le-au-cerut-delegatilor-senin-500-semnaturi-1\textunderscore5735883e5ab6550cb8e5675b/index.html (besucht am 23.06.2017).

IRIMIA, Gelu: România lucrului prost făcut - Consiliul Românilor de Pretutindeni [Das Rumänien der schlecht gemachten Sache - der Rat der Rumänen von überall], in: Londonezul 11.05.2017, URL: http://londonezul.co.uk/index.php/2017/05/11/ romania-lucrului-prost-facut-consiliul-romanilor-de-pretutindeni/ (besucht am 26.06.2017).

KAPLON, Agnes u.a.: Teil II - Expertise zur Arbeitsmarktintegration, in: Christian PFEFFER-HOFFMANN (Hrsg.): Fachkräftesicherung durch Integration zuwandernder Fachkräfte aus dem EU-Binnenmarkt, Berlin: Mensch und Buch Verlag, 2016, S. 95–334.

DIES.: Teil III - Handlungsempfehlungen, in: Christian PFEFFER-HOFFMANN (Hrsg.): Fachkräftesicherung durch Integration zuwandernder Fachkräfte aus dem EU-Binnenmarkt, Berlin: Mensch und Buch Verlag, 2016, S. 335–377.

KARAKAYALI, Serhat und Vassilis TSIANOS: Movements that matter: Eine Einleitung, in: TRANSIT MIGRATION FORSCHUNGSGRUPPE (Hrsg.): Turbulente Ränder (Kultur und soziale Praxis), Bielefeld: transcript, 2007, S. 7–17.

KARL, Josef C.: Außenpolitische und historische Herausforderungen für den neuen Präsidenten, Bad Kissingen, 25.04.2015.

KEMPF, Andreas Oskar: Biographien in Bewegung: Transnationale Migrationsverläufe aus dem ländlichen Raum von Ost- nach Westeuropa (SpringerLink : Bücher), Wiesbaden: Springer Fachmedien Wiesbaden und Imprint: Springer VS, 2013.

KOKOT, Waltraud: Diaspora - Ethnologische Forschungsansätze, in: Alois MOOSMÜLLER (Hrsg.): Interkulturelle Kommunikation in der Diaspora, Bd. 13 (Münchener Beiträge zur interkulturellen Kommunikation), Münster und New York: Waxmann, 2002, S. 29–39.

DIES.: Diaspora as a Resource: Transnational Networks as Cultural Capital - Factors in European Integration?, Diss., Hamburg: Universitäte Hamburg, 2007, URL: https://www.ethnologie.uni-hamburg.de/pdfs/kokot\textunderscoreprojekt\textunderscorediaspores.pdf (besucht am 04.02.2016).

KOMITOWSKI, Doritt und Wassili SIEGERT: Teil I - Grundlagen, in: Christian PFEFFER-HOFFMANN (Hrsg.): Fachkräftesicherung durch Integration zuwandernder Fachkräfte aus dem EU-Binnenmarkt, Berlin: Mensch und Buch Verlag, 2016, S. 15–94.

KÖPERNIK, Gerhard: Faschisten im KZ: Rumäniens Eiserne Garde und das Dritte Reich, Bd. 20 (Forum: Rumänien), Berlin: Frank & Timme, 2014.

KOZINETS, Robert V.: Netnography: Doing ethnographic research online, Los Angeles, Calif. und London: SAGE, 2010.

KRONER, Michael: Geschichte der Siebenbürger Sachsen im Überblick, in: VERBAND DER SIEBENBÜRGER SACHSEN IN DEUTSCHLAND E.V. LANDES-GRUPPE NORDRHEIN-WESTFALEN (Hrsg.): Wir sind daheim, Düsseldorf 2011, S. 11–18.

KRÖNERT, Tony: Abseits der Moldauklöster, Holzkirchen und Kirchenburgen: Zur Entwicklung der christlichen Kirchen in Rumänien seit 1989, in: Deutsch-Rumänische Hefte XIX.2 (2016), S. 4–6.

KUHLMANN, Jenny: Exil, Diaspora, Transmigration, in: Aus Politik und Zeitgeschichte 64.42 (2014), S. 9–15.

LANDESARCHIV BERLIN: Rumänische Kolonie Berlin: Landesarchiv Berlin, B Rep. 020, Nr. 7351: Sammelmappe 25–45 (Blätter 11–24 und Blätter 1–2), 1956–1967.

MAER, Mircea: Consiliul Românilor de Pretutindeni, o nouă instituție coruptă, născută în România: Prioritatea „aleșilor diasporei": traficul de influență [Der Diaspora-Rat, eine neue, in Rumänien erdachte korrupte Institution. Priorität der „von der Diaspora Gewählten": Einflussnahme], in: gazeta românească, URL: http://www.gazetaromaneasca.com/focus/diaspora/consiliul-romanilor-de-pretutindeni-o-noua-institutie-corupta-nascuta-in-romania-prioritatea-alesilor-diasporei-traficul-de-influenta/ (besucht am 26.06.2017).

MANER, Hans-Christian: Die Präsidentschaftswahlen 2014 in Rumänien: "Revolution", "Novemberwunder", "Neuanfang"?, in: Südosteuropa Mitteilungen 55.1 (2015), S. 60–75.

MATTER, Max: Nirgendwo erwünscht: Zur Armutsmigration aus Zentral- und Südosteuropa in die Länder der EU-15 unter besonderer Berücksichtigung von Angehörigen der Roma-Minderheiten (Reihe Rat für Migration), Schwalbach am Taunus: Wochenschau-Verl., 2015.

MAYER, Ruth: Diaspora: Eine kritische Begriffsbestimmung, Bd. 14 (Cultural studies), Bielefeld: transcript, 2005.

MIHOC, Constantin: Despre începuturile Parohiei Ortodoxe Române din Berlin [Über die Anfänge der Rumänischen Orthodoxen Parochie in

Berlin], Berlin, URL: http://www.biserica-romana-berlin.de/ro/scurt\ textunderscoreistoric\textunderscorero.html (besucht am 08.10.2015).

MIHOC, Constantin: Slujba de aniversare a 60 de ani de la constituirea primei Parohii Ortodoxe Române în Berlin [Gottesdienst zum 60. Jahrestag der Gründung der Rumänisch Orthodoxen Parochie in Berlin], Berlin, 2000, URL: http://www.biserica-romana-berlin.de/docs/slujba\ textunderscoreaniversare\textunderscore60\textunderscoreani\textunderscoreprima\textunderscoreparohie\textunderscoreortodoxa\textunderscoreromana\textunderscoreberlin.pdf (besucht am 08.10.2015).

MINISTERUL AFACERILOR EXTERNE: Strategia privind Relația cu Românii de Pretutindeni [Strategie zur Beziehung mit den Rumänen von überall]: 2013–2016, hrsg. v. MINISTERUL AFACERILOR EXTERNE, Bucureşti, 2013, URL: http://www.dprp.gov.ro/wp-content/uploads/2014/03/Strategie-2013.pdf (besucht am 16.06.2017).

MINISTERUL AFACERILOR EXTERNE UND DEPARTAMENTUL POLITICI PENTRU RELAȚIA CU ROMÂNII DE PRETUTINDENI: Diaspora: Partener pentru Dezvoltarea României, Bucureşti, o. J. URL: http://gov.ro/fisiere/stiri\textunderscorefisiere/Viziune\textunderscore-\textunderscoreDiaspora\textunderscorepartener\textunderscorepentru\textunderscoredezvoltarea\ textunderscoreRomaniei\textunderscore29.11.2016.pdf (besucht am 11.06.2017).

MINISTERUL PENTRU ROMÂNII DE PRETUTINDENI: Institutul Eudoxiu Hurmuzachi pentru românii de pretutindeni: Misiune şi strategie, URL: http:// www.ieh.ro/misiune-si-strategie/ (besucht am 24.06.2017).

DASS.: Institutul Eudoxiu Hurmuzachi pentru românii de pretutindeni: Regulament de organizare şi funcţionare [Das Eudoxiu-Hurmuzachi-Institut für die Rumänen von überall: Organisation und Funktionieren], URL: http://www.ieh.ro/regulament-de-organizare-si-functionare/ (besucht am 24.06.2017).

MINOR - PROJEKTKONTOR FÜR BILDUNG UND FORSCHUNG E.V.: Integrationsunterstützung für neu zugewanderte Roma in Berlin: Informations- und Integrationsmanagement für neu zugewanderte Roma aus Bulgarien und Rumänien in Berlin, Berlin, 30.09.2015, URL: https://www.minor-kontor.de/images/ima\textunderscoregesamttext\textunderscoreneu\ textunderscore15-11-25.pdf (besucht am 05.06.2017).

MITROPOLIA ORTODOXĂ ROMÂNĂ A GERMANIEI, EUROPEI CENTRALE ŞI DE NORD: Arhiepiscopia Ortodoxă Română a Germaniei, Austriei şi

Luxemburgului, URL: http://www.mitropolia-ro.de/index.php/mitropolia/ arhiepiscopia (besucht am 27.06.2017).

MOOSMÜLLER, Alois: Diaspora - zwischen Reproduktion von „Heimat", Assimilation und transnationaler Identität, in: DERS. (Hrsg.): Interkulturelle Kommunikation in der Diaspora, Bd. 13 (Münchener Beiträge zur interkulturellen Kommunikation), Münster und New York: Waxmann, 2002, S. 11–28.

DERS. (Hrsg.): Interkulturelle Kommunikation in der Diaspora: Die kulturelle Gestaltung von Lebens- und Arbeitswelten in der Fremde, Bd. 13 (Münchener Beiträge zur interkulturellen Kommunikation), Münster und New York: Waxmann, 2002.

MRMONDIALISATION: Diaspora, URL: https://mrmondialisation.org/wp-content/uploads/2013/09/Diaspora-Having-Grown-to-Thousands-of-Users-Is-Being-Abandoned-by-Its-Founders-2.png (besucht am 10.02.2016).

MÜLLER, Dietmar: Geschichtsregionen und Phantomgrenzen, in: Hannes GRANDITS, Béatrice von HIRSCHHAUSEN und Claudia KRAFT (Hrsg.): Phantomgrenzen, Bd. 1 (Phantomgrenzen im östlichen Europa), Göttingen: Wallstein, 2015, S. 57–83.

OHMANN,Oliver:RumänischesRestaurantisteröffnet!,Berlin,2015,URL: http://service.bz-berlin.de/bzblogs/westendblog/2015/09/20/rumaenisches-restaurant-ist-eroeffnet/ (besucht am 26.09.2015).

PSD DIASPORA: Marea Unire. Vino alături de noi! [Die Große Vereinigung. Komm an unsere Seite!], URL: http://psd-diaspora.ro/ (besucht am 26.06.2017).

PATAPIEVICI, Horia-Roman: Construcţia şi reconstrucţia unei instituţii [Konstruktion und Rekonstruktion einer Institution]: ICR 2005–2008, Bucureşti, 2009, URL: http://www.icr.ro/files/items/10419\textunderscore1\ textunderscoreConstructia\%20si\%20reconstructia\%20unei\%20institutii\%202005-2008.pdf (besucht am 10.10.2015).

DERS.: Proiectul instituţional ICR [Das institutionelle Projekt RKI], Bucureşti, URL: http://www.icr.ro/files/items/10418\textunderscore1\textunderscore-Proiectul\%20institutional\%20ICR.pdf (besucht am 10.10.2015).

PFEFFER-HOFFMANN, Christian: Magnet Berlin: Zuwanderung europäischer Fachkräfte, in: DERS. (Hrsg.): Fachkräftesicherung durch Integration zuwandernder Fachkräfte aus dem EU-Binnenmarkt, Berlin: Mensch und Buch Verlag, 2016, S. 9–13.

POPINCEANU, Ion: Rumänien (Kultur der Nationen. Geistige Länderkunde), Nürnberg: Glock und Lutz, 1967.

PRĂVĂLIA. ROMANIAN DELIGHTS: Über Prăvălia, URL: https://pravalia.de/ueber-uns/ (besucht am 28.06.2017).

REALITATEA: Românii din Diaspora se opun impozitului obligatoriu de 792 lei pe care-l vor plăti din 2016, 2015, URL: http://www.realitatea.net/romanii-din-diaspora-se-opun-impozitului-obligatoriu-de-792-lei-pe-care-l-vor-plati-din-2016_1792111.html (besucht am 14.11.2015).

RENNKUCKUCK - DIE RUMÄNIEN-SEITEN: Essen: rumänische Nationalitäten-Restaurants, URL: https://rennkuckuck.de/php/essen/zeig.php (besucht am 27.06.2017).

RUMÄNISCH-ORTHODOXE KIRCHENGEMEINDE „DIE HEILIGEN ERZENGEL MIHAIL UND GAVRIIL" BERLIN E.V.: Die Rumänisch-Orthodoxe Gemeinde in Berlin: Schaukasten-Aushang, Berlin, 2015.

RUMANISCH-ORTHODOXE KIRCHENGEMEINDE „DIE HEILIGEN ERZENGEL MIHAIL UND GAVRIIL" BERLIN E.V.: Duminica, 18 octombrie 2009: [Sonntag, den 18. Oktober 2009], URL: http://www.biserica-romana-berlin.de/ro/arhiva\textunderscorero.html (besucht am 27.06.2017).

DIES.: Kontakt: Vorstand der Kirchengemeinde „Die Heiligen Erzengel Mihail und Gavriil" Berlin e.V. URL: http://nou.biserica-romana-berlin.de/?lang=de (besucht am 27.06.2017).

DIES.: Startseite, URL: https://www.biserica-romana-berlin.de/de/home\textunderscorede.html (besucht am 28.06.2017).

RUMÄNISCHE REGIERUNG: Hotărâre de Guvern nr. 1320/2001 privind inființarea și funcționarea Oficiului Național de Recrutare și Plasare a Forței de Muncă în Străinătate [Regierungsbeschluss Nr. 1320/2001 zur Einrichtung einer Nationalen Agentur zur Vermittlung von Arbeitsplätzen im Ausland], 2001.

DIES.: Hotărâre nr. 857/2013 privind organizarea și funcționarea Institutului „Eudoxiu Hurmuzachi" pentru românii de pretutindeni [Regierungsbeschluss Nr. 857/2013 zur Einrichtung des Eudoxiu-Hurmuzachi-Institutes für die Rumänen von überall], URL: https://www.mae.ro/sites/default/files/file/userfiles/file/pdf/legislatie/hg\textunderscore857\textunderscore\textunderscore2013\textunderscorehurmuzachi.pdf (besucht am 24.06.2017).

Dies.: Ordonanța de urgență nr. 10/2008 pentru modificarea și completarea Legii nr. 299/2007 privind sprijinul acordat Românilor de pretutindeni, 2001, URL: http://europeans.info/congresul-romacircnilor-de-pretutindeni.html (besucht am 29.06.2017).

Rumänisches Abgeordnetenhaus: Comisia pentru comunitățile de români din afară granițelor țării. Calendarul ședințelor - iunie 2017 [Kommission für die Gemeinschaften von Rumänen außerhalb der Landesgrenzen. Sitzungskalender Juni 2017], URL: http://www.cdep.ro/co/sedinte2015.calendar?co=32\&idl=1\&an=2017\&lu=06 (besucht am 24.06.2017).

Dass.: Comisia pentru comunitățile de români din afară granițelor țării, URL: http://www.cdep.ro/pls/parlam/structura2015.co?idl=1\&idc=32 (besucht am 24.06.2017).

Dass.: Constituția României [Verfassung Rumäniens], 2003, URL: http://www.cdep.ro/pls/dic/site.page?id=339 (besucht am 20.03.2015).

Rumänisches Parlament: Constituția României [Verfassung Rumäniens], 1991, URL: http://www.cdep.ro/pls/dic/site.page?id=339 (besucht am 22.01.2016).

Dass.: LEGE nr. 101/2015 pentru modificarea Legii nr. 299/2007 privind sprijinul acordat românilor de pretutindeni [GESETZ Nr. 101/2015 zur Änderung des Gesetzes Nr. 299/2007 bezüglich der den Rumänen von überall gewährten Unterstützung], 23.11.2007, URL: http://legislatie.just.ro/Public/DetaliiDocument/167815 (besucht am 24.06.2017).

Dass.: LEGE nr. 150/1998 privind acordarea de sprijin comunităților românești de pretutindeni [Gesetz Nr. 150/1998 zur Unterstützung der rumänischen Gemeinschaften von überall], 15.07.1998, URL: http://www.legex.ro/Legea-150-1998-15269.aspx (besucht am 23.06.2017).

Dass.: LEGE nr. 176/2013 pentru modificarea art. 1 alin. (1) din Legea nr. 299/2007 privind sprijinul acordat românilor de pretutindeni [Gesetz Nr. 176/2013 zur Änderung von Art. 1, Abs. 1 des Gesetzes Nr. 299/2007 zur Unterstützung der Rumänen von überall], URL: http://www.dreptonline.ro/legislatie/lege\textunderscore176\textunderscore2013\textunderscore-modificare\textunderscorelege\textunderscore299\textunderscore2007\textunderscoresprijinul\textunderscoreromanilor\textunderscorede\textunderscorepretutindeni.php (besucht am 23.06.2017).

Dass.: LEGE nr. 299/2007 privind sprijinul acordat românilor de pretutindeni [GESETZ Nr. 299/2007 bezüglich der den Rumänen von überall gewährten Unterstützung], 23.11.2007, URL: http://www.basarabeni.ro/docs/legislatie/lege\textunderscoreromanii.pdf (besucht am 11.06.2017).

DASS.: LEGE nr. 299/2007 republicată privind sprijinul acordat românilor de pretutindeni [GESETZ Nr. 299/2007 revidiert bezüglich der den Rumänen von überall gewährten Unterstützung], 22.04.2007, URL: http://legeaz.net/text-integral/legea-299-2007-sprijinul-acordat-romanilor-de-pretutindeni (besucht am 23.06.2017).

DASS.: LEGE nr. 356/2003 privind înființarea, organizarea și funcționarea Institutului Cultural Român [GESETZ Nr. 356/2003 betreffend die Gründung, Organisierung und das Funktionieren des Rumänischen Kulturinstitutes], 2.09.2013, URL: http://www.monitoruljuridic.ro/act/lege-nr-356-din-11-iulie-2003-republicata-privind-infiintarea-organizarea-si-functionarea-institutului-cultural-roman-emitent-parlamentul-151136.html (besucht am 11.10.2015).

RUMÄNISCHES PARLAMENT - SENAT: Comisia permanentă a românilor de pretutindeni: Regulament de organizare și funcționare [Permanente Kommission der Rumänen von überall: Durchführungsverordnung], Bukarest, URL: https://www.senat.ro/pagini/comisii/Regulamente\textunderscore2014/Regulamet\textunderscoreComisia\textunderscoreRomanilor\textunderscoreDe\textunderscorePretutindeni.pdf (besucht am 24.06.2017).

RUMÄNISCHES PARLAMENT - SENAT: Comisia permanentă a românilor de pretutindeni: [Permanente Kommission der Rumänen von überall], Bukarest, 2017, URL: https://www.senat.ro/ComponentaComisii.aspx?Zi=&ComisieID=063f9e2a-a736-4464-9235-cec94b6163be (besucht am 29.06.2017).

SANDU, Daniel, Cătălin Augustin STOICA und Radu UMBREȘ: Romanian Youth: Worries, Aspirations, Values and Life Style, hrsg. v. FRIEDRICH-EBERT-STIFTUNG, 2014, URL: http://www.fes.ro/media/2014\textunderscorenews/Report-FES-Romanian\textunderscoreYouth.pdf (besucht am 04.09.2015).

SANDU, Dumitru: Open Atlas of Romanian Migration Abroad (Atlasmig): A preliminary working frame, Bucharest, 2015, URL: https://www.academia.edu/15400149/OPEN\textunderscoreATLAS\textunderscoreOF\textunderscoreROMANIAN\textunderscoreMIGRATION\textunderscoreABROAD\textunderscoreATLASMIG\textunderscore.\textunderscoreA\

textunderscorepreliminary\textunderscoreworking\textunderscoreframe (besucht am 10.06.2017).

SANDU, Dumitru: Romanian migration as multiregional building of transnational fields, in: EU-CROSS (Hrsg.): The Europeanisation of Everyday Life: Cross-Border Practices and Transnational Identifications Among EU and Third-Country Citizens, 2014, S. 5–27.

DERS.: Voturile de sărăcie, dezvoltare și experiența de migrație la prezidențialele din România 2014 [Armutswahlen, Entwicklung und Migrationserfahrung bei den Präsidentschaftswahlen 2015], in: contributors.ro - texte cu valoare adaugată 12.11.2014, URL: http://www. contributors.ro/societatelife/voturile-de-saracie-dezvoltare-\%c8\%99i-experien\%c8\%9ba-de-migra\%c8\%9bie-la-preziden\%c8\%9bialele-din-romania-2014/ (besucht am 22.01.2016).

SANDU, Dumitru et al.: A Country Report on Romanian Migration Abroad: Stocks and Flows After 1989, Prague, 2004.

SEIDEL, Eberhard: Einwanderung nach Berlin, hrsg. v. BERLIN.DE - DAS OFFIZIELLE HAUPTSTADTPORTAL, Berlin, URL: https://www.berlin.de/ imperia/md/content/lb-integration-migration/start/einfuehrungstext\ textunderscoreeinwanderung\textunderscoreberlin.pdf?start\&ts=144 3782827\&file=einfuehrungstext\textunderscoreeinwanderung\textunderscoreberlin.pdf (besucht am 09.10.2015).

STAN, Sabina und Roland ERNE: Explaining Romanian Labor Migration: From Development Gaps to Development Trajectories, in: Labor History 55.1 (2014), S. 21–46.

STATISTISCHES AMT FÜR HAMBURG UND SCHLESWIG-HOLSTEIN: Ausländische Bevölkerung in Hamburg am 31.12.2015: Statistische Berichte, Hamburg, 16.02.2016, URL: http://www.statistik-nord.de/fileadmin/Dokumente/ Statistische\textunderscoreBerichte/bevoelkerung/A\textunderscoreI\ textunderscore4\textunderscorej\textunderscoreHuS/A\textunderscoreI\ textunderscore4\textunderscorej\textunderscore15\textunderscoreHH. pdf (besucht am 17.02.2016).

STATISTISCHES BUNDESAMT: Bevölkerung und Erwerbstätigkeit: Bevölkerung mit Migrationshintergrund - Ergebnisse des Mikrozensus: 2014, Wiesbaden, 3.08.2015, URL: https://www.destatis.de/DE/Publikationen/Thematisch/Bevoelkerung/MigrationIntegration/Migrationshintergrund2010220147004.pdf?\textunderscore\textunderscoreblob=public ationFile (besucht am 22.12.2015).

DASS.: Bevölkerung und Erwerbstätigkeit: Bevölkerung mit Migrationshintergrund - Ergebnisse des Mikrozensus: 2015, Wiesbaden, 21.03.2017, URL: https://www.destatis.de/DE/Publikationen/Thematisch/Bevoelkerung/MigrationIntegration/Migrationshintergrund2010220157004.pdf?\textunderscore\textunderscoreblob=publicationFile (besucht am 09.06.2017).

Dass.: Statistisches Jahrbuch Deutschland 2015, 1. Auflage, Wiesbaden 2015, URL: https://www.destatis.de/DE/Publikationen/StatistischesJahrbuch/StatistischesJahrbuch2015.pdf?\textunderscore\textunderscoreblob=publicationFile (besucht am 17.02.2016).

STATISTISCHES LANDESAMT BADEN-WÜRTTEMBERG: Wanderungsbewegungen in Baden-Württemberg 2014, hrsg. v. STATISTISCHES LANDESAMT BADEN-WÜRTTEMBERG, Stuttgart, 5.02.2016, URL: http://www.statistik-bw.de/Service/Veroeff/Statistische\textunderscoreBerichte/314514001.pdf (besucht am 17.02.2016).

TRANDAFOIU, Ruxandra: Diaspora online: Identity politics and Romanian migrants, New York und Oxford: Berghahn Books, 2013.

DIES.: Diasporic micropolitics: Lessons from the Romanian diaspora in Europe and North America, Budapest, 26.09.2013, URL: https://www.academia.edu/5745658/Diasporic\textunderscoremicropolitics\textunderscore-\textunderscoreLessons\textunderscorefrom\textunderscorethe\textunderscoreRomanian\textunderscorediaspora\textunderscorein\textunderscoreEurope\textunderscoreand\textunderscoreNorth\textunderscoreAmerica (besucht am 25.10.2015).

TRANSPARENCY INTERNATIONAL DEUTSCHLAND E.V.: Corruption Perception Index 2015, 2016, URL: https://www.transparency.de/Tabellarisches-Ranking.2754.0.html (besucht am 04.02.2016).

TUDOR, Elena: Romanian migrants between origin and destiantion: Attachment to Romania and views on return, in: EUCROSS (Hrsg.): The europeanisation of Everyday Life: Cross-Border Practices and Transnational Identifications Among EU and Third-Country Citizens, 2014, S. 45–61.

UNIVERSITÄT BOCHUM: Institut für Diaspora- und Genozidforschung, URL: http://www.ruhr-uni-bochum.de/idg/unterseiten/schwerpunktethemen.html (besucht am 10.06.2017).

UNIVERSITÄT HAMBURG: Kulturelle Identität in der Diaspora, URL: https://www.ethnologie.uni-hamburg.de/forschung/forschungsprojekt-archiv/kulturelle-identitaet-in-der-diaspora.html (besucht am 10.06.2017).

UNIVERSITÄT MAINZ: AG Migration und Diaspora, URL: https://www.blogs. uni-mainz.de/fb09kulturgeographie/ag\textunderscoremigrationdiaspora/ (besucht am 10.06.2016).

VLIKEVINTAGE: Berlin, HO-Restaurant „Bukarest", URL: http://www.v-like-vintage.com/photo/13084/berlin-ho-restaurant-bukarest (besucht am 28.06.2017).

WEMME, Eva Ruth: Meine 7000 Nachbarn, 1. Aufl, Berlin: Verbrecher Verlag, 2015.

WIKIMEDIA: Germany Outline, URL: https://upload.wikimedia.org/wikipedia/commons/thumb/f/f2/Germany-Outline.svg/2000px-Germany-Outline.svg.png (besucht am 10.02.2016).

WIKIPEDIA: Diaspora română [Rumänische Diaspora], URL: https://ro.wikipedia.org/wiki/Diaspora\textunderscorerom\%C3\%A2n\%C4\%83 (besucht am 10.06.2017).

WIMMER, Andreas und Nina GLICK-SCHILLER: Methodological nationalism and beyond: nation-state building, migration and the social sciences, in: Global Networks 2.4 (2002), S. 301–334.

WO WAR DAS?: Haus Bukarest, URL: http://www.wo-war-das.de/index.php?title=Haus\textunderscoreBukarest (besucht am 28.06.2017).

WOLFF, Alexandra: Geladene Gäste kommen nicht: Katholische Rumänenseelsorge in Berlin wird 2015 eingestellt, Berlin, 20.10.2014, URL: http://www.erzbistumberlin.de/medien/pressestelle/aktuelle-pressemeldungen/pressemeldung/datum////geladene-gaeste-kommen-nichtspankatholische-rumaenenseelsorge-in-berlin-wird-2015-eingestelltspa/ (besucht am 09.10.2015).

ZACH, Krista: Migrationsbewegungen in Mitteleuropa: Der Donau- und Karpatenraum im 20. Jahrhundert, in: Krista ZACH, Flavius SOLOMON und Cornelius R. ZACH (Hrsg.): Migration im südöstlichen Mitteleuropa, München: IKGS Verlag, 2005.

o. A.: Bucatareste romaneste. Meniu. bucatarie traditionala romaneasca [sic] [Koche rumänisch. Menü. Traditionelle rumänische Küche], Berlin, 2015.

o. A.: Catastrofa demografică a României [Die demographische Katastrophe Rumäniens], in: Ziarul românesc. Zeitung für Rumänen in Deutschland 3.1 (22.01.2016), S. 19.

o. A.: Conferința Repatriot la München, in 26 februarie [Die Konferenz Repatriot in München am 26. Februar], in: Ziarul românesc. Zeitung für Rumänen in Deutschland 3.3 (19.02.2016), S. 2.

o. A.: Pfarrer bei Kirchenbau von Mauer erschlagen, in: Neue Züricher Zeitung 5.08.2009, URL: https ://www.nzz.ch/berlin\textunderscore-kirchenbau\textunderscoremauer\textunderscoreerschlagen-1.3280251 (besucht am 02.06.2017).

o. A.: Pfarrer in Berlin von Kirche erschlagen, in: DIE WELT 5.08.2009, URL: https://www.welt.de/vermischtes/article4260073/Pfarrer-in-Berlin-von-Kirche-erschlagen.html (besucht am 27.06.2017).

Index

A

Abgeordnetenhaus, rumänisches, 53
Antisemitismus, 76
AsylbewerberInnen, rumänische, 86, 109
Außenministerium, rumänisches, 49, 51, 53, 69, 98

B

Baden-Württemberg, 65
Balkankriege, 71
Bayern, 65
Berlin-Charlottenburg, 71, 81, 82, 109, 110, 112, 135, 136, 147
Berlin-Friedrichshain, 135, 136
Berlin-Grunewald, 100
Berlin-Hellersdorf, 112, 135, 136
Berlin-Hermsdorf, 110, XIII
Berlin-Köpenick, 135, 136
Berlin-Kreuzberg, 135, 136
Berlin-Lichtenberg, 85, 135
Berlin-Marzahn, 112, 135, 136
Berlin-Mitte, 97, 100, 113, 135, 136, 147
Berlin-Neukölln, 35, 108, 109, 113, 114, 119, 135, 136, 147, XI, XII
Berlin-Pankow, 96, 112, 136
Berlin-Reinickendorf, 111, 135
Berlin-Schöneberg, 81, 135, 136
Berlin-Spandau, 108, 135, 136
Berlin-Steglitz, 136
Berlin-Tempelhof, 135, 136
Berlin-Tiergarten, 103
Berlin-Treptow, 135, 136

Berlin-Wilmersdorf, 109, 110, 112, 136, 147
Berlin-Zehlendorf, 97, 136
Bildungssystem, rumänisches, 142, XXXIV, XLVII
Botschaft, rumänische, 5, 6, 61, 68, 69, 95–97, 100, 102, 150, 153, 160, X, XL, XLI
Brain Drain, 142, XLV
Brandkatastrophe, Bukarester, 28, 95, X, XLIX
BRD, 18, 77–79, 85, 86, 96–98, 102, 146, V

C

Catering, rumänisches, 112
CIA, 75, 78

D

DDR, 79, 82, 110, XXVI, XXXI
Diaspora, ägyptische, 33
Diaspora, äthiopische, 33
Diaspora, afghanische, 33
Diaspora, armenische, 33
Diaspora, ghanaische, 33
Diaspora, griechische, 33
Diaspora, jüdische, 33, VI
Diaspora, kamerunische, 33
Diaspora, libanesische, 33
Diaspora, marokkanische, 33
Diaspora, palästinensische, 33
Diaspora, philippinische, 33
Diaspora, polnische, 17, 33
Diaspora, russische, 33
Diaspora, senegalesische, 33
Diaspora, serbische, 33
Diaspora, syrische, 18, 33

Diaspora, tunesische, 33
Diaspora, vietnamesische, 33
Diaspora, virtuelle, 37–39, 95,
 114, 116, 120

E
Erwerbstätigkeit, geringfügige,
 129
Erwerbstätigkeit, selbständige,
 129, 130, 147, 164
EU-Beitritt, 17, 87, 90, 115
EU-Freizügigkeit, 84, 92, 163
Europäische Union, 17, 30, 59,
 60, 85, 94, 160, 167
Europäisierung, 17, 167
Exil, rumänisches, 73–77, 81

F
Facebook, 38, 56, 63,
 111–117, 119, 153, 165, III,
 XI, XIV–XVII, XIX
Familie, transnationale, 125
Faschismus, 71, 74, 76, 77, 100

G
Gastronomie, rumänische, 6, 20,
 38, 79, 82, 94, 95, 109–112,
 XIII, XIV, LII
Gesundheitssystem, rumänisches,
 41, 93, 142, XXIX
Globalisierung, 17, 36, 99, 114,
 149, 166, XLIX, LI

H
Hamburg, 32, 33, 65, 96, 150,
 152, XXXI, XXXV, XXXVIII
Hessen, 90, LIII
Homosexualität, 90, LIII

J
Juden, 21, 70, 79

K
Kirche, evangelische, 78, 102,
 104, 106, 109
Kirche, griechisch-katholische,
 78, 102, 105, 108
Kirche, Pfingst-, 108, 109, 113
Kirche, römisch-katholische, 78,
 101, 106, 108
Kirche, reformierte, 102
Kirche, rumänisch-orthodoxe, 74,
 78, 94, 95, 98, 101–106, 120,
 127, XLVII
Kirche, unitarische, 102
Kommunismus, 77, 79, 94, 99,
 104, 105
Kommunismus, National-, 78
Kommunismus, Post-, 88
Konsulat, rumänisches, 61, 83,
 96, 97
Korruption, 88, 142, 148, 158,
 XXIX, XLIII–XLV, XLIX, L
Kulturinstitut, Rumänisches, 61,
 74, 95, 97–101, 127, 166

L
Legionärsbewegung, 72–76

M
Migration, Arbeits-, 20, 84, 86,
 88, 89, 140, VI
Migration, Eliten-, 6, 56, 67–69,
 VI, XXXII
Migration, ethnische, 31, 79, 80
Migration, Flucht-, 18, 30, 70,
 73, 75, 79, 80, 85, 127, 165,
 167, VI, XXIX
Migration, irreguläre, 84, 87
Migration, politische, 20–22,
 67–70, 72, 75, 80, 88, 166, VI

Migration, Studien-, 67, 72, 87–89, 92–94, 125, 132, 134, 147, 165, VI, XXVI–XXXI, XXXIII, XXXV, XXXVI
Migration, Trans-, 121
Migration, zirkuläre, 116
Migrationshintergrund, rumänischer, 135, 150, 164
Minderheit, deutsche, 77–79, 155, 157, 164
Minderheit, rumänische, 27, 41, 50, 59, 61, 89
Minderheit, türkische, 146, 164
Minderheit, ungarische, 111, 127, 157, 164
Minderheiten, ethnische, 30, 79, 80, XL, XLIII
Minderheiten, nationale, 27, 43, 60, 71, 76, 127, 164
Moldau, Fürstentum, 67
Moldau, Region, 107, 120
Moldau, Republik, 41, 54, 61, 63, 87, 114, 134

N
Nationalismus, Ethno-, 62
Nationalismus, methodologischer, 36, 37
Nationalismus, rumänischer, 63, 142, XLVIII
NATO-Beitritt, 89
Netzwerke, soziale, 28, 112, 114–116, 140, 152, 153, 161, 164–166, XI
Netzwerke, transnationale, 61, 72, 84, 100, 125, 140

P
Parlament, rumänisches, 43, 45, 55, 62

R
Rücküberweisungen, 77, 88, 140, 144, 148
Regierung, Bundes-, 54
Regierung, rumänische, 54, 55, 71, 72, 74–79, 85, 87, 88, 90, 149, XL, XLVIII
Reich, Deutsches, 68, 69
Reich, Drittes, 77, 78, 100
Reich, Osmanisches, 96
RomNja, bulgarische, 35
RomNja, rumänische, 35, 80, 85, 86, 108, 147, 164, VI
Rumänien, Fürstentum, 67, 69
Rumänien, Groß-, 71
Rumänien, Königreich, 27, 70
Rumänien, Nordost-, 121–123, 148
Rumänien, Süd-, 121–123, 156
Rumänien, Sozialistische Republik, 77–79, 99, 104, 105
Rumänien, Volksrepublik, 77, 78, 84

S
Securitate, 80, 82
Senat, Berliner, 14, 34, 35, 66, 83, 104, 108
Senat, rumänischer, 55
Skype, 140
Sowjetunion, 77
Sozialsystem, rumänisches, 5, 41
Spätaussiedlung, 18, 84–86, 164, XXIX
Stasi, 82

T
Transformation, sozioökonomische, 30, 84

U
USA, 30, 89, 114, XXVIII

V
Verfassung, rumänische, 27, 42,
    44, 45, 60, 154, 159, 166
Visafreiheit, 88

W
Walachei, Fürstentum, 67
Weltkrieg, Erster, 71

Weltkrieg, Zweiter, 96, 100
Wirtschafts- und Finanzkrise, 17,
    84, 90

Z
Zwischenkriegszeit, 71

Danksagung

Mein besonderer Dank gilt

Herrn Prof. Dr. Wolfgang Dahmen für seine Begleitung und Ermutigung bei der Konzeption dieses Forschungsprojektes,
Frau Dr. Ksenija Crnomarković für ihre konstruktive und inspirierende Kritik,
Frau Dr. Victoria Popovici für ihre Freundschaft und Korrektur und dass sie sich Zeit für meine Fragen genommen hat,
Herrn Dr. Remus Gabriel Anghel für sein Interesse am Thema und den Gedankenaustausch,
Herrn Dr. Georg Herbstritt für seine wertvollen Impulse und spannenden Materialien,

Theodora für ihre Ideen und ihre tatkräftige Unterstützung,
Alexandru für seine Kontakte in die moldauische Community Berlins,
Herrn Caraian für seine Offenheit für das Projekt und seine Hinweise,
Romy fürs Auslegen des QR-Codes zur Umfrage,
Johanna für das Bereitstellen ihres interessanten Forschungsberichtes,
Herrn Niculescu, seiner Frau und dem ganzen Team des Rumänischen Restaurants *BARON* für ihre freundliche Unterstützung,
Herrn Dirk Beckesch für die Verbreitung meines Anliegens beim Siebenbürgenstammtisch,
Frau Karolina Plewniak für Ihre interessanten Hinweise zur Diasporaforschung,
Frau Dr. Hendl, Frau Hackl, Frau Gröll und Frau Legr für die Zusendung statistischer Daten,
Gregor, Otto und Jakob für ihren Rat und ihre Hilfe bei der technischen Umsetzung,
Karsten, Moritz, Miruna, Petra, Mireille, Renate, Ágnes, Markus, Ute, Maria und Corinna für ihre Hinweise und Korrektur,
besonders Ortrud, dass sie sich ein zweites Mal die Zeit genommen hat,

außerdem allen, die den Umfrage-Link in ihrem sozialen Umfeld verbreitet haben,

den MitarbeiterInnen des *Verlages Peter Lang* für ihre freundliche Beratung und Unterstützung bei dieser Veröffentlichung

und meinen Familien aus Eppendorf und Berlin, dass sie für mich da waren.